낚시春秋 무크지 5

JIGGING

부시리 참돔 대구 록피시 지깅낚시

황금시간
Golden Time

CONTENTS

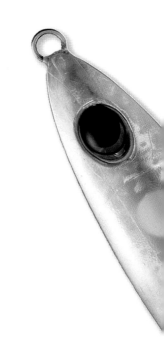

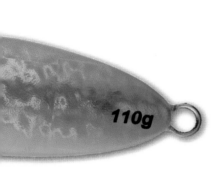

Chapter 3 장르별 지깅 마스터하기

Special Guide

into the JIGGING World

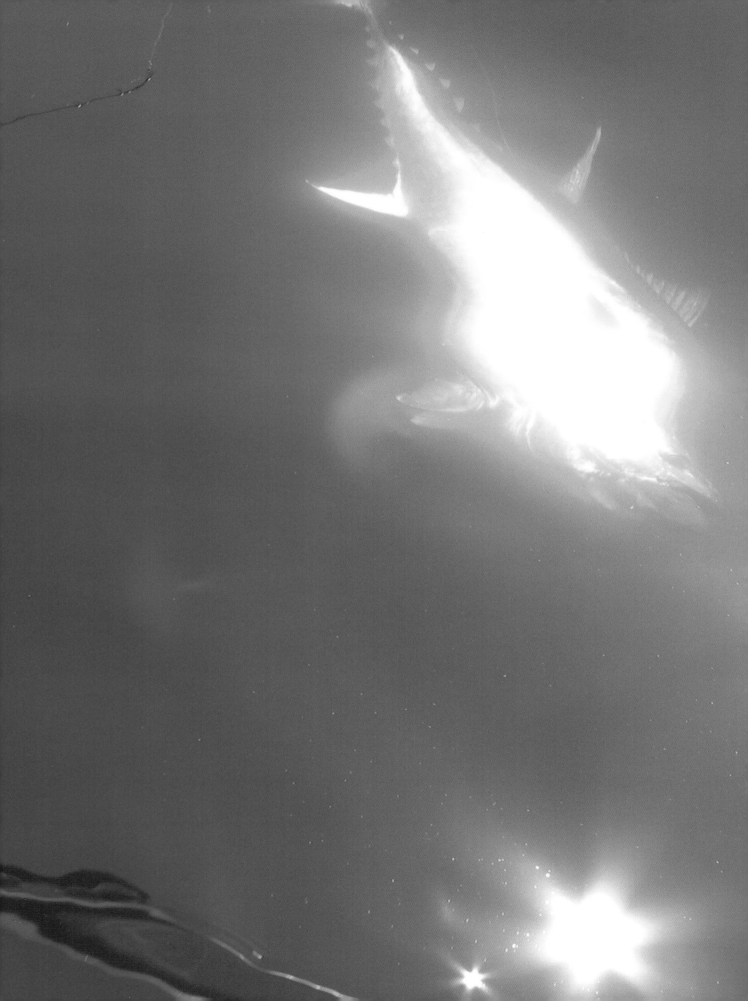

Extreme Sports

수심 100m! 지거(Jigger)들은 그 끝을 알 수 없는 '슈퍼 드롭 존'에서 쇳덩이
하나로 바다 속을 더듬으며 몬스터들을 사냥한다. 덜컥하는 어신과 함께 온몸을
휘감는 전율, 심연에서 전해오는 수백킬로그램짜리 괴물의 폭주는 금방이라도
지거들을 깊은 바다 속으로 빨아들일 기세로 낚싯대를 끌어당긴다.

긴 시간의 사투 끝에 마침내 수면에 모습을 드러낸 참치(옐로우핀 투나)가 햇볕을 받아 비늘을 번쩍이고 있다.

"이 녀석이 바로 바다의 스프린터 삼치에요." 방송인 김지윤씨가 포항에서 직접 낚은 삼치를 보여주고 있다.

Viva Jigging!

지깅은 한국과 일본뿐 아니라 세계의 바다루어낚시 트렌드를 통째로 바꾸어 나가고 있다. 일본발 다양한 지깅 테크닉들이 고전적인 스탠더드 지깅의 틀을 깨고 있다. 간단한 테크닉만 익히면 낚시 입문 첫날에 대어를 낚을 수 있는 낚시가 지깅이다. 그래서 최근에는 바다낚시 입문을 지깅으로 하는 젊은 낚시인들이 증가했고, 여성 낚시인들도 눈에 띄게 늘었다. 카약피싱 등 개인 보트낚시에서 가장 선호하는 낚시장르 또한 지깅이다.

"정말 숨이 턱까지 차올라요!" 바낙스 필드스탭 장소영씨가 전동릴 지깅으로 80cm 부시리를 낚고 기뻐하고 있다.

전동릴을 장착한 로드를
이용해 저킹을 하고
있는 김지아(바낙스
필드스탭)씨. 가벼운
전동릴의 등장으로 인해
이제는 누구나 큰 부담
없이 대형어의 손맛을
즐길 수 있게 되었다.

Mega Trend

2010년대 바다루어낚시 최고의 트렌드는 뭐니 뭐니 해도 지깅 붐이다. 초창기의 지깅은 일본에서 대방어, 부시리, GT 같은 대형 어종을 타깃으로 탄생하였지만, 그 후 경량급의 지그와 장비들이 개발되면서 훨씬 더 다양한 어종까지 타깃으로 삼게 되었다. 그렇게 파생된 지깅 장르가 타이라바, 인치쿠 지깅, 슬로우 지깅, 라이트 지깅이다. 지깅의 경량화는 지깅낚시의 대중화를 이끌었고, 가벼운 장비와 느린 액션으로 남녀노소 누구나 도전할 수 있는 기법이 되었다.

바다루어낚시인들이 지깅을
하기 위해 제주 성산포
해역으로 나가고 있다.

Chapter 1
지깅의 이해

대서양 한가운데서 45kg 잿방어를 히트해 파이팅을
펼치고 있는 신동만(N·S 필드테스터)씨. 이곳은
파나마의 한니발 뱅크라는 해역으로 대형 참치와
마린, 잿방어와 만새기가 낚이는 명포인트이다.

지깅(Jigging)이란 무엇인가?

'지깅이 어떤 낚시냐'고 물어보면 그 뜻을 정확히 알고 있는 사람이 드물다. 베테랑 낚시인들도
지깅을 '메탈지그를 사용한 낚시법'으로만 생각하고 있다. 그러나 지깅은 우리가 알고 있는 것보다
훨씬 다양한 방법으로 즐기는 낚시이며, 그 역사도 오래되었다.

지그 : 금속에 바늘을 결합한 낚시도구

지깅을 한마디로 쉽게 설명하면 '지그를 사
용하는 낚시'다. 그럼 지그란 무엇인가? 지그
(jig)는 금속에 바늘을 결합해 만든 낚시도구
를 말한다.
흔히 메탈지그라고 부르는 막대형이 가장 널
리 알려져 있지만 그 외에도 웜과 결합해서
쓰는 지그헤드나 고무 술이 달린 타이라바와
인치쿠도 지그에 해당한다. 지깅용 루어는

아니지만 민물 꺽지낚시에 쓰는 지그 스피너
나 배스낚시용 지그 미노우도 지그에 해당한
다. 넓은 의미로는 에기도 지그에 속하는데,
미국에서는 에기를 스퀴드 지그(오징어 지

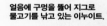
얼음에 구멍을 뚫어 지그로
물고기를 낚고 있는 이누이트.

그)라고 부르고 있다.
지그는 영어사전에 '위 아래로 빠르게 움직
인다'는 동사로 설명되어 있는데, 지그의 어
원은 낚시용 인조미끼를 줄에 매달아서 위
아래로 움직이는 모습에서 비롯되었을 것으
로 추측하고 있다.

북극해 이누이트, 최초로 지그 사용

지그는 고대부터 사용한 낚시도구다. 미국에

북극해 이누이트들이 사용한 지그. 금속과 나무를 결합한 것으로 카약을 타고 나가 지깅을 했다고 한다.

서는 동물뼈로 만든 낚싯바늘도 일종의 지그라고 보고 있는데, 그 형태는 현재의 루어와는 많이 다르다. 현재의 지그와 가장 가까운 형태는 북극해 연안의 수렵 원주민인 이누이트가 금속으로 만든 바늘을 나무에 결합한 것으로, 이누이트들은 카약을 타고 나가 지그를 이용해 물고기를 낚았다고 한다.

유럽과 미국에서는 1900년대에 들어 주로 대구를 낚는 어부들이 깊은 곳에 있는 고기를 낚기 위해 지그를 발전시켜 사용했다고 한다. 지그가 대량으로 만들어진 것은 1950년경이다. 미국 비드사의 '다이아몬드 지그'가 대표적으로 유명하며 이 모델의 형태를 본떠 만든 지그를 아직도 많은 낚시인들이 사용하고 있다. 지그는 대구뿐 아니라 참치류와 농어, 광어, 그루퍼(다금바리 사촌) 등 다양한 회유성 어종이나 록피시를 낚는 데 사용했다.

지깅을 낚시로 발전시킨 나라는 일본

하지만 미국과 유럽에서 발전해온 지그는 지금 우리가 사용하는 지그와는 그 형태와 사용 방법이 조금 다르다. 1990년까지만 해도

미국이나 유럽에서는 아주 투박한 장비에 단순한 형태의 지그를 사용했다. 지금 사용하고 있는 가벼운 지깅 장비와 화려하고 다양한 형태의 지그들은 대부분 일본에서 만들어진 것이며 지깅 테크닉도 마찬가지다.

미국과 유럽에서 일본으로 건너간 지그는 1980년 이후 일본의 어구상이나 어부, 루어 낚시인들이 각자의 취향에 맞게 발전시켰고, 일본 지깅의 대부로 유명한 모기 요이치(茂木 陽一)라는 루어낚시 전문가가 1990년대 초에 PE라인을 이용해 수심 100m에서 구사하는 '슈퍼 딥 지깅(super deep jigging)'을 개발하면서 지금의 틀이 잡혔다.

그리고 미국이나 유럽에서 오래전에 사용한 지그는 물고기의 형태라고 보기 어려운 것이 많았는데, 일본에서 물고기 형태와 유사한 지그들이 속속 출시되어 그것이 미국으로 다시 건너가 현재의 지깅이 완성되었다.

다양한 지깅 장르의 구분

●낚시하는 장소
–버티컬 지깅(vertical jigging, 수직 지깅) : 배를 타고 나가 지그를 수직으로 내려

서 낚시하는 것. 오프 쇼어 지깅(off shore jigging)이라고도 부른다. 지깅, 타이라바, 인치쿠, 슬로우 지깅 등 지깅의 90%가 여기에 포함된다.
–쇼어 지깅(shore jigging, 연안 지깅) : 배를 타지 않고 연안에서 지그를 캐스팅해서 낚시하는 방법. 연안 라이트 지깅이나 베이 지깅이 쇼어 지깅에 속한다.
●사용하는 루어
–지깅 : 버티컬 전용 스탠더드 지그를 사용하는 것을 통상적으로 지깅이라고 부른다.
–슬로우 지깅 : 슬로우 지그를 사용한 지깅.
–참돔 지깅(타이라바) : 타이라바나 인치쿠를 사용한 지깅. 혹은 루어의 이름을 그대로 따서 타이라바나 인치쿠로 그대로 부르기도 한다.
●장비의 무게
–헤비 지깅 : 참치나 부시리 등 큰 어종을 노리고 중장비를 사용하는 지깅.
–라이트 지깅 : 삼치나 작은 부시리, 광어, 록피시 등을 노리고 가벼운 장비를 사용하는 지깅.

물고기가 지그를 무는 이유는?

지그는 작은 물고기와 비슷하게 생긴 것도 있지만, 전혀 그렇지 않은 지그에도 큰 고기들이 입질한다. 한마디로 그냥 쇳덩이에도 물고기가 입질하는 것이다. 그 이유는? 물고기들은 물속에서 움직이는 것 중 자신보다 작은 것들을 본능적으로 공격하는 습성이 있기 때문이다. 특히 중층에서 홀로 움직이는 물체는 대형어들의 첫째 공격대상이다. 지깅은 물고기들의 그런 본능을 이용한 것이다. 그래서 지그를 열심히 움직여야 입질을 받을 수 있다. 지그를 움직이는 방식에 따라 입질의 유무가 갈리기도 하는데, 그 때문에 지그의 형태가 다양하고 액션도 다양한 것이다.

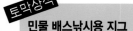

민물 배스낚시용 지그
바다뿐 아니라 배스 루어낚시에도 다양한 지깅이 존재한다. 지그, 지그 스푼, 지그 미노우, 러버지그, 카부라 지그, 페더 지그, 메탈 바이브 등이 배스낚시에 쓰이는 지그다.

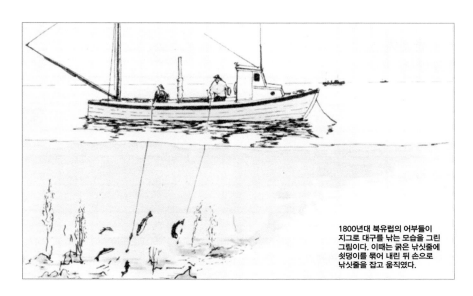

1800년대 북유럽의 어부들이 지그로 대구를 낚는 모습을 그린 그림이다. 이때는 굵은 낚싯줄에 쇳덩이를 묶어 내린 뒤 손으로 낚싯줄을 잡고 움직였다.

19

현대식 지깅의 종주국은 일본
1993년경 PE라인 등장으로 정립

조홍식 이학박사, 루어낚시 첫걸음 저자

지깅은 유럽이나 북미에서 오래 전부터 루어낚시의 한 분야로서
행해지고 있었지만, PE라인을 원줄로 사용하여 100m 이상의 깊은
수심까지 공략대상으로 하는 현대적 지깅 낚시방법은
일본에서 시작되었다.

1990년대 초 일본에서 현대식 지깅 출발

현재 우리가 즐기고 있는 '지깅'의 전개는
1993~1994년 일본에서 PE라인의 등장과
더불어 시작되었다고 해도 과언이 아니다.
당시 일본에서 실험적으로 사용되던 PE라인
이 낚시잡지에 정식으로 소개되면서부터라
고 할 수 있다. 일본은 PE라인을 사용한 현
대판 지깅의 종주국을 자처하고 있다.
일본 원로 낚시인들 사이에서는 지깅 원조
논란이 있고, 지역에 따라 그룹(낚시동호회)
에 따라 '파'가 나뉘기도 하지만, 본 원고의
내용은 일본의 유명 낚시인이자 '슈퍼 딥 지
깅(super deep jigging)'이라는 말을 처음
으로 제안한 모기 요이치(茂木 陽一)씨가 자
신의 홈페이지를 통해 일본 낚시잡지에 직접
기고한 내용과 기타 기사 자료를 발췌 참고
하고 필자가 알고 있는 지식과 경험을 근거
로 하였음을 밝힌다.

PE라인은 처음엔
갯바위 대물낚시용 목줄로 사용

PE라인의 등장은 현대식 지깅보다 훨씬 이
전의 일이다. 1980년대 중반에 낚싯줄로 판
매되었는데 당시에는 갯바위 대물낚시(일본
의 남부 원도 갯바위에서 행해지는 갯바위
생미끼 흘림낚시)를 즐기는 일부 낚시인들
이 케블라(kevlar)보다 더 강하다는 이 고가
의 신소재 원줄을 사용하기 시작하였다. 당
시 일부 낚시인들이 지깅에 PE라인을 원줄
로 사용하면 절대 유리하다는 것을 짐작하고
는 있었지만 너무 비싼 가격으로 인해 원줄
로 사용하지는 못하고 케블라처럼 목줄 보강
에 사용하곤 했다.
PE라인 사용 이전까지의 지깅은 20파운드
전후(4~5호)의 나일론 원줄에, 9피트의 긴
낚싯대를 사용하여 롱 저킹으로 지그를 움

직여 주는 것이었다. 지그의 무게도 가벼운
100g 이하를 사용했는데, 지금 생각하면 어
이가 없을 정도로 격세지감이 있지만 불과
20년 전의 일이다. 그러나 나일론 원줄을 사
용하는 지깅의 한계는 수심 50~60m로 그
이상은 원줄의 늘어남에 의해 지그에 액션을
주기가 거의 불가능하였다. 더구나 수심이
200m에 달하는 깊은 곳에는 딱히 지깅 대상
어가 없다는 오해도 있었다.

PE라인 사용 초기의 시행착오

PE라인을 사용한 지깅 조행기가 최초로
기사화된 것은 "1994년 2월(실제 조행은
1993년 11월~1994년 1월) 솔트워터 매거
진 창간호를 통해서"라고 모기씨는 밝히고
있다. 일본의 낙도인 아마미(奄美)제도 원정
기사였다. 보통은 생미끼 흘림낚시의 영역으
로 여겨지던 수심 60~150m권을 지깅으로
공략한 조행기에는 잿방어와 독투스투나 등
대형어의 입질이 계속되지만 늘어나지 않는
원줄에 의해 라인 브레이크, 낚싯대 파손, 릴
파손이 연발하였다고 보고하고 있다. 이런

실패의 원인은 늘어나지 않는 신소재 원줄,
즉, PE라인을 사용함으로 나타나는 현상으
로 예상을 능가하는 입질을 받았음에도 PE
라인 미경험에 의한 낚싯줄의 특성을 고려하
지 못한 사실을 들고 있다. 깊은 수심에서 신
소재 PE라인 원줄은 나일론 원줄과 달리 빠
른 지그의 액션을 가능하게 해주지만 충격
흡수가 없으므로 낚싯대와 릴에 대한 부담도
예상을 능가하고 말았다.
결과적으로, 이때를 시점으로 하여 깊은 수
심에의 도전은 점차 증가하였다. 또한 낚시
인의 체력과 지그 액션, 랜딩을 고려한 지깅
에 적합한 짧고 두꺼운 근육질의 전용 낚싯
대와 강력한 내구성을 갖춘 릴의 탄생이 예
고된 것이다. 아울러 '하이피치 쇼트저킹'과
같은 액션 방법도 개발되기 시작했다.

엉킴 심한 PE라인에 불평도 많았다

일본에서 PE라인을 빠르게 도입한 낚시인은
모기씨를 비롯하여 FISHERMAN사 대표 스
즈키 후미오(鈴木 文雄)씨 등이며, 이들이 새
로운 낚싯줄을 사용한다는 사실을 듣고 바로
1~3년 내에 일본의 바다루어낚시계의 내로
라는 낚시인은 대부분 PE라인을 도입하게
된 것으로 알려지고 있다. 이들의 조행기와
기사는 독자들에게 새로운 정보를 제공하는
역할을 했고 대중적으로도 PE라인의 사용빈
도는 일시에 넓어져 갔다.
물론, 사용이 불편하고 엉킴도 잦은 PE라인
에 대해 좋지 않은 시선도 있었다. 당시부터
시작해서 PE라인의 보급이 꽤 진행된 시기
에 이르러서도 일본의 유명낚시인 중 일부,
지깅의 일인자라고 일컬어지던 유명 낚시인
마저, "PE라인이 지깅에 알맞지 않다"고 주
장하며 PE라인을 부정하고 긴 낚싯대를 이
용한 롱 저크 방법을 고집하기도 했다. 그러
나 PE라인의 보급은 급물살을 탔고 슈퍼 딥
지깅은 하나의 새로운 장르로 정착했다. 이

지깅 필수품인 합사(PE). 지깅에 합사를
사용하면서 수심 100m보다 깊은 곳을 노리는
'슈퍼 딥 지깅'이 시작되었다.

1993년에 합사를 최초로 지깅에 사용한 일본인 모기 요이치씨. PE를 사용한 첫 조행에서 일본 아마미 제도의 수심 60~150m를 노려 대형 잿방어(사진!)와 독투스투나 등을 낚았다고 한다.

슈퍼 딥 지깅을 시발점으로 하여 PE라인은 낚시 전반에 사용되기에 이르렀다.

매듭법의 혁신적 변화

PE라인의 보급은 낚싯줄을 묶는 매듭법을 크게 변화시켰다. 신축성이 없는 PE라인은 기존의 매듭방법으로 묶으면 밀려 풀어지는 폐단과 매듭에 집중되는 부하에 의해 맥없이 끊어지기도 하였다. 그래서 매듭법과 라인시스템은 PE라인에 적절하도록 단숨에 변모되었다.

필자는 1995년 봄에 PE라인을 일본에서 받아 릴에 감아 사용하기 시작했다. 이후 바로 국산 제품도 등장해 일본 제품과 병용하였다. 하지만 지깅에 사용한 것이 아니라 필자가 좋아하는 캐스팅과 라이트 트롤링에 주로 사용하였다. 필자가 PE라인을 지깅에 처음 사용한 것은 1997년 해외원정에서였다. 그밖에 우리나라에서 PE라인으로 지깅을 한 최초의 낚시인들은 아마도 동해의 대구 지깅, 부시리 지깅 붐을 일으킨 낚시인들이 아닐까 생각한다.

타이라바, 인치쿠 등
새로운 형태의 지깅 열풍

다시 일본 이야기로 돌아가서, PE라인을 사용하는 지깅은 1993년에 처음 시도된 이후 3~4년 사이에 급격한 변화를 보이게 된다. PE라인의 장점을 살리는 슈퍼 딥 지깅은 처음엔 아열대 지방의 잿방어, 독투스투나(개이빨다랑어), 옐로우핀투나(황다랑어)를 대상어로 하는 원도 원정이나 해외원정에서 사용되었지만, 점차 근해의 중소형 부시리, 방어를 노리는 낚시방법으로 변해가기 시작한 것이다.

미끼낚시이거나 나일론 원줄의 구식 지깅 일변도이던 근해의 부시리, 방어낚시에 PE라인을 사용하는 신식 지깅이 활발하게 시도되기 시작했다. 공략수심도 50~60m권에서 100m 이상 심해까지 깊어졌고 지깅의 기본이라고 여겨지던 롱 저크 액션은 없어지고 마치 민물의 배스낚시에서 사용하는 낚싯대와 같은 짧은 낚싯대로 짧은 스트로크의 재빠른 액션, 즉 '하이 피치 쇼트 저크(high pitch short jerk)'가 각광을 받게 되었다. 부시리와 방어와 같은 회유어는 신속한 움직임에 보다 강하게 반응하기 때문에 조과의 향상은 당연한 결과였다.

2000년대 들어 롱지그 출현

이후의 전개는 널리 알려진 바와 같다. 일본산 중량급(320g 이상) 지그의 등장, 전용낚싯대의 등장이 뒤를 이었고, 부시리를 위주로 하는 지깅이 전개된다. 지그를 움직이는 액션방법의 개발도 가속화되어 갔다. 하이 피치 쇼트 저크, 스파이럴 저크 등 스피닝릴을 사용하는 액션법과 베이트릴을 사용하는 액션법이 각각 소개되기 시작했다.

2000년대에 들어오면서 가늘고 길쭉한 형태의 롱지그의 유효성이 대두되었고 이 롱지그의 액션법인 원 피치 원 저크(one pitch one jerk) 기법도 등장하였다. 부시리와 방어와 같은 등푸른 생선을 선호하는 일본인들에게 근해의 부시리, 방어 지깅은 일대 붐을 일으켰고 완벽한 낚시장르로 자리매김하게

되었다.

타이라바, 인치쿠로 확대된 라이트 지깅

최근, 경제적 장기불황에 맞물려 주춤하던 지깅 열기는 새로운 지깅의 등장으로 다시 불붙고 있다하여도 과언이 아니다. 남녀노소 누구나 간편하게 낚싯배에 오르면 할 수 있고 조과도 보장되는 라이트 지깅의 보급이다.

일본 전통 어구인 '카부라(타이라바)', '인치쿠' 등 참돔용 지그의 루어화가 대표적이다. 부시리, 방어 등 회유어 일변도이던 지깅의 대상어를 다양한 어종으로 확대시켜 참돔, 능성어 등 과거에는 손님고기였던 물고기를 주요 대상어의 영역으로 확대시켜 지깅 인구를 늘렸다.

최신식 슬로우 지깅의 등장

그밖에 기존의 지깅 동호인에게도 어필하는 최신식 지깅이 있다. '슬로우 지깅=슬로우 피치 저킹(slow pitch jerking)', '로우 리스폰스 지깅(low response jigging)'이라는 이름으로 나타난, 지그의 형태와 액션방법이 다른 지깅의 신기술이다. 각각 다른 목적으로 개발된 지깅의 한 기법으로 전용 지그는 물론 전용 낚싯대도 등장해 있다.

이들은 모두 불황을 타개하려는 일본 낚시업계와 매스컴, 그리고 프로 낚시인들의 노력으로 인하여 만들어지는 인위적인 새로운 낚시장르이다. 일본의 지깅은 유연한 사고방식과 더불어 정체되지 않고 새로운 유행을 만들며 다양화를 지속하고 있다.

헤비급 딥 지깅에서
라이트급 슬로우 지깅으로

조홍식 이학박사, 루어낚시 첫걸음 저자

필자는 낚시춘추 2000년 10월호 칼럼을 통해 처음으로 지깅을
소개한 바 있다. 또한 지깅용 매듭방법과 쇼크리더를 연결하는 라인시스템의
중요성을 전파하고자 했다. 어느덧 15년이란 세월이 흘러 우리나라의 지깅은
이미 성숙단계이고 동호인의 증가와 더불어 질적, 양적 향상을 이루었으며
이제는 일본과 견주어도 그리 뒤처지지 않는다고 생각한다.

롱 지그를 세팅한 스탠더드 지깅 장비.
오늘날의 지깅 장비는 예전에 비해 많이
가벼워지고 디자인도 고급화되었다.

지깅의 패턴은 PE라인이 원줄로 사용되기
시작한 1990년대 초반 이후 모든 것이 변해
버렸다. 공략하는 수심이 깊어졌고 20kg 이
상의 물고기는 일반적인 루어낚시(캐스팅,
지깅)로는 올릴 수 없다는 상식이 여지없이
깨져 초보자가 50kg의 거대한 물고기를 낚
는 시대가 되었다. 또한 신축성이 없고 열에
약한 PE라인 때문에 낚싯대와 릴의 견고함
과 정밀함이 필요해 고급화가 이루어졌다.
이어서 튼튼한 바늘이 필요하였고 도래, 스
플릿링 등 부품도 강력하고 가벼운 것이 필
요하게 되어 도구 전반에 걸쳐 발전이 이어
졌다.
매듭법과 라인시스템도 크게 수정되고 새로
워졌다. 낚시인의 힘을 덜 들게 하는 다른 낚
시에서는 사용하지 않는 도구도 속속 등장하
였다. 또한 대상어의 크기와 공략범위가 확
대됨에 따라 기술적으로도 큰 발전이 있었
다. 지그를 움직이는 액션방법이 여러 가지
로 연구되었으며 대물의 랜딩방법도 다시 정
립되었다.

PE라인 보급으로 해외 빅 지깅 활발

현재의 주요 지깅이라고 할 수 있는 부시리,
방어 지깅이 유행하기 이전에 일본에서 '지
깅'이라 하면 크게 두 가지 부류였다.
먼저 PE라인이 사용되기 이전까지, 선상에
서 9피트의 긴 낚싯대를 사용하는 롱 저크
기법으로 소형 지그를 움직여 근해에서 중소
형 부시리, 가다랑어 등을 노리는 방법이 있
었다.
다음으로 PE라인이 등장하면서, 일부의 골
수 낚시인들이 해외나 오키나와, 오가사와라
(小笠原) 등 원도로 나가 대형 잿방어, 황다
랑어(옐로우핀 투나), 개이빨다랑어(독투스
투나)를 노리는 낚시방법이 있었다.
당시는 무게 10온스(약 300g)가 넘는 지그
가 일본 내에서는 전무하던 시절이었기 때
문에, 100m가 넘는 깊은 수심 공략용으로
사용하던 지그는 대부분 북미산 '크리플드
헤링(crippled herring)', '다이아몬드 지그
(diamond jig)' 등이었다.
이후 지깅은 급속히 대중화되면서 대도시의
안방 포인트에서도 즐길 수 있는 장르로 전환
이 이루어졌다. 구체적으로는 큐슈(九州) 북부
의 히라도(平戸) 지역, 도쿄(東京) 인근의 소토
보(外房) 지역에서, 먼저 부시리, 방어낚시에
지깅이 유행하면서 전국적으로 확산되어 지
깅의 주류는 부시리, 방어낚시가 되었다.

롱 지그 개발로 지깅 전성시대 열리다

지그의 수요가 폭발적으로 늘어나자 일본에

크라폴드 해링(좌)과 다이아몬드 지그(우). 대부분 북미산으로 크고 투박한 모양이었다. PE가 등장하면서 수심 100m 이상의 깊은 수심을 노리기 위해 사용한

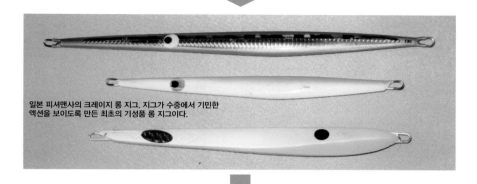

일본 피셔맨사의 크레이지 롱 지그. 지그가 수중에서 기민한 액션을 보이도록 만든 최초의 기성품 롱 지그이다.

더욱 슬림한 형태로 개조된 롱 지그. 갈치의 치어를 연상시키는 지그로 대물 부시리 방어 지깅의 전성시대를 열었다.

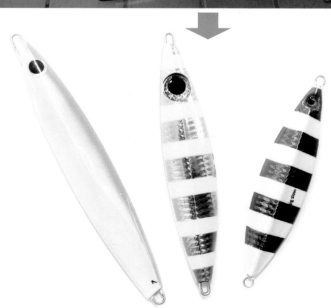

2010년 일본 오사카의 사토 노리히로씨가 고안한 슬로우 피치 저크(슬로우 지깅)에 사용한 지그. 마치 낙엽처럼 납작 동글한 이 지그는 대형 잿방어를 노리기 위해 사용하다 부시리 방어 및 대형 록피시에도 효과를 보여 크게 인기를 끌게 되었다.

지그 메이커가 늘어나고 저마다 독특한 이론을 기초로 한 다양한 지그가 만들어졌다. 지그가 수중에서 빠르고 기민하게 움직일수록 입질이 좋다는 사실에 착안하여 지그를 움직여주는 액션방법이 연구되어 몇몇 기본적인 액션방법이 정착되었다. 또한 지그의 밑걸림 방지와 챔질에 도움을 주는, 지그 머리 쪽에 부착하는 어시스트 훅의 유용성도 제고되었다.

그러던 중 FISHERMAN사에서 '크레이지 롱 지그'라는 이름의 320g의 무거운 모델이 등장하였다. 이 지그는 요즘 '롱 지그'라고 불리는 가늘고 길쭉한 지그와는 약간 다른 형태였으나 롱 지그가 탄생하는 계기가 되었다. 이 무거운 지그를 더욱 슬림한 형태로 갈아 개조시킨, 마치 갈치의 치어를 연상시키는 지그가 큐슈 북부에서 나타났다. 이 길고 가는 지그의 움직임에 부시리의 입질이 집중되면서 '키라(吉良)'라는 이름의 개발자는 자신의 이름과 비슷한 '킬러'라는 이름을 붙이고 상품화에 성공하였다. 이것이 본격적인 롱 지그다. 롱 지그에 의해 근해의 대물 부시리, 방어 지깅의 전성시대는 열렸다. 그리고 롱 지그의 등장과 함께 지그가 수중에서 좌우로 슬라이딩하는 동작을 연출하는 액션법도 같이 등장했다.

한때 어족 감소로 열기 수그러들기도

부시리낚시의 결정판이라고 생각되며 점차 성숙해지던 지깅은 2000년대로 접어들면서 일본 내 장기불황과 근해 어족 감소와 맞물려 그 열기가 수그러들기 시작했다. 그러자 비용이 만만치 않은 대형 부시리 지깅 대신 근해의 중소형 부시리와 잡어로 취급되던 저서성 어종(록피시 종류)도 대상어에 넣는 라이트 지깅이 인기를 모으기 시작했다. 동시에 일본 어부들이 참돔낚시에 사용하던 카부라(타이라바), 인치쿠 등이 루어로 제품화되면서 참돔을 워낙 좋아하는 일본인들은 참돔지깅도 하나의 장르로 만들었다.

록피시까지 노리는 슬로우 지그 개발

2010년대에 들어 경기회복과 더불어 '슬로우 피치 저크(slow pitch jerk)'가 등장했다. 이 지깅 기법은 오사카를 중심으로 하는 일본 서부 간사이(關西)지방에서 등장한 방법인데, 도쿄를 중심으로 하는 일본 동부의 간토(關東)지방에서는 '슬로우 지깅(slow jigging)'이라고 부르고 있다.
'사토 노리히로(佐藤 統洋)'씨가 제창한 슬로우 피치 저크는 원래 대형 잿방어나 무리를 짓지 않는 대형 부시리를 선택적으로 노리려는 기법으로 고안된 것이다. 그러나 원래의 목적과는 조금 다르게 전개되었다. 부시리, 방어와 같은 회유어뿐만 아니라 능성어, 쏨뱅이, 우럭 등 저서성 어종에도 효과적인 방법으로 확인되면서 인기를 모으고 전국적으로 확대되었다. 더욱이 보통 지깅은 격렬한 액션으로 인해 힘이 드는 낚시라는 인상이 강했지만 슬로우 지깅은 릴링만으로 액션을 구사해 힘도 덜 든다는 것이 매력이었다. 그러나 슬로우 피치 저크를 이름처럼 천천히 액션을 구사하는 지깅이라고 착각해선 안 된다. 또 라이트 지깅과 동일시해서도 안 된다. 슬로우 피치 저크가 라이트 지깅과 결합되면서 지깅을 생활낚시로 변모시키기는 했으나, 슬로우 피치 저크는 400g에 달하는 아주 무거운 지그를 사용하여 일발 초대물을 노리는 파워 게임 장르이기도 하기 때문이다.

종전까지 부시리를 낚기 위해 진화된 지깅은 지그를 해저에서 시작해 위로 위로 신속하게 움직이면서 도중에 옆으로 미끄러지는 동작으로 입질을 유도하였다. 그러나 슬로우 피치 저크는 한 번 액션을 준 지그를 어떻게 다시 가라앉히느냐가 주요한 요소로, 바닥을 찍은 지그를 릴링 반 바퀴 정도로 슬쩍 튀어오르게 한 후, 나풀거리면서 가라앉는 동작으로 입질을 유도하는 것이다. 이와 같은 액션은 기존의 지깅 장비로는 연출할 수가 없으므로 전용 지그와 더불어 전용 낚싯대의 탄생이 곁들여졌다.

최신 유행, '로우 리스폰스 지깅'

일본에서는 최근인 2012년경부터 일반적인 부시리 지깅의 형태를 변형시킨 '로우 리스폰스 지깅(low response jigging)'이 유행하고 있다. 이미 지그와 낚싯대도 로우 리스폰스 지깅 전용이 나와 있다. 이 새로운 지깅의 특징은 지그와 낚싯대에 있다. 신형 지그는 겉모습은 일반 롱 지그와 비슷하지만 작은 힘으로도 수중에서 움직이는 폭이 아주 큰 지그이다. 또 전용 낚싯대는 기존 지깅대와 달리 훌렁거리는 허리 휨새를 보이고 있다. 액션이 큰 지그를 유연한 낚싯대로 작은 힘을 들여 움직여 주는 것이 골자이다. 유연한 낚싯대는 폭을 크게 움직여 주더라도 힘이 적게 들어간다. 폭을 크게 액션을 주더라도 움직임이 한 박자 늦게 천천히 지그에 전해지므로 원래 움직임이 심한 지그가 적당하게 움직이게 된다. 그런 새로운 스타일의 지깅이 현재 주류의 자리를 노리고 있는 상황이다.

우리나라는 대구, 광어, 참돔 지깅 성행

우리나라는 2000년대에 들어서면서 지깅이 도입되었다. 다른 어떤 낚시에서도 맛볼 수 없는 파괴적인 손맛이란 슬로건을 내세우며 지깅은 급속하게 확산되었다. 새로운 장르의 낚시에 목말라 있던 우리나라의 낚시인들에게는 신선한 충격이었다. 제주도, 가거도, 어청도 등 원도의 부시리, 방어 지깅이 개척되기 시작했고 단숨에 본 궤도에 올라설 수 있었다.

같은 시기에 동해에선 대구 지깅이 시도되어 성공적인 장르를 구축했다. 부시리 지깅과 달리 과격한 액션 없이도 잘 낚이는 대구는 우리나라 지깅 정착에 효자 역할을 해냈

다. 부시리 지깅 포인트보다 더 깊은 수심을 노리게 되는 대구 지깅은 심해낚시에서 전동릴 사용을 당연시하게 되는 효과도 낳았다. 대구 지깅과 같이 우리나라의 독특한 모습을 한 지깅은 서해에서도 나타났다. 라이트 지깅의 한 모습이라고 볼 수 있는 참돔지깅과 광어낚시가 그것이다. 윔을 이용하는 다운샷 리그의 형태이지만 봉돌 대신 지그를 세팅하면 라이트 지깅과 일맥상통한다.

IT강국인 우리나라의 장점을 살려 일본의 최신 지깅 테크닉은 실시간으로 도입이 되었고 약간의 시차는 있을지언정 거의 동시기에 유행되었다. 이미 참돔지깅은 대유행이고, 슬로우 피치 저크(슬로우 지깅)도 많이 실시되고 있다. 다만 수도권과 지깅 낚시터와의 먼거리, 지깅에 드는 만만치 않은 비용 등은 지깅의 빠른 보급에 제동을 걸고 있다.

2014년 5월에 일본 후쿠오카 앞바다에서 지깅으로 10kg 방어를 낚은 필자.

지깅 카테고리

1 일반 지깅
 - 부시리 방어 지깅 : 5~20kg의 부시리가 주요 타깃. 근해에서 주로 130~300g의 롱 지그를 활용.
 - 대구 지깅 : 동해에서 특화된 지깅. 수심 100m 이상의 심해에 서식하는 대구를 단순한 고패질 액션으로 낚음. 주로 전동릴 활용.
 - 해외 원정 지깅 : 50kg 이상에 달하는 대형 잿방어(삼손피시), 부시리(킹피시), 개이빨다랑어(독투스투나), 기타 심해어가 주요 타깃. 300~500g 이상의 중량급 지그와 헤비급 장비 활용.

2 라이트 지깅
5kg 이하의 중소형 물고기가 주요 대상어인 지깅. 130g 이하의 지그를 주로 사용. 일반 지깅의 규모를 가볍게 하면 라이트 지깅이라고 부른다. 부시리 지깅이나 대구 지깅도 원줄 PE 1호 이하, 지그 130g 정도를 사용하면 라이트 지깅이다.

3 참돔 지깅
일본식 어구인 카부라와 인치쿠를 활용하여 참돔을 주로 타깃으로 하는 지깅. 카부라는 '타이라바'라는 이름으로 루어화되었고 인치쿠도 다양한 형태로 루어화되어 사용하고 있다. 참돔이 주 대상어지만 다른 저서성 어종이나 회유어도 낚인다. 라이트 지깅의 한 부류로 볼 수 있다.

4 슬로우 피치 저크(슬로우 지깅)
일본 서부에서 나타나 전국으로 확산된 지깅. 대형 회유어는 물론 저서성 어종에도 효과적. 전용 지그와 전용 낚싯대가 필요하며 스피닝릴보다 양축릴(베이트릴)을 사용한다.
 - 헤비 스타일 : 해저에서 단독 생활을 하는 대형 잿방어가 주요 타깃. 400~500g의 전용 지그와 전용 낚싯대가 필요하다.
 - 라이트 스타일 : 슬로우 피치 저크의 도구를 경량화한 라이트 지깅. 200g 이하의 전용지그를 활용한다.

5 로우 리스폰스 지깅
부시리 지깅에서 수중 동작의 폭이 큰 지그를 유연한 전용 낚싯대를 사용하여 움직임을 억제하며 입질을 유도하는 새로운 유행의 지깅 스타일.

바낙스 박양호 과장이
번쩍이는 슬로우 지그를
물고 나온 능성어를
보여주고 있다.

대표어종 사대천왕
부시리·방어, 대구, 참돔, 록피시

폭발적인 스피드와 엄청난 지구력으로
낚시인들에게 최고의 손맛을 선사하는 지깅의
대표 어종 부시리. 기름이 차오르는 겨울에는
맛도 일품이라 일본의 지거들이 국내로 원정을
올 정도로 그 인기가 높다.

서해와 제주에 타이라바 지깅 열풍을
몰고 온 참돔. 봄과 가을에 대표적인
지깅 대상어로 각광받고 있다.

지그로 낚을 수 있는 어종은 아주 다양하다. 벵에돔 같은 비어식어를 제외하면 거의 모든 낚시대상어가 지깅에 낚인다고 해도 과언이 아니다.
심지어 감성돔이나 돌돔이 지깅에 낚인 경우도 있다.
그러나 대표적인 지깅 대상어는 부시리·방어, 대구, 참돔을 들 수 있고 그밖에 록피시가 지깅 대상어로 인기 상승 중이다. 부시리와 방어는
가장 전통적인 지깅 타깃이며, 대구는 우리나라 동해에 지깅 붐을 몰고 온 물고기다. 참돔은 타이라바를 사용하면서 특히 서해와 제주도에서 인기를
끌기 시작한 지깅 대상어. 그리고 인치쿠, 슬로우 지그 등 저층 공략에 뛰어난 지그 사용이 확대되면서 우럭, 능성어, 다금바리, 쏨뱅이, 광어 등
록피시들이 새 지깅 어종으로 떠올랐다. 그밖에 가다랑어, 삼치, 대구, 전갱이도 지깅에 간간이 올라오는 손님고기다.

겨울철 동해의 심해 지깅에서 낚이는 대구.
대구는 지깅에 낚이는 유일한 한류성
어종으로 미터급 이상으로 자라는 대형어이며
맛이 좋아 큰 인기를 누리고 있다.

제주에서 타이라바나 인치쿠 지깅에 낚이는 붉바리.
다금바리(자바리), 능성어와 함께 최고의 횟감으로
꼽히는 몸값이 비싸기로 유명한 록피시이다.

지깅 주요 대상어들

부시리

특징 : 입질 후 주변 암초로 맹렬하게 돌진하는 바다의 폭군. 1m 넘게 자라는 대형어이다.
지깅, 슬로우 지깅, 인치쿠, 타이라바 등 다양한 방법으로 낚을 수 있다.
주요 서식지 : 동해, 서해, 남해, 제주
시즌 : 대물은 12월~3월, 마릿수는 4월~11월

방어

특징 : 부시리와 거의 흡사한 외형을 가지고 있으며 바닥보다 중상층을 회유하며
먹이활동을 하고 공격성이 강해 부시리보다 지깅에 잘 낚인다.
역시 1m 넘게 자라는 대형어. 지깅, 슬로우 지깅에 잘 반응한다.
주요 서식지 : 동해, 서해, 남해, 제주
시즌 : 12월~4월

잿방어

특징 : 일본 등 따뜻한 해역에서는 1m 이상 자라지만 우리나라에선
주로 40~60cm가 낚인다. 같은 사이즈라면 파워와 맛에서 방어류 중 최강이다.
주요 서식지 : 남해 먼 바다, 제주
시즌 : 7월~12월

참돔

특징 : 타이라바가 국내에 들어온 이후 지깅 대상어로 큰 인기를 누리고 있다.
1m까지 자라는 대형어이며 타이라바와 인치쿠에 입질한다.
주요 서식지 : 서해, 남해, 제주
시즌 : 서해 8월~10월, 남해 7월~12월, 제주 4월~6월과 11월~1월

광어

특징 : 저서형 어종이지만, 지깅에 잘 반응한다. 특히 타이라바와 인치쿠에 잘 걸려든다.
주로 50cm 내외가 많이 낚이며, 큰 것은 1m가 넘는다.
주요 서식지 : 서해, 동해, 제주
시즌 : 서해 6월~10월, 동해 5월~10월, 제주 연중

우럭

특징 : 서해의 대표적인 록피시다. 지깅, 타이바라, 인치쿠에 잘 반응하며
바닥을 집중적으로 노리면 낚을 수 있다. 먹성이 강해 쉽게 낚을 수 있다.
주요 서식지 : 전 해역에 서식
시즌 : 서해 6월~10월, 남해 먼바다와 제주도 11월~2월

농어

특징 : 미노우를 사용한 캐스팅 루어에 주로 낚이지만, 저수온기에는 지깅에도 더러 낚인다.
겨울에 농어가 깊은 곳으로 내려갔을 때가 시즌이며, 그때 1m 내외의 대물이 걸려든다.
주요 서식지 : 전 해역에 서식하나 농어 지깅은 제주에서 주로 한다. 사진은 점농어.
시즌 : 12월~3월

삼치

특징 : 스프린터라는 별명처럼 엄청난 속도와 날카로운 이빨을 가지고 있다. 제주에서는 1m급이,
다른 곳에서는 50cm 내외가 주로 낚이며 지깅 외에 연안 캐스팅 게임인 쇼어지깅에도 잘 낚인다.
주요 서식지 : 전 해역에 서식. 대물은 제주와 남해 먼 바다에 많다
시즌 : 연안은 9월~11월. 먼 바다는 12월~5월

능성어

특징 : 록피시 중 고급어종에 해당하며 비싼
몸값을 자랑한다. 인치쿠, 타이라바에 잘 낚인다.
주요 서식지 : 제주, 남해 먼 바다
시즌 : 4월~12월

붉바리

특징 : 능성어, 다금바리와 같은 바리과 어종으로 화려한 체색을 가지고 있으며
제주에서 최고급 어종에 꼽힌다. 암초에 서식하며 인치쿠, 타이라바에 낚인다.
주요 서식지 : 제주, 남해 먼 바다
시즌 : 4월~12월

자바리(다금바리)

특징 : 제주도를 대표하는 고급 어종으로 깊은 암초에 서식하며
인치쿠, 타이라바에 낚인다.
주요 서식지 : 제주도
시즌 : 4월~12월

전갱이

특징 : 남해동부와 제주도에서 낚이는 전갱이는 배낚시보다 연안 쇼어지깅으로 낚는다.
20cm 내외의 잔챙이는 지깅에 잘 걸려들지 않고 30cm가 넘는 큰 씨알이 주로 낚인다.
주요 서식지 : 남해중서부, 제주
시즌 : 7월~1월

쏨뱅이

특징 : 암초에 서식하는 대표적인 록피시. 가을에는 20~30cm가,
겨울에 40~50cm 빅사이즈가 낚인다. 맛이 대단히 좋고 인치쿠, 타이라바에 입질한다.
주요 서식지 : 남해동부, 제주
시즌 : 10월~3월

볼락

특징 : 연안에서 즐기는 쇼어 지깅이 보급되면서 볼락이 잘 낚이고 있다.
5cm 내외의 소형 지그로 멀리 던져 25~30cm 왕볼락을 노린다.
주요 서식지 : 남해, 동해, 제주
시즌 : 연중 낚이지만 지깅 시즌은 11월~6월

옥돔

특징 : 예전엔 선상외줄낚시에 낚였으나 타이라바와 인치쿠에 낚이기 시작하면서
지깅 대상어에 포함되었다. 제주에서 겨울에 잘 낚인다.
주요 서식지 : 남해 먼 바다, 제주
시즌 : 11월~2월

부시리와 방어의 차이

표준명 : 부시리
학 명 : *Seriola quinqueradiata*
영 명 : Yellowtail, Yellowtail kingfish
일 명 : 히라마사(ヒラマサ)

표준명 : 방어
학 명 : *Seriola quinqueradiata*
영 명 : Yellowtail, Amber fish
일 명 : 부리(ブリ)

이 둘은 외모가 흡사하여 좀처럼 구분하기 힘든 어종으로 서로 사촌간이라고 보아도 무난하다.
그에 비해 잿방어는 쉽게 구분할 수 있다.
부시리와 방어가 동시에 낚였다면 서로 다른 점이 부각되어 구분하기가 그리 어렵지는 않다.
낚은 순간 한눈에 알아차릴 수 있는 점은 부시리는 체형이 날렵하고 방어는 둔해 보인다는 것. 그리고
부시리가 등이 더 파랗고 가운데 노란선이 좀 더 선명하게 보인다. 그러나 따로따로 보아서는
전문가가 아니면 쉽게 구분하지 못한다. 구분하는 방법 중 가장 간편한 방법은 위턱의 끝부분을 보고
판단하는 것이다. 끝부분이 둥글면 부시리, 각이 져 있으면 방어이다. 더 정확한 구별을 위해서는
가슴지느러미와 배지느러미의 길이(위치)를 비교해본다. 방어는 가슴지느러미와 배지느러미의 끝단이
거의 나란한 데 비해 부시리는 배지느러미의 끝단이 가슴지느러미의 끝단보다 뒤쪽에 위치한다.

부시리 · 방어 구별법

부시리
위턱 끝이 둥글게 생김
가슴지느러미와
배지느러미
끝단의 차이가 큼

방어
위턱 끝이
각이 짐
가슴지느러미와
배지느러미 끝단이
거의 나란함.

해수온 상승, 지깅 필드 확장

삼면이 바다인 우리나라는 지역에 따라 시즌과 낚이는 어종이 다를 뿐 전역이
지깅 낚시터라 할 수 있다. 지깅 대상어는 대부분 난류성 어종인데 근래 해수면의 온도가
조금씩 올라가면서 어종이 늘고 남방계 어종의 북상이 진행되어 전국적으로
지깅 낚시터가 넓어지고 시즌이 길어지는 추세다.
부시리, 방어, 삼치, 참돔, 전갱이 등은 눈으로 먹잇감을 찾는 어식성 어종이라
물색이 맑은 곳을 좋아하고, 15~20℃ 수온에서 활발한 활동을 한다.
그래서 물색이 탁하고 수온이 낮은 서해에는 지깅 어종이 다양하지 못하며,
제주도와 남해는 물색이 맑고 수온이 높아 어종이 다양하다.

●동해북부

삼척 이북의 동해북부는 삼치, 부시리, 방어
가 주 어종으로 지깅 시즌은 8월부터 11월
까지다. 낚이는 씨알은 30~50cm로 다른 지
역에 비해 상당히 작지만, 잔챙이들은 엄청
난 무리를 지어 낚이기 때문에 마릿수 재미
가 좋다. 8~9월에는 대상어들이 연안 가까
이 붙지 않기 때문에 배를 타고 나가서 지깅
을 하며, 10~11월에는 연안에서도 삼치나
작은 부시리를 낚을 수 있다.
겨울에는 대구 지깅이 인기를 끈다. 대개 12
월에 시즌을 시작해 이듬해 3월까지 낚이는
대구는 동해북부의 대표적 지깅 대상어다.
얕은 연안에서는 낚이지 않고 낚싯배를 타고
멀리 나가야 낚을 수 있다. 연안 라이트 지깅
대상어로는 가을과 겨울에 볼락, 우럭, 쥐노
래미가 주목받고 있다.

●동해남부

울진 이남의 동해남부는 동해북부에 비해 지
깅 시즌이 길고 더 다양한 어종이 낚인다. 5
월에 광어 시즌이 시작돼 6월부터는 성대,
양태 등이 지그에 낚이며 8월 이후에는 부시
리, 방어, 삼치가 등장한다. 삼치는 미터급이
등장할 정도로 그 사이즈가 크다. 부시리와
방어는 60cm 내외로 동해북부에 비하면 크

지만, 남해나 제주에 비하면 작다.
동해남부 연근해는 12월이 되면 지깅 시즌
이 막을 내린다. 대신 동해 먼 바다의 왕돌초
인근에서는 연중 지깅이 가능한데, 겨울에도
14~15℃ 수온을 유지하는 곳으로 미터급
부시리와 방어가 잘 낚이는 곳으로 유명하
다. 겨울에 연안에서는 볼락, 쥐노래미가 간
간이 낚인다.

●서해북부

태안 이북의 서해북부는 우리바다에서 연평
균 수온이 가장 낮은 곳으로 대구를 제외하면
겨울에는 지깅이 잘 되지 않는다. 8월에 시즌
을 시작해 가을에 절정을 이루며 삼치, 부시
리, 광어, 우럭이 지깅에 낚인다. 막대형 지그
보다는 타이라바나 인치쿠를 이용한 러버지
깅이 주를 이루고 있으며, 광어나 우럭을 노
리고 나가는 '다운샷'도 인기를 끌고 있다.
12월부터 이듬해 3월까지는 대구가 낚이는
데, 지깅이 성행하는 동해북부에 비해 서해
북부에선 오징어나 미꾸라지를 이용한 생미
끼 외줄낚시가 더 인기 있다.

●서해남부

보령 이남의 서해남부는 여름과 가을에 참돔
과 미터급 부시리, 방어가 낚인다. 시즌을 보

면, 참돔은 9월과 10월이 피크이며 부시리
방어는 8월과 10월이 피크이다. 사이즈가 큰
부시리와 방어는 근해에서는 낚기 힘들고 어
청도, 격렬비열도, 왕등도 등 서해에서 먼 바
다 섬 주변에서 낚을 수 있다. 참돔이나 작은
부시리, 광어, 우럭 등은 중거리권에 해당하
는 고군산군도 일대에서도 쉽게 낚을 수 있
다. 중거리권의 지깅 시즌은 7월부터 11월까
지이다.

●남해동부

여수 이동의 남해동부는 물색이 맑고 수온
이 따뜻한 지깅의 적지이지만 릴찌낚시의 인
기가 워낙 높은 지역이라 지깅의 도입이 늦
은 곳이다. 낚이는 어종은 대부시리와 방어
를 비롯해 참돔, 삼치, 전갱이, 대구, 광어, 우
럭 등 다양하지만, 대부분의 어종들이 지깅
시즌이 정립되지 않은 상태이다. 부시리와
참돔은 5~7월과 10~1월에 잘 낚이며 미
터급은 12월과 6~7월 장마철에 가장 잘 낚
이는 것으로 알려져 있다. 여름과 가을에는
40~50cm 삼치가 연안에서 잘 낚이며 볼락,
우럭, 전갱이는 11월부터 5월까지 연안에서
쉽게 낚을 수 있다.

●남해서부

고흥 이서의 남해서부 역시 릴찌낚시 인기
에 밀려 지깅 보급이 늦었다. 11월 이후 급격
히 물색이 탁해지기 때문에 지깅 시즌이 길
지 않고, 탁수가 이는 연근해에서는 거의 지
깅이 이뤄지지 않으며, 먼 바다에 있는 섬에
서 주로 지깅이 이뤄진다. 가거도와 가거초,
추자도와 복사초, 사수도, 여서도 등이 지깅
낚시터로 개발되었고, 거문도나 황제도는 개
발 유력한 지깅 낚시터로 꼽히고 있다. 시즌
은 거의 연중이며 6~7월과 11~1월에 가장
호황을 보인다.

●제주도

명실공히 우리나라 최고의 지깅 포인트로 대
구를 제외하면 동서남해에서 낚을 수 있는 모
든 지깅 어종을 낚을 수 있다. 낚이는 양이 많
을 뿐 아니라 낚이는 사이즈도 커서 국내뿐
아니라 일본의 지거들도 원정낚시를 온다.
연중 지깅이 가능하지만 대부시리와 대방어
시즌은 6~7월과 11~3월이 절정이며 그 외
시즌에는 50~60cm가 꾸준히 마릿수 조과
를 보인다. 미터급 대삼치, 다금바리, 능성어,
옥돔, 참돔 등 고급어종이 즐비하고 1월경에
는 가끔 상어도 지깅에 걸려든다. 제주도에
서는 대부분의 지깅 대상어들이 가을에 시작
해 겨울에 잘 낚이며, 여름에는 높은 수온과
너무 맑은 물색으로 인해 오히려 잘 낚이지
않는다.

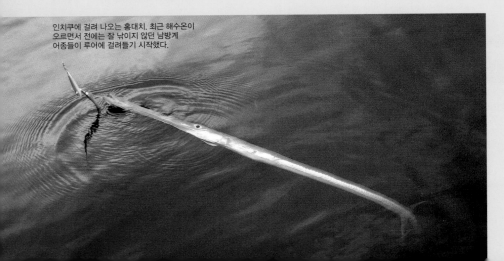
인치쿠에 걸려 나오는 홍대치. 최근 해수온이
오르면서 전에는 잘 낚이지 않던 남방계
어종들이 루어에 걸려들기 시작했다.

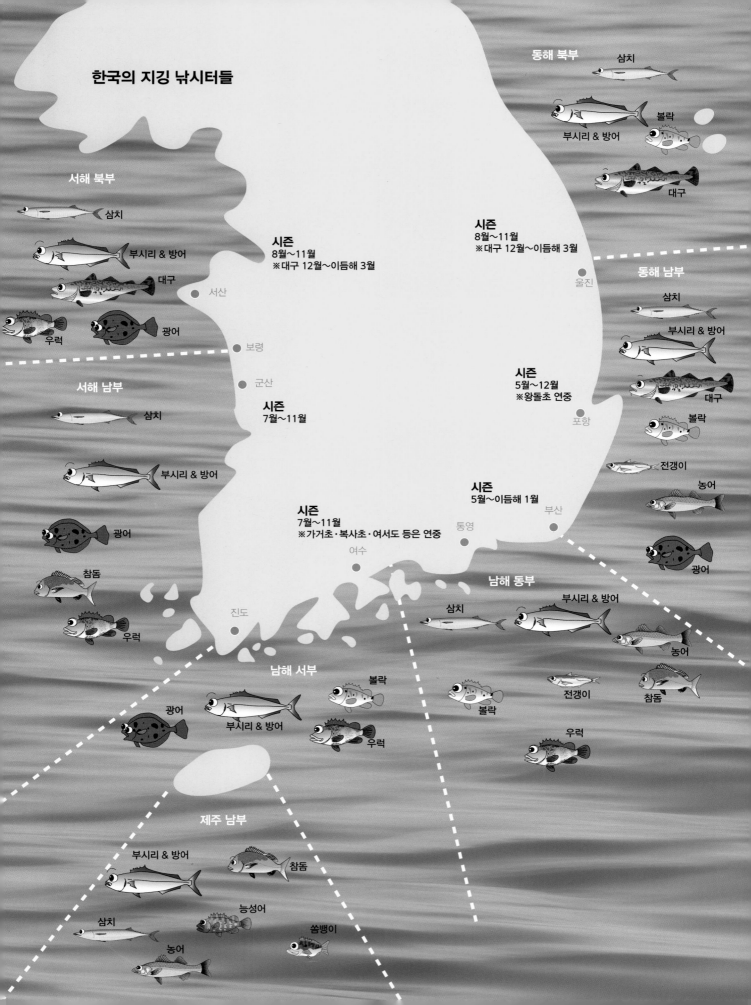

한국의 지깅 낚시터들

동해 북부
삼치
부시리 & 방어
볼락
대구

시즌
8월~11월
※대구 12월~이듬해 3월

서해 북부
삼치
부시리 & 방어
대구
우럭
광어

시즌
8월~11월
※대구 12월~이듬해 3월

서산
보령
군산

동해 남부
삼치
부시리 & 방어
대구
볼락
전갱이
농어
광어

울진

시즌
5월~12월
※왕돌초 연중

포항

서해 남부
삼치
부시리 & 방어
광어
참돔
우럭

시즌
7월~11월

시즌
7월~11월
※가거초·복사초·여서도 등은 연중

시즌
5월~이듬해 1월

통영
부산

여수

진도

남해 동부
삼치
부시리 & 방어
농어
전갱이
참돔
우럭
볼락

남해 서부
부시리 & 방어
볼락
광어
우럭

제주 남부
부시리 & 방어
참돔
삼치
능성어
쏨뱅이
농어

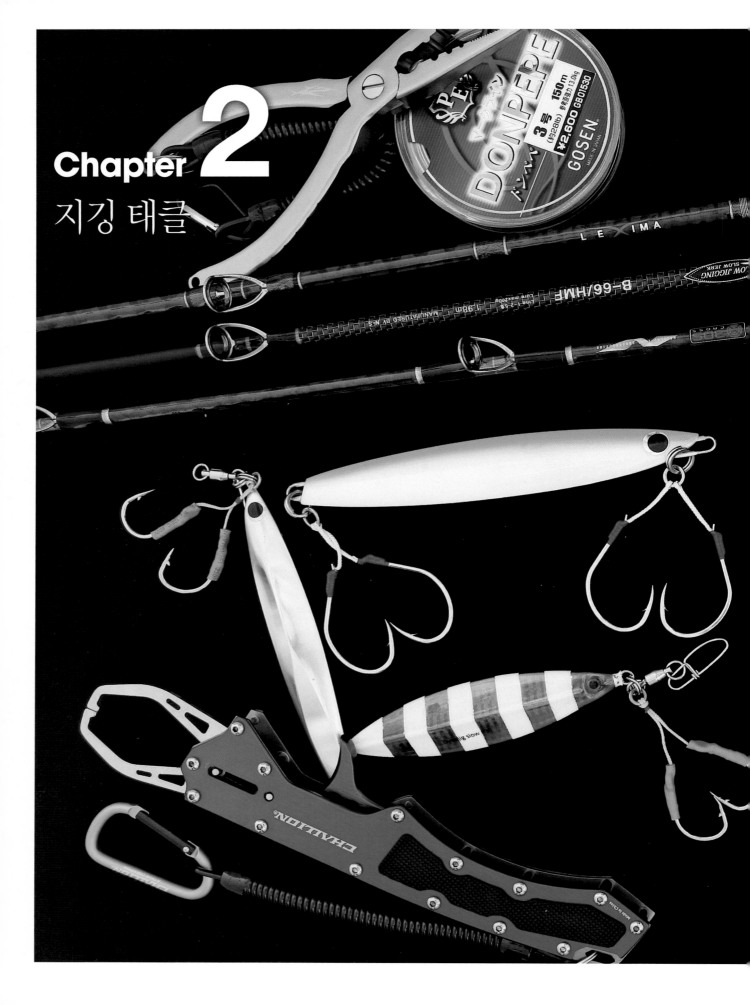

Chapter 2

지깅 태클

Jigging Rod

5대 장르별 전용대의 특성

지깅대를 구입할 때 한 낚싯대로 다양한 장르를 커버하려는 욕심으로 범용성만 추구하면
제대로 된 낚싯대를 구입하기 어렵다. 가장 좋은 낚싯대는 해당 장르에 특화된 전용 낚싯대다.
따라서 내가 가장 먼저 해보고 싶은 낚시장르를 선택하고 그에 맞는 낚싯대를 구입한 뒤,
그 다음 장르에 도전할 때 또 그에 맞는 전용대를 구입하는 식으로 스펙을 늘려나가야 한다.

엔에스의 파이오니아 슬로우 지깅 전용대로 각 부분의 명칭을 설명한 것이다. 최근 출시되는 지깅대는 대부분
이와 같은 형태로 손잡이와 초리가 분리되는 2절 타입이며 버트가 길고 블랭크가 가는 것이 특징이다.

릴시트

버트

그립

블랭크(낚싯대의 몸통)

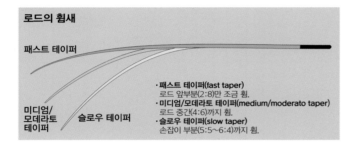

로드의 휨새

패스트 테이퍼

미디엄/
모데라토
테이퍼

슬로우 테이퍼

· 패스트 테이퍼(fast taper)
  로드 앞부분(2:8)만 조금 휨.
· 미디엄/모데라토 테이퍼(medium/moderato taper)
  로드 중간(4:6)까지 휨.
· 슬로우 테이퍼(slow taper)
  손잡이 부분(5:5~6:4)까지 휨.

1 휨새

낚싯대를 고르기 전에 먼저 알아야 할 것은 낚싯대의 휨새(curve action)와 파워액션(power action) 두 가지다.
먼저 휨새란 낚싯대가 휘어지는 상태를 나타낸다. 낚싯대는 얇은 천 모양의 카본원단을 여러 겹 겹쳐서 만들며 원단이 겹쳐지는 정도에 따라 휨새가 결정되는데, 많이 겹쳐진 곳이 강하며 빳빳하고 덜 휘어진다. 대개 손잡이 부분이 강하고 초리로 갈수록 많이 휘어진다.
낚싯대의 휨새는 ①패스트 테이퍼(fast taper)-로드 앞부분(2:8)만 조금 휨, ②미디엄/모데라토 테이퍼(medium/moderato taper)-로드 중간(4:6)까지 휨, ③슬로우 테이퍼(slow taper)-손잡이 부분(5:5~6:4)까지 휨, 세 가지가 있는데 지깅대는 대부분 2:8 패스트 테이퍼를 채택한다. 2:8 패스트 테이퍼라도 워낙 대형어들이 걸리기 때문에 고기가 물면 허리까지 휘어진다.
다만 타이라바 지깅대는 약한 참돔의 입질을 자연스럽게 받아내기 위해서 허리 앞부분까지 휘어지게 한 모데라토 테이퍼 휨새가 많다.

2 파워액션

울트라라이트(UL), 라이트(L), 미디엄(M), 헤비(H)와 같은 단어로 표기된 낚싯대의 강도를 말한다. 파워액션은 사용할 수 있는 루어의 무게와 낚싯줄의 굵기에 따라 결정된다. 지깅대는 무거운 지그와 굵은 낚싯줄

을 쓰기 때문에 최소 H(헤비)급부터, XH(엑스트라 헤비), XXH(더블 엑스트라 헤비), XXXH(트리플 엑스트라 헤비) 등의 파워액션을 가진다. 그런데 로드 제조사마다 다른 기준으로 강도의 등급을 책정하기 때문에 모든 헤비대가 같은 강도를 가지는 것은 아니다. 더 정확한 정보를 얻기 위해서는 낚싯대에 표기되어 있는 스펙을 보고 판단하는 것이 좋다.

3 스펙 보는 법

규격 Model	전장 Length (m)	절수 Section (本)	접은길이 Closed,L (cm)	무게 Weight (g)	선경 Top/	원경 Bottom(mm)	JIG Wt.(max) (g)	Max line (lb)	DRAG MAX (kg)
B632XXH	1.90	2	139	208	2.2	13.3	180	25	8.6
S571XXH	1.70	1	170	186	2.2	14.7	180	25	8.6

위의 표는 한 라이트 지깅대의 스펙을 나타낸 것이다. 모델명(규격)에 'B632XXH', 'S571XXH'으로 표기되어 있는데, B는 베이트캐스팅 릴을 장착하는 낚싯대이며 S는 스피닝릴을 장착할 수 있다는 뜻이다. '63'과 '57'은 길이를 나타낸다. 63은 6.3ft(약 1.9m), 57은 5.7ft(약 1.7m)이며, 그 뒤에 붙은 '2'는 두 마디로 분리되는 2절을 뜻하며, '1'은 분리되지 않는 원피스 모델을 의미한다. 'XXH'는 더블 엑스트라 헤비 액션을 나타낸다. 제품명만 봐도 기본적인 정보를 알 수 있다.
눈여겨 봐야 할 것은 그 다음부터다. 낚싯대의 길이와 무게는 자신의 신장이나 체중을 고려해 선택하는데, 길이는 거의 정해져 있으므로 다루기에 불편하지 않을 정도면 문제가 없으며 무게는 되도록 가벼운 것을 선호하는 추세이다. 낚싯대가 길고 무거우면 액션을 주기 불편하고 오래 낚시하기 힘들다.
선경이란 낚싯대 초리의 지름을 말하며, 원경이란 낚싯대 손잡이대의 지름을 말한다. 낚싯대의 대략적인 두께를 짐작할 수 있다.
JIG Wt.Max(지그 웨이트 맥스)는 사용할 수 있는 지그의 최대 무게를 나타낸다. 위 두 낚싯대는 180g의 지그까지 사용할 수 있다. 따라서 100g 내외의 루어를 쓰는 라이트 지깅, 타이라바 지깅, 인치쿠 지

64XXHB. 6'4''   Drag max : 9kg
Lure Best : 180g   Line Best : PE 3.0

강, 슬로우 지깅에 모두 활용할 수 있다는 뜻이다. 하지만 200g 이상의 지그를 쓰는 스탠더드 지깅이나 캐스팅 게임에는 사용할 수 없고 300~400g 지그를 쓰는 심해 대구 지깅에도 적합하지 않음을 알 수 있다. 슬로우 지깅을 하더라도 180g 이상의 지그는 낚싯대에 무리를 주고 액션을 하기 힘들므로 지그 무게 한계치를 오버하는 지그는 사용하지 않는 것이 현명하다.

line(라인)은 권장 라인의 호수(강도)를 나타낸 것으로 25lb는 약 11kg 이므로 그만한 강도를 가진 2.5호 합사를 사용할 수 있다는 뜻이다. 지깅대는 무거운 지그를 쓰고 낚싯대가 비교적 빳빳하기 때문에 너무 가는 줄은 순간적인 저항을 이기지 못해 기본적으로 쓸 수 없으며, 위의 두 낚싯대라면 대략 1호 합사부터 3호 합사까지 쓸 수 있다. 적정 호수라면 2호나 2.5호라는 의미이다.

DRAG MAX(드랙 맥스)란 릴 드랙을 어느 정도 잠가야 하는지 나타낸 것으로 14kg의 드랙력을 가진 릴이라도 8.6kg에 맞춰 사용하라는 뜻이다. 릴 드랙을 꽉 잠가서 낚싯대에 그 이상의 부하가 걸리면 낚싯대가 부러질 수도 있다. 라이트 지깅용 릴은 7kg 내외의 드랙력을 가진 것이 많으므로 그만한 릴을 쓴다면 드랙을 꽉 잠가서 사용해도 문제가 되지 않으며, 그 이상의 드랙력을 가진 릴이라면 드랙을 조금 풀어 놓고 쓰는 것이 안전하다.

표에 나와 있는 제원뿐 아니라 최근 출시되는 전용대에는 어떤 장르에 사용하면 적당하고 어떤 어종을 노려야 하는지 표기되어 있기 때문에 어떤 어종을 낚을지 결정하면 낚싯대를 고르는 법은 쉽다. 스펙을 눈여겨 봐두면 비슷한 성능을 가진 모델들 중에서 합리적인 가격의 낚싯대를 선택하는 데 도움이 된다.

가이드

초리(팁)

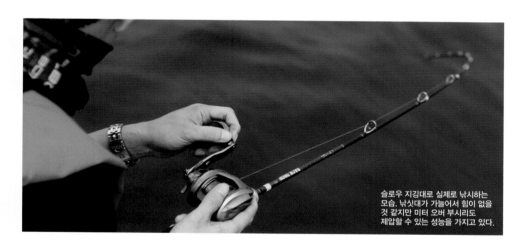

슬로우 지깅대로 실제로 낚시하는 모습. 낚싯대가 가늘어서 힘이 없을 것 같지만 미터 오버 부시리도 제압할 수 있는 성능을 가지고 있다.

하이브리드 낚싯대란?

지깅 로드는 카본 시트가 주 원료지만 강도와 유연성을 높이기 위해 유리섬유나 탄성이 다른 카본 등 성질이 다른 소재를 많이 섞는다. 가령 빳빳한 손잡이 부분과 많이 휘어지는 낚싯대의 앞부분은 기본 소재와 카본 함유량이 다르다. 이렇게 두 종 이상의 소재를 섞어서 만든 낚싯대를 하이브리드 낚싯대라고 하는데, 고급형 지깅대들은 각 부위의 제작방식을 다르게 하는 하이브리드 낚싯대가 많다.

장르별 낚싯대 특징

부시리 방어 대구 지깅용으로 사용하는 엔에스의 스탠더드 지깅대 '케이프코드'. 길이가 1.5m 내외로 짧고 블랭크가 굵은 것이 특징이다.

●스탠더드 지깅대

200~600g의 무거운 지그를 수심 100m 이상 내리고, 미터급 부시리나 대방어를 힘대힘으로 빠르게 제압해야 하는 스탠더드 지깅대는 지깅대 중에서도 가장 강한 강도를 가지고 있다. 길이는 1.5~1.6m로 지깅대 중에서 가장 짧고, 허리는 거의 휘어지지 않으며 지그에 액션을 주기 위해 초리에 약간의 탄력이 있을 뿐이다.

다른 지깅대들은 카본의 함유량이 99%인 것이 대부분이지만, 스탠더드 지깅대의 경우 순수 카본으로만 제작하면 순간적인 충격에 부러질 위험이 높아 더 질기고 강하게 제작하기 위해 카본 함유 90% 이하로 하고 거기에 다른 섬유를 섞거나 아예 유리섬유 같은 다른 소재로

제작하기도 한다.

스탠더드 지깅대가 빳빳한 이유는 수심 100m의 급심에서 무거운 지그로 초고속 액션을 주어야 하고, 바닥에서 입질한 대어를 신속하게 제압하기 위해서는 낚싯대가 휘청거리면 불편하기 때문이다. 낚싯대 허리가 짧고 강하며 손잡이가 아주 길어서 겨드랑이에 손잡이를 끼우고 낚시하기 좋다. 해외원정용 지깅대는 100kg급 다랑어에 대적할 수 있는 힘을 가지고 있으며, 국내용이라도 50~60kg 대형어를 거뜬히 제압할 수 있다. 부시리, 방어, 대구 지깅에 즐겨 쓴다.

바낙스의 슬로우 지깅 전용대 '백드롭'.
200g 내외의 슬로우 지그를 운용하기 좋은 조건을 갖추고 있다.

●슬로우 지깅대

150~300g의 슬로우 지그에 맞춰 제작된 슬로우 지깅대는 미터급 부시리와 방어를 상대한다는 점은 스탠더드 지깅과 같지만 조금 더 연질이다. 슬로우 지깅대의 길이는 2m 내외로 스탠더드 지깅대보다 50cm 정도 더 길고 선경과 원경은 조금 더 가늘다. 스탠더드 지깅대가 거의 휘어지지 않는 것에 비해 슬로우 지깅대는 파이팅을 할 때 스탠더드 지깅대보다 더 많이 휘어지게 만들어졌다. 그 이유는 슬로우 지깅은 깊은 수심에서 빠른 액션을 하는 것이 아니라 지그를 천천히 들었다가

놓는 액션을 하므로 낚싯대가 아주 빳빳할 필요는 없으며, 바닥층 록피시의 예민한 입질을 감지하기 위해서는 로드의 앞부분이 부드러운 것이 유리하기 때문에 그런 특징을 갖춘 슬로우 지깅대가 생겨난 것이다. 슬로우 지깅대는 허리까지 휘어지기 때문에 큰 대상어를 빨리 제압하거나 무거운 지그를 사용해 빠른 액션을 하는 것은 무리가 있다. 파이팅 시간이 길어질 수밖에 없고 급심 공략에는 스탠더드 지깅에 비해 불리하다. 대상어종은 부시리, 방어, 참돔, 대형 록피시다.

천류의 참돔 타이라바 지깅 전용대 '블루코너 DX 타이라바'.
참돔의 예민한 입질을 잡기 위한 가는 초리가 특징이다.

●타이라바 지깅대(참돔지깅대)

사이즈가 작은 록피시의 약한 입질을 쉽게 잡아낼 수 있다. 타이라바의 무게는 40g부터 150g까지를 주로 사용하고 빠른 저킹 액션을 거의 주지 않고 천천히 릴링하는 액션을 취하기 때문에 낚싯대가 빳빳할 필요가 없다. 묵직한 타이라바를 천천히 올리는 도중에 입질이 오면 낚싯대가 더 휘어져 들어가는 것이 챔질성공률을 높이는 데 유리하다. 타이라바 지깅대는 입질을 받아내는 것이 우선이며 파이팅은 빠른

제압보다는 버티기로 이어지기 때문에 대형 참돔이나 대형 부시리를 히트하는 경우 파이팅 시간이 오래 걸린다. 대신 로드가 예민한 만큼 작은 대상어를 효과적으로 낚을 수 있다. 가이드의 크기와 배열은 0.6~0.8호의 가는 합사를 사용하기 좋게 되어있다. 다른 지깅대와 마찬가지로 버트가 길어서 겨드랑이에 끼고 낚시할 수 있다. 큰 대상어나 록피시보다는 참돔의 입질을 잡아내는 데 특화된 낚싯대다.

150g 내외의 묵직한 인치쿠로 경쾌한 액션을 연출하기 좋은 슈어캐치코리아의 일파 지깅대.
루어의 사용 범위가 넓고 다양한 대상어를 노릴 수 있다.

●인치쿠 지깅대(러버지깅대)

인치쿠 지깅대는 대개 러버지깅대로 출시된 것을 쓴다. 낚싯대의 스펙은 타이라바 지깅대와 비슷하지만, 타이바라보다 조금 더 무거운 200g 내외의 인치쿠에 맞춰 조금 더 빳빳한 것이 특징이다. 타이라바 지깅대로 200g의 인치쿠를 사용하면 너무 많이 휘어져서 빠른 저킹 액션을 주기 힘들고, 낚싯대가 이미 많이 휘어져 있는 상태라 예민한 입질을 간파하기도 힘들어 진다. 하지만 인치쿠 지깅대를 사용하면

200g의 인치쿠로 빠른 저킹을 할 수 있고 입질 파악도 더 쉽게 할 수 있으며, 부시리와 같은 조금 더 큰 대상어에게 여유 있게 대응할 수 있다.
타이라바 지깅대보다 강하고, 슬로우 지깅대보다는 부드럽다고 생각하면 된다. 대형 록피시부터 부시리 방어까지 공략할 수 있다.

라이트 지깅 전용대로 출시한 에스엠테크의 스쿠라.
타이라바, 인치쿠 지깅 등 범용으로 사용할 수 있는 로드이다.

●라이트 지깅대

라이트 지깅대의 범주는 상당히 넓다. 타이라바 지깅대나 러버지깅대도 라이트 지깅대에 속하며 광어 다운샷용 낚싯대나 에깅대 등도 라이트 지깅대로 쓸 수 있다. 라이트 지깅대의 대략적인 스펙은 100g 내외의 지그를 사용하면서 캐스팅 또는 선상용으로 사용할 수 있는 정도라고 생각하면 되겠다. 전문성은 조금 떨어지지만 범용성이 뛰어나서 한 대로 다양한 어종을 타깃으로 낚시할 수 있는 것이 장점이다. 그러다보니 라이트 지깅대는 여러 낚싯대가 가지고 있는 특징들을 조금씩 가지고 있고 다양한 용도로 활용할 수 있다. 라이트 지깅대역시 베이트릴용과 스피닝릴용으로 나뉘는데 베이트로드는 광어 다운샷, 타이바라, 인치쿠, 주꾸미낚시, 갑오징어낚시에 사용할 수 있고, 스피닝 로드는 농어 캐스팅, 삼치 캐스팅, 소형 부시리 방어 지깅에 사용할 수 있다.

슬로우 지깅, 인치쿠, 타이라바 지깅에서 볼 수 있는 랜딩 자세. 그립을 겨드랑이에 끼고 로드를 거의 수평을 유지한 상태로 대상어의 힘이 빠지길 기다리며 릴링한다.

스탠더드 지깅의 랜딩 자세. 바닥에서 입질한 큰 대상어를 빠르게 제압하기 위해 몸의 무게중심을 뒤로 젖히고 낚싯대를 세워서 낚싯줄을 감는다.

대어의 강한 저항을 버티고 있는 스탠더드 지깅대.

가이드의 경량화

가이드가 가벼우면 캐스팅 시 발생하는 원줄의
진동폭을 줄일 수 있어 비거리를 늘릴 수 있다. 수
직으로 지그를 내리는 지깅에서도 가이드의 진동
을 줄여 좀 더 유연하게 채비를 하강시킬 수 있다.
또 낚싯대의 감도가 증가하며, 가이드의 구경이
줄어들면서 가이드에 원줄이 꼬이는 트러블도 줄
일 수 있다.

가이드의 소재가 고급으로 바뀌면 무게도 줄어들
지만 내구성도 비약적으로 증가한다. 우선 티타
늄 가이드는 스테인리스 가이드보다 가볍고 강도
가 높다. 티타늄은 백금(Platinum), 순금과 거의
동일한 내부식성을 가지고 있어서 바닷물에도 부
식이 거의 일어나지 않는다. 한편 외국 제품 중에
는 가이드를 탄소 소재로 제작한 것들도 있다. 이
런 것들은 라이트 지깅에 적용되며 큰 대상어를
노리는 지깅대에는 사용하지 않는다.

Jigging Reel
베이트릴·스피닝릴·전동릴

지깅은 지그를 수직으로 내리고 감아올리는 동작이 주가 되므로 스피닝릴보다 베이트캐스팅릴(베이트릴)을 많이 사용한다. 그러나 지깅과 포핑을 병행할 때는 스피닝릴을 사용한다. 원투가 필수적인 캐스팅 게임에는 스피닝릴이 필요하기 때문이다. 한편 최근에는 베이트릴의 장점과 초고속 릴링의 장점을 모두 갖춘 전동릴도 인기를 끌고 있다. 크기는 더 작아지고 파워는 강해지고 있어 사용자가 점점 늘어나는 추세이다.

베이트릴의 구조

베이트릴은 스피닝릴처럼 손으로 일일이 베일을 젖혔다 닫았다 하지 않고도 엄지로 클러치만 눌러 원줄을 풀 수 있고, 스풀에 엄지를 대어 줄이 풀리는 속도를 쉽게 조절할 수 있어서 지깅 외에도 선상낚시에 널리 사용된다. 또 스피닝릴은 원줄이 나선형으로 풀려나가지만 베이트릴은 직선으로 풀려나가서 채비 하강 도중 들어오는 대상어의 미세한 입질을 쉽게 파악할 수 있다.

❶릴 다리 – 릴 시트에 넣어 릴을 로드에 고정시키는 역할을 한다.
❷핸들 암 – 릴 내부에 들어 있는 기어와 맞물린 부위로 핸들의 회전을 전달하는 역할을 한다. 핸들 암은 튼튼해야 하는데, 가끔 큰 고기가 물어서 강제로 릴링하면 저가의 릴은 핸들 암이 약해서 휘어지기도 한다.
❸핸들 노브 – 핸들 암에 달린 동그란 손잡이. 지깅용 릴은 노브가 큰

것이 특징이다. 크고 둥글어야 강한 힘을 전달하기 좋다. 소형 베이트릴은 핸들 노브가 두 개인 더블 핸들이 많고, 중대형 베이트릴은 싱글 핸들이 많다.
❹레벨 와인더 – 핸들을 돌리면 좌우로 움직이며 원줄을 스풀에 고르게 감는 장치다. 소형 베이트릴에 달려 있다. 타이라바 지깅, 인치쿠 지깅에는 레벨 와인더가 달린 소형 베이트릴을 쓰지만, 부시리나 방어 같은 힘이 센 대상어를 노릴 때는 고속 역회전에 레벨 와인더가 망가질 수 있으므로 레벨 와인더가 없는 것을 사용하는 것이 좋다.
❺클러치(썸바) – 누르면 스풀이 풀림(ON) 상태가 되어 스풀이 역회전

로우프로파일 타입의 최고급 베이트캐스팅릴인 바낙스의 카미온. 14kg의 드랙력과 파워핸들을 가지고 있어서 라이트 지깅뿐 아니라 부시리 방어 지깅용으로도 사용할 수 있다.

마그네틱 브레이크란?

베이트릴의 최대 약점은 백래시 현상인데, 그 태생적 결함을 개선하기 위해 릴 제조업체마다 다양한 시도를 하고 있다. 그 시도 중 하나가 마그네틱 브레이크다. 말 그대로 자석의 힘으로 브레이크를 거는 것엔데, 원리는 스풀의 회전력으로 자력을 생성하여 스풀을 압박하는 것이다. 스풀이 고속회전할수록 마그네틱 브레이크의 자력도 증가하여 스풀을 강하게 눌러주는 것이다. 그러나 마그네틱 브레이크도 한계가 있으므로 결국 낚시인이 스풀을 적절하게 엄지손가락으로 눌러 제동을 걸 수밖에 없다.

마그네틱 브레이크를 분리해 세척을 하고 있다. 보디 프레임에 붙어 있는 여러 개의 둥근 금속이 자석이며 그 자력으로 스풀을 압박해 회전을 조절한다.

주의!

민물용 베이트릴 바다에서 쓰지 마세요

바다용 베이트릴은 녹슬지 않는 부속으로 만들어져 있지만, 민물용 베이트릴은 그렇지 않기 때문에 해수가 침투하면 조만간 녹이 슬어 못 쓰게 된다. 또 바다용 베이트릴은 레벨 와인더의 왕복 속도가 민물용보다 훨씬 빠른 것이 특징인데, 그래야만 가는 PE라인이 넓은 엑스(X)자 형태로 감겨서 원줄이 원줄 사이로 파고드는 것을 방지할 수 있기 때문이다.
참고로 바다용 릴에는 '워셔블(Washable)'이라고 표기돼 있는 릴이 많은데, 물로 세척해도 내부 부속이 부식되지 않는다는 뜻이다. 그러나 워셔블이 100% 방수의 의미는 아니며, 바다용 베이트릴도 주기적으로 분해세척해서 염분을 제거해주는 것이 좋다.

하며 원줄이 풀리기 시작한다. 핸들을 돌리면 스풀이 찰칵하고 잠금(OFF) 상태가 되면서 원줄이 풀리지 않는다.

❻ 드랙 노브 – 드랙 조절 손잡이다. 시계방향으로 돌리면 드랙이 조여져 스풀이 역회전하는 것을 방지하며, 시계반대방향으로 돌리면 드랙이 느슨해져서 스풀이 역회전한다. 부시리나 방어 같은 대상어는 드랙을 꽉 조인 상태로 제압하고, 참돔이나 기타 랜딩 중에 잘 떨어지는 대상어는 드랙을 느슨하게 풀어서 충격을 완충해 주는 것이 좋다.

❼ 브레이크 다이얼 – 수동 브레이크 다이얼이다. 스풀의 회전저항을 조절하여 백래시(back lash)를 방지하는 역할을 한다. 베이트릴은 스풀이 역회전하며 원줄을 풀기 때문에(스피닝릴은 스풀이 돌지 않는다) 관성에 의해 스풀 회전 속도가 원줄 풀림 속도보다 빨라지면

스풀 위에 원줄이 거꾸로 감겨서 엉켜버리는 백래시가 생기고 만다. 그 백래시를 방지하기 위해 브레이크 다이얼을 돌려서 스풀이 조금 뻑뻑하게 풀릴 정도로 압박해준다.

❽ 메커니컬 브레이크 – 반자동 브레이크 다이얼이다. 드랙 옆에 붙어 있으며 스풀의 회전속도를 조절하는 브레이크다. 먼저 이 브레이크를 조이거나 풀어서 스풀의 회전 속도를 조절한 뒤 사용한다. 초보자들은 이 메커니컬 브레이크를 약간 빽빽하게 조여두면 캐스팅할 때 백래시를 줄일 수 있다. 그러나 지깅을 할 땐 백래시 발생 위험이 적으므로 충분히 풀어놓고 낚시해도 상관없다.

❾ 스풀 – 원줄이 감기는 부분. 핸들을 돌리면 같은 방향으로 회전한다. 지깅에는 스풀의 폭이 좁고 깊은 것을 선호하는데, 그래야 권사량이 많고 줄이 고르게 감기고 풀리기 때문이다.

컨벤션 스타일과 로우프로파일형

베이트릴은 외형이 동그랗게 생긴 컨벤션 스타일(일명 장구통형)과 납작하게 생긴 로우프로파일(Low-profile)형 두 가지가 있다. 컨벤션 스타일은 알루미늄 같은 금속을 통으로 깎아서 제작하므로 릴 자체가 튼튼해서 부시리나 방어 같은 대형어를 상대할 수 있다. 그리고 로우프로파일형보다 덩치가 큰 만큼 기어비가 높은 하이기어 시스템을 탑재한 것이 많고, 반대로 강한 힘을 견디기 위해 저속기어를 택한 것도 있어 사용자의 취향에 맞게 선택할 수 있다. 드랙력이 높은 것도 장점이다. 로우프로파일 타입이 4~5kg 드랙력이 많다면 컨벤션 스타일은 10kg으로 드랙력이 높다. 하지만 무거운 것이 흠이다. 로우프로파일형은 보디를 금속 대신 카본이나 강화합성수지로 만들어서 가볍고, 디자인이 예쁘고 다양하다. 최근에는 기능도 많이 향상되어 고급 기종들은 가벼우면서도 내구성이 컨벤션 스타일에 밀리지 않

컨벤션 스타일의 베이트캐스팅릴인 오쿠마의 세드로스 CJ-150P. 알루미늄을 통째로 깎아서 가공해 내구성이 뛰어나다.

는 것들도 많다. 그러나 초대형 부시리를 상대하기에는 다소 무리가 있다. 몇몇 저가품 중엔 큰 고기를 걸어 격렬한 파이팅을 하면 레벨 와인더가 망가지거나 핸들 암이 휘어지는 것도 있고 드랙력 자체가 그리 높지 못해 드랙을 완전히 잠가도 스풀이 역회전해서 줄이 풀리는 것들이 있다. 대체로 부시리 방어용으로는 컨벤션 스타일을, 참돔 및 록피시 용으로는 로우프로파일형을 선호한다.

하이스피드 기어가 유리한 이유는?

바다용 베이트릴과 스피닝릴은 고가일수록 릴 스풀의 회전비(기어비)가 높다. 기어비가 6 대1 이상이 많으며 고가 제품은 7대1 이상의 회전비를 가지고 있다. 기어비란 핸들 한 바퀴당 스풀이 회전하는 바퀴 수를 말하는데, 예를 들어 7.1:1은 핸들 한 바퀴를 돌리면 스풀이 7.1회 회전한다는 뜻이다. 즉, 기어비가 높을수록 릴을 빨리 감을 수 있는데, 대신 감을 때의 힘은 다소 떨어진다.

최근 출시되는 고가 릴들이 하이스피드 기어를 채택하는 이유는 깊은 수심까지 내렸던 채비를 신속하게 회수하기 위해서다. 원줄이 50m 이상 풀렸을 때 5대1 릴과 7대1 릴의 채비 회수 속도는 30% 이상 벌어지므로 채비 투입의 기회를 많이 잡기에는 기어비가 높은 릴이 단연 유리하다.

베이트릴 옆면에 표기된 기어비. 6:1 이상부터 하이스피드 기어로 구분한다.

릴 스풀에 원줄 묶는 법

PE라인은 나일론줄과 달리 표면에 코팅이 되어 있기 때문에 미끄러워서 매듭이 잘 풀린다. 처음부터 빡빡하게 감으려 하면 미끄러운 PE라인은 스풀에서 헛돌므로 대여섯 바퀴는 천천히 감아서 PE라인을 완전히 고정시킨 다음 서서히 힘을 주면서 빡빡하게 감는다.

스풀의 모양만 다를 뿐 스피닝릴과 베이트릴, 전동릴의 줄 감는 법은 동일하다. 낚싯대에 릴을 장착한 후 줄을 감으면 되는데, 레벨 와인더가 있는 베이트릴은 레벨 와인더 안으로 원줄을 통과시킨 후 줄을 감아주어야 한다.

안돌리기 묶음법
❶스풀에 낚싯줄을 걸친다. ❷두 줄을 겹쳐서 한 번 감아 돌린다. ❸끄트머리를 안으로 돌려 한 쪽에 감기 시작한다. ❹4회 정도가 적당한다. ❺끄트머리를 사진과 같이 처음에 만들어진 고리 속으로 집어넣고 당겨 조인다. ❻완성-단단히 조이고 자투리를 자른다.

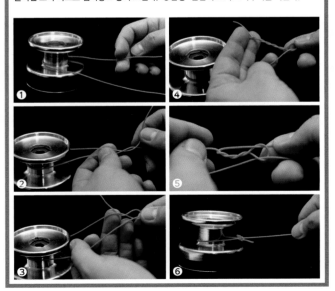

▶ 낚시 전
①루어 세팅 후 클러치를 눌러 루어를 바닥에 떨어뜨린다. 루어가 떨어진 뒤에는 스풀 회전이 곧바로 멈추도록 마그네틱 브레이크를 조절한다.

베이트릴의 클러치를 눌렀을 때 루어의 하강 속도가 지나치게 느리거나 빠른 경우 브레이크 다이얼을 돌려서 스풀의 회전수를 조절한다.

②핸들을 감아 스풀을 OFF 상태로 만든 뒤 손으로 원줄을 세게 당겨 보면서 원줄 풀림 정도를 드랙노브로 조절한다. 약간 세게 당겨야 줄이 풀릴 정도로 조절하면 된다.

원줄을 당겨보고 드랙을 적당히 잠갔는지 점검한다. 별 모양의 드랙 노브를 돌려서 드랙을 조절한다.

▶ 실제 낚시
클러치를 눌러 루어를 바다에 투입하고, 루어가 바닥에 닿으면 핸들을 돌려 스풀을 OFF 상태로 만든 뒤 낚싯대를 움직여 루어에 액션을 준다. 그러나 핸들을 돌려 스풀을 닫는 대신 엄지로 스풀을 눌러 돌지 않도록 하는 방법도 많이 쓴다. 그 상태로 낚싯대로 액션을 주면서 원줄을 풀어 줄 필요가 있을 때는 엄지손가락을 떼어 스풀을 역회전시키고, 필요 없을 땐 눌러서 잡아주는 것이다. 입질이 오면 챔질 후 곧바로 핸들을 돌리면 스풀이 OFF 상태로 되어 파이팅을 펼칠 수 있다.

현장에서 베이트릴로 낚시하는 모습. 엄지로 스풀을 누른 상태로 액션을 주다가 입질이 오면 챔질 후 핸들을 돌린다.

다른 호수의 줄을 감아 교체해서 사용할
수 있도록 판매하고 있는 보조스풀.

지그로 캐스팅을 할 때에는 스피닝릴이 유리하다. 스피닝릴은 베일
만 젖히고 캐스팅하면 별도의 숙련 없이도 루어를 멀리 던질 수 있
으며 줄엉킴같은 트러블이 생기지 않는 것이 장점이다. 지깅에는
5000번 이상의 대형 스피닝릴을 사용하는데, PE 2~3호가 200m
씩 감기는 사이즈가 일반적이다. 수심 100m의 깊은 곳을 노리
는 스탠더드 지깅에는 스피닝릴 중 최대 사이즈인 10000번이나
20000번을 사용한다.

❶릴 다리 – 릴을 낚싯대의 릴시트에 고정시키는 부위다.

❷핸들과 핸들 노브 – 강한 힘으로 릴링을 해야 하는 지깅용 스피
닝릴은 핸들이 굵고, 핸들 노브도 상당히 큰데, 이런 대형 핸들을
'파워 핸들'이라고도 부른다. 지깅용 스피닝릴에 더블 핸들은 쓰
지 않는다.

❸베일(Bail) – 앞쪽으로 젖히면 줄이 풀리고 원래 상태로 닫으면
더 이상 줄이 풀리지 않도록 하는 역할을 한다.

❹라인롤러(Line roller) – 낚싯줄을 감을 때 낚싯줄이 닿아 돌아가
는 부분이다. 원활한 회전을 위해 볼베어링이 들어
있는 제품이 많다. 베일의 끝에 달려 있다.

❺스풀(Spool) – 낚싯줄이 감기는 실패. 몸체와 분리
가 가능해 다른 굵기의 원줄을 감아 둔 예비 스풀과
교체해 사용할 수 있다.

❻드랙노브(Drag knob) – 드랙의 강약을 조절하는 다이얼이다.

❼역회전 방지 레버 – 릴의 핸들은 앞쪽뿐 아니라 뒤로도 돌릴 수
있다. 뒤로 돌리면 릴이 거꾸로 돌면서 원줄이 풀려나간다. 그러
나 핸들을 뒤로 돌릴 경우는 거의 없으므로(줄을 풀 때는 통상적
으로 베일을 젖혀서 푼다) 평소에는
오프(OFF) 상태로 고정해 역회전되
지 않도록 한다.

보조스풀을 구입하는 게 좋다

소형 어종을 노릴 때는 1호 내외의 가는 합사를 쓰는데, 가는 합사는
100m 이상을 감아도 스풀에 라인이 차오르지 않기 때문에 애초에 스풀
의 깊이가 얕은 섈로우 스풀이 장착된 릴을 사용한다. 섈로우 스풀 릴은
스풀이 얕고 폭이 넓어서 캐스팅할 때 가는 원줄이 한 번에 방출되기 쉬
운 구조를 가지고 있어서 그만큼 비거리가 증가하는 장점도 있다.

그러나 3호 이상의 굵은 합사를 쓸 경우엔 스풀이 깊은 일반 스풀을 사용
한다. 원줄을 200m
내외로 많이 감아야
하기 때문이다.

스피닝릴을 살 때에는 보조
스풀을 예비로 구입하는 것이 좋다. 스풀
이 두 개면 두 종류의 원줄을 감아서 상황
에 맞게 골라 쓸 수 있다. 보조스풀이 기
본으로 제공되는 제품도 있고 별도로 구
입해야 하는 제품도 있는데, 고급 스피닝
릴 중엔 보조스풀 하나의 가격이 20만
~30만원씩 하는 것도 있다.

라인롤러

okuma

캐스팅 게임, 스탠더드 지깅에 즐겨
쓰는 스피닝릴. 사진의 제품은
오쿠마의 세드로스 솔트워터릴로
지깅 전용으로 출시되어 보디
프레임이 튼튼하고 알루미늄
파워핸들을 기본으로 장착하고 있다.

전동릴 지깅은 최신 트렌드다. 수동릴보다 쉽고 효율적으로 액션을 줄 수 있고 대어와 파이팅할 때 힘이 덜 든다. 전동릴 지깅 요령은 간단하다. 클러치 레버를 열어 지그를 낙하시킨 후 지그가 바닥에 닿으면 전동릴의 동작 버튼을 누르거나 스피드 레버를 올려서 지그를 감아 들이면서 낚싯대를 위로 흔들어 주기만 하면 된다. 전동릴로 지깅을 하면 고속 권사기능으로 사람이 할 수 없는 초고속 액션을 줄 수 있고 자동으로 릴을 감아 들이는 만큼 체력부담을 많이 줄일 수 있다. 스피닝릴로는 엄두를 내기 힘든 급심에서도 빠른 액션을 오래 취할 수 있다. 고기를 걸어 파이팅할 때 느끼는 손맛은 전동릴이나 수동릴이나 똑같다. 단 전동릴은 무겁기 때문에 낚싯대를 오래 들고 낚시하기 힘들어서 받침대를 사용해야 하는 것은 단점으로 꼽힌다.

하이브리드 트윈 모터를 장착해 지깅에 사용하기 알맞은 바낙스의 '카이젠 7000TM' 전동릴.

줄풀림

뱃전

동작

순간 동작 스위치.

파워모드 상태의 붉은 색 액정화면.

수심 표시

모터 회전 속도

유영/바닥

수면0

유영, 바닥, 메모리 수심층 표시

POWER/SPEED

파워&스피드 전원 스위치.

❶ **콘트롤박스** – 낚싯줄풀림&뱃전 정지, 순간 동작, 유영&바닥, 모드 전환 등의 버튼이 있다.

스피드 컨트롤 레버

드랙 노브 – 드랙을 조이면 스풀이 역회전하는 것을 방지한다.

클러치

핸들&노브 – 수동으로 릴을 감을 수 있도록 큰 노브가 달린 핸들이 달려 있다.

주요 기능

- 수심 표시 및 바닥층으로부터의 채비 위치 표시
- 레버를 이용해 줄감기와 감기 속도를 조절
- 스풀에 감을 때 밑줄을 입력시킬 수 있어 낚싯줄을 경제적으로 사용
- 뱃전 자동 멈춤 기능과 자동 멈춤 위치 설정 기능
- 낚싯줄 송출 기능이 있어 입질 수심층으로 빠르게 채비 투입
- 고기가 물었던 수심을 기억하고 그 위치를 알람으로 알림

❷클러치 – 전동릴에도 베이트릴과 마찬가지로 스풀 뒤쪽에 클러치가 있어서 줄 풀림과 정지 동작을 한 손으로 할 수 있다.

❸스피드 컨트롤 레버 – 모터의 온오프와 속도 조절 레버. 저속 또는 고속감기가 가능해 일정 수심층을 천천히 공략해야 하는 갈치낚시나 지깅에서 효과적으로 낚시할 수 있다.

지깅에는 중형 전동릴 추천

입질을 받고 랜딩하는 과정은 어렵지 않다. '덜컥' 하는 입질이 오면 순식간에 낚싯대가 고꾸라지는데, 전동릴의 감기 버튼(혹은 스피드 콘트롤 레버)을 누르면 처음에는 회전을 멈칫거리며 큰 고기가 내달리면 스풀이 역회전하기도 하지만 당황할 필요 없다. 멈칫거리는 순간은 아주 짧고 곧바로 전동릴은 회전을 시작하는데, 낚싯대를 세우고 릴링할 때 고기가 저항해서 순간적으로 과도한 힘이 가해지면 잠시 정지했다가 다시 회전한다. 지그에 액션을 주기 위해 저킹을 할 때도 정지와 회전을 계속 반복하는데, 자연스러운 현상이므로 걱정하지 않아도 된다.

낚싯대를 세운 후에는 전동릴이 고기를 자동으로 감아 들인다. 대상어가 수면 가까이 끌려나온 후엔 미리 맞춰놓은 수심에서 회전이 멈추며(미리 수심을 정해놓지 않았다면 레버를 젖혀서 전동릴을 멈춰 준다), 그때부터는 수동으로 핸들을 돌려서 줄을 감고 뜰채에 고기를 담는다.

그러나 전동릴이 수동릴에 비해 모든 조건에서 우수한 것은 아니다. 전동릴은 견인능력에 한계가 있기 때문에 초대형 부시리는 오히려 전동릴보다 수동릴을 써야 끌어낼 확률이 높고 전동릴의 경우 수동릴로 전환하여 파이팅을 벌이는 게 좋다. 특히 바닥에서 입질한 부시리를 순간적으로 당겨 올리는 능력은 수동 스피닝릴이 가장 좋다.

전동릴 지깅은 전갱이나 자리돔 같이 빨리 헤엄치는 베이트피시가 많은 10월~12월에 효과적이다. 그 후 수온이 내려가서 베이트피시가 바닥으로 가라앉거나 외곽으로 빠져나가면 전동릴의 빠른 액션은 잘 먹히지 않으며 반대로 수동릴의 섬세한 액션이 잘 먹힌다. 부시리와 방어가 바닥에서 입질하는 활성이 낮은 날이라면 수동릴로 낚시할 것을 권한다.

지깅에 사용하는 전동릴은 주로 중형을 쓴다. 대형은 너무 무겁고 소형은 견인력이 약하기 때문이다. 그러나 록피시 등 작은 물고기를 노린다면 소형 전동릴을 써도 상관없다.

바낙스의 서보원 대리가 제주 서귀포에서 전동릴 지깅으로 잿방어를 낚았다.

지그의 선택 기준

긴 실루엣과 짧은 실루엣
몸통이 회전하는 액션과 전체가 움직이는 액션

사노 사다오(佐野 貞男) 일본 GL공방 대표
1962년 일본 고베 출생. 물고기를 좋아하는 낚시광으로 세계 제일의 루어를 만들겠다는 일념으로
GL공방을 운영하고 있다. 한일 양국의 낚시문화 교류에 관심이 크다. www.atelier-gl.co.jp

복잡한 현대 지깅에서 지그의 분류라는 것은 쉽지 않다. 그저 잘 낚이는 지그, 사용하기 쉬운 지그,
기법에 적절한 지그가 있을 뿐이다. 지그가 상황에 적절하지 않고 사용하기에 어렵고 힘들면 잘 낚이지 않는다.

일본 오키나와 원정에서
돛새치를 낚은 필자.

지깅이라는 낚시가 시작된 이후 줄곧 지그를 제작하고 판매해오고 있는
본인의 입장에서 21세기의 지깅에 사용되는 지그를 뒤돌아본다. 지그를
큰 틀에서 나누어 보자면 이하의 3가지로 나눌 수 있으리라 본다.

*지깅용 메탈지그
*어구(漁具)계 지그(카부라, 인치쿠, 농어용 페더지그 등)
*민물 루어낚시용 지그(주로 배스낚시용의 러버지그, 지그헤드 등)

하지만 위의 분류와는 별개로 필자는 일반적으로 지깅이라고 불리는, 주
로 바다의 부시리와 방어 같은 회유어종을 상대로 하는 지깅용 메탈지그
만을 주제로 하여 그 분류를 생각해 보려 한다.

1만 종에 가까운 지그

일본에서 생산되는 지그는 얼마나 많을까? 100개 회사가 평균 3가지 타
입의 지그를 발표하고 있다고 가정한다면 300종이다. 여기에 각각 5가
지의 사이즈를 만들면 1500종, 또한 각각 5가지 색상으로 만들어진다면
이미 7500종이다. 이는 적게 잡아서 말한 것이다. 일본 국내에서 만들어
지고 있는 지그의 수는 실제로 그 이상일 것이 분명하다.
지그의 종류가 이렇게 다양하다면 분류를 해보고 싶은 것이 인지상정이
지만 어떻게 분류를 할 것인가? 그 분류의 기준은 무엇인가? 간단한 예
시로 낚시인들 사이에서 더욱이 낚시잡지에 등장하는 지그의 특성을 표
현하는 말을 빌리면 정말 다양한 분류가 가능하다. 여기에는 겉모습, 무
게중심, 액션의 특성, 사용기법 등을 기준으로 하여 저마다 독특하게 이
름을 붙여 나누고 있다. 보통 지그를 부를 때 다음과 같이 나눠 부르는 경
우가 많다.
롱/쇼트, 평형(와이드)/세형(슬림), 각형(스퀘어)/환형(라운드), 헤드밸런
스/센터밸런스/리어밸런스, 쇼트 저크 대응/원 피치 대응/롱 저크 대응/
슬로우 피치 대응 등등.

지그의 무게중심 분류는 큰 의미 없어

신기술의 등장, 대상어종의 다변화 등 모든 면에서 다양화를 지속하고 있
는 현대의 지깅에 있어서 단순하게 '모양이 이러해서' 또는 '사용법이 이
러해서'와 같은 분류 기준은 적합하지 않다고 생각한다. 지깅이 유행하기
시작한 20여 년 전에 비해 최근의 지깅은 단순하지 않기 때문이다. 지그
를 카테고리에 따라 나눈다는 것은 이미 의미가 없는 시대가 되었다.
일본 지깅의 여명기, 즉 1990년대에 지그의 종류가 그리 많지 않던 시기
에는 '좌우비대칭 지그', '저중심 지그', '롱 지그' 등과 같이 적당한 이름을

붙여서 3~4가지로 지그의 카테고리화가 가능했지만, 최근에는 이런 기준도 모호한 카테고리화는 무의미하다. 필자가 만들어 판매하고 있는 다양한 모델의 지그에서도 지그의 카테고리 분류는 고려하지 않고 있다.

그래도 굳이 분류를 한다면 상대적인 개념이긴 하지만, 긴 실루엣과 짧은 실루엣 정도일까? 여기에 지그의 몸통이 회전하는 것과 전체가 움직이는 것으로 나눠 보고자 한다. 즉, 길고 짧은 실루엣에 반짝반짝 빛을 반사하며 눈에 잘 띄는 것과 반짝이지는 않아도 존재감이 있는 것이다.

종종 센터밸런스니 3:7이니 하며 지그의 무게중심에 가치를 두기도 한다. 그러나 이는 지그에 액션을 줄 때 쉽냐 어려우냐에 관계하기는 하지만 지그 몸통의 형상이 무게중심보다는 더욱 액션에 큰 영향을 주므로 무게중심의 위치(웨이트 밸런스)가 어디냐 하는 것만으로 단순하게 지그를 분류하지는 말아야 할 것이다. 실제 낚시에서 지그는 수중에서 수직으로 끌어당기며 움직임을 주는 것이므로 전후의 밸런스 이상으로 지그의 단면형상과 표면의 굴곡이 중요한 요소가 된다.

지그의 실루엣과 회전형태를 보라

새로운 지그의 개발과 제작에서 중요한 것은 '액션'과 '실루엣'이다. 지그를 나눈다면 이를 기준으로 해야 할 것이다. 예를 들어, 지그를 투입하고 동작을 가했을 때, 좌우로 흔들흔들하다가 갑자기 다시 휙 하고 가라앉는 액션을 하는 지그인데 길쭉한 실루엣을 한 지그가 있다고 하자. 또한 이 지그에 물고기의 입질이 있다고 치자. 이러하다면 센터밸런스의 지그이든 헤드밸런스의 지그이든지 간에 흔들흔들하다가 급속히 가라앉는 롱 지그를 사용하면 좋은 조과를 얻을 것이다. 마찬가지로, 해저에 닿은 지그를 살짝 들어 올렸더니 순간적으로 지그가 옆으로 눕고 나풀거리는 액션에 입질이 온다면 그런 액션을 잘하는 지그를 사용하거나 지금 사용하는 지그를 그렇게 움직이도록 튜닝하면 조과가 좋을 것이다. 이 시점에서 이미 지그의 카테고리화는 의미를 잃는다. 지그를 개발하는 제작자 입장에서는 실제로 잘 낚이는 지그(잘 팔리는 지그)는 낚시현장에서 떠오르는 아이디어를 실물로 만들고 실제로 사용해 보면서 입질이 오는 액션과 실루엣으로 수정(현장에서 줄로 절삭)해 나가면서 완성된다. 그밖에 참고로 하는 것이라면, 지그를 오래전부터 어업에 사용해 온 북유럽과 캐나다에서 만든 지그를 살펴보거나 일본 각 지방 어부들의 채비와 동작법 등이다.

내게 맞는 지그 대신 새로운 지그로 연구하는 즐거움도

소비자인 일반 낚시인의 입장에서 생각해 본다. 현재와 같이 수많은 종

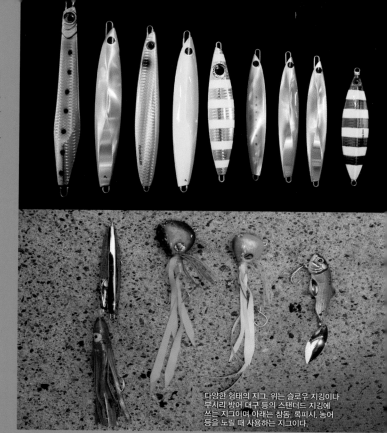

다양한 형태의 지그. 위는 슬로우 지깅이나 부시리 방어 대구 등의 스탠더드 지깅에 쓰는 지그이며 아래는 참돔, 록피시, 농어 등을 노릴 때 사용하는 지그이다.

류의 지그가 나와 있다는 사실은 낚시인으로서 선택의 자유가 있다는 말이다. 경제적, 시간적 여유가 허락하는 한 다양한 지그를 사용해보고나 자신에게 맞는 지그를 선택하면 좋을 것이다. 낚시터, 계절, 낚시방법(자신의 습관 포함) 등의 조건에 의해 조과는 달라질 것이 분명하다. 그 중 나 자신에게 잘 맞는 지그를 발견하는 것이 최고로 좋은 일이다. 반대로 나 자신에 잘 맞는 지그를 찾는 것이 아니라 스스로 연구하는 자세를 취할 수도 있다. 익숙한 방법으로만 지깅을 하는 것이 아니라 새로운 지그를 사용해 이렇게 저렇게 실험적인 낚시도 해보는 것이다. 낚시에 대한 기호나 가치관 문제이긴 하지만 어느 쪽이 더 즐거운 낚시가 될 것인가? 판단은 개개인에 달렸다. 덧붙이자면 본인은 연구하는 쪽이 더 즐거운 낚시가 된다고 생각한다.

새 기법의 등장으로 더 다양해지는 지그

과거 일본 낚시계에서는 한두 명의 대메이커 소속 프로급 낚시인이 새로운 기법을 고안해 유행을 선도해 갔지만, 요즘은 10~20명이 새로운 기법을 매스컴과 인터넷을 통해 발신하고 있다. 10배이다. 하나의 새 낚시기법을 일반 낚시인들이 따라해 유행이 되는 데는 반년 정도는 걸린다. 새 기법에는 그 기법에 알맞은 낚싯대, 릴, 라인, 지그 등이 필요하게 된다. 새 기법이 등장할 때마다 기법을 익히고 이에 알맞은 도구들을 전부 갖추는 것은 주말에 출조하는 보통 낚시인으로서는 불가능에 가까운 이야기이다. 실제로는 승선할 배의 선장이나 가이드에게 물어 준비를 하거나 출조하고자 하는 장소의 전문가의 기법을 따라하는 것이 해답이다. 새 기법용 새로운 지그를 구입해도 좋지만 자신이 갖고 있는 것을 최대한 활용하여 새 기법에 가까운 액션을 내도록 하는 것도 차선책이 될 것이다.

현지에 물어 잘 듣는 지그를 준비한다. 기상청 홈페이지에서 수온 등 바다의 상황을 조사한다. 대상어의 습성을 확인한다…. 낚시인은 언제나 새롭다. 한 번도 가본 적이 없는 낚시터로 낚시를 가는 것과 같은 설렘이다. 새 기법의 등장으로 지그는 더욱더 다양해지고 있다.

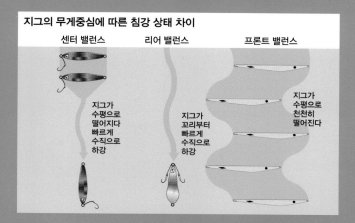

지그의 무게중심에 따른 침강 상태 차이

센터 밸런스　　　리어 밸런스　　　프론트 밸런스

지그가 수평으로 떨어지다 빠르게 수직으로 하강

지그가 꼬리부터 빠르게 수직으로 하강

지그가 수평으로 천천히 떨어진다

스탠더드 지그

스탠더드 지그란 뒤에 설명하는 롱 지그, 슬로우 지그, 소형 메탈지그 중
그 어느 것에도 속하지 않는 일반 지그를 말한다. 스탠더드 지그는
길이 10~20cm, 무게는 100~400g으로 대구 지깅, 부시리 방어 버티컬 지깅에
쓰인다. 그중 100g 내외는 쇼어지깅에도 즐겨 쓴다.

지그는 길이, 무게중심, 무게, 형태에 따라 다양하게 분류할 수 있는데, 스탠더
드 지그는 버티컬 지깅에 사용하는 가장 기본적 형태에 해당한다. 지그의 보디
를 가공하지 않고 쇠막대기 형태로 단순하게 제작했기 때문에 수직으로 가라
앉았다 수직으로 솟아오르는 액션이 전부인데, 깊은 수심에서 빨리 가라앉힌
후 빨리 감아 들이기 좋은 형태이다.
몸체는 납 등 무거운 금속을 사용하여 만들고 내부에 강철사를 관통시켜 체형
을 유지하며, 강철사를 바깥으로 빼서 라인을 연결하는 고리를 만든다. 표면은
플래싱 테이프로 코팅해서 반짝이게 만들고 칠이 벗겨지지 않게 한다. 어떤 지
그든 스탠더드 지그와 비슷한 형태로 만들어지며 가끔 철이나 스테인리스, 텅
스텐, 알루미늄으로 만들어진 것이 있는데, 그런 것들은 값이 비싸서 소형 지그
에서나 볼 수 있으며 큰 지그는 대부분 납으로 만들어져 있다.
지그의 무게는 2~3g의 아주 작은 것에서부터 600g이 넘는 특대형 사이즈까
지 다양하며 길이도 마찬가지다. 스탠더드 지그라고 하면 무게 100~400g, 길
이는 10~20cm로 짧고 뭉툭한 것이 많다.
최근에는 표면을 움푹하게 만들거나 반대로 볼록 솟게 가공해 조류의 영향을
받아 다양한 움직임이 생기도록 만들었다. 시간이 흘러 지그는 다양한 형태로
진화했는데 스탠더드 지그→롱 지그→슬로우 지그 순으로 지그의 형태가 변화
해왔다.

액션
수직으로 가라앉았다 수직으로 솟아오르는 액션이 전부인데, 깊은 수심에서
빨리 가라앉힌 후 빨리 감아 들이며 저킹 등의 액션을 가미한다.

메탈지그가 아닌 기타 지그들
지그 중엔 쇳덩이에 다양한 부착물이 붙어 있는 것들도 많고 민물에서
는 더 다양한 지그들이 사용되고 있다. 가장 흔하게 볼 수 있는 지그가
바로 지그헤드 리그에 사용하는 지그헤드인데, 웜과 결합해서 사용한
다. 지그헤드 리그도 배에서 버티컬(수직) 액션이 가능하기 때문에 엄
연히 지깅 루어로 분류할 수 있다.
그 외 러버지그, 카부라 지그, 인치쿠, 타이라바, 페더 지그, 벅테일 지
그 등 지그의 종류는 무수히 많은데 모든 지그는 금속 부분이 있으며
배에서 수직 지깅이 가능하다는 공통점이 있다.

지그의 일반적 구조도

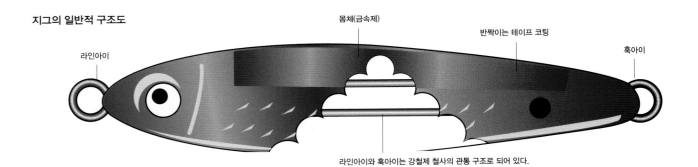

라인아이

몸체(금속제)

반짝이는 테이프 코팅

훅아이

라인아이와 훅아이는 강철제 철사의 관통 구조로 되어 있다.

롱 지그

롱 지그는 버티컬 지깅에서 가장 즐겨 쓰는 아이템이다.
슬로우 지그가 나오기 전까지 가장 최신형의 지그였고,
대형 부시리나 방어를 노릴 때 쓴다.

지그는 길이에 따라 스탠더드 지그와 롱 지그로 구분한다. 또 무게 중심의 위치에 따라 저중심 지그, 센터밸런스(중중심) 지그, 앞중심 지그로 구분한다.
우선 무게 중심의 위치로 구분한 지그를 살펴보면, 저중심 지그는 지그의 무게 중심을 맨 아래쪽(꼬리)에 두어 수직으로 빨리 가라앉도록 만든 것으로, 조류의 저항을 덜 받아 수심이 깊고 조류가 센 곳에서 주로 사용한다. 별다른 액션이 없고 수직으로 빠르게 가라앉기 때문에 모양이 단순하고 길이는 15cm 내외가 많다.
센터밸런스 지그는 무게 중심이 가운데 있기 때문에 액션을 주게 되면 옆으로 미끄러지듯 가라앉거나 몸통을 흔들며 가라앉는다. 일정한 수심층에서 섬세한 액션을 하고 싶을 때 주로 사용한다. 길이는 짧은 것부터 긴 것까지 아주 다양하며 몸통의 넓이도 제각각이다. 최근에 출시되고 있는 롱 지그와 슬로우 지그는 화려하고 독특한 액션을 내기 위해 센터밸런스 타입이 많다.
앞중심 지그는 수중에서 가라앉을 때 머리부터 가라앉게 만든 것이다. 머리부터 가라앉기 때문에 약간의 액션만 주어도 지그의 움직임을 바꿀 수 있는 것이 장점이지만, 머리 쪽에 연결한 라인이 지그나 훅에 쉽게 엉킨다는 것이 단점이다. 그래서 지깅에는 많이 쓰지 않고, 주로 크기가 5cm 이하로 작은 배스용 지그나 연안용 지그에서 가끔 볼 수 있다.

큰 폭의 빠른 액션이 장점

스탠더드 지그와 롱 지그 중 지깅에선 대부분 롱 지그를 사용한다. 롱 지그는 길이가 20~30cm이며 무게는 200~500g으로 지그의 폭이 좁고 길쭉한 것이 특징이다. 외형은 꽁치나 갈치를 닮았다. 슬로우 지그가 나오기 전까지 버티컬 지깅에 사용하는 지그 중 가장 최신형이었다.
롱 지그는 대부시리나 대방어를 노릴 때 즐겨 쓴다. 길이가 길기 때문에 잔챙이는 잘 달려들지 않고 긴 지그를 단숨에 덮칠 수 있는 50~60cm 이상의 부시리나 방어가 주로 입질한다. 액션의 폭이 크고 물속에서 아주 빠르게 움직이기 때문에 활성이 좋은 대형어에게 강하게 어필할 수 있는 것이 장점이다. 단점도 있는데, 빠르고 화려한 액션이 먹히지 않는 경우에는 롱 지그가 큰 위력을 발휘하지 못할 수 있다.

액션
롱 지그의 무게 중심은 센터밸런스 혹은 4:6 정도로 조금 뒤쪽으로 치우치게 만들었는데, 물속에서 액션을 주면 좌우로 크게 미끄러지듯 솟아오르고 가라앉는 동작을 보인다.

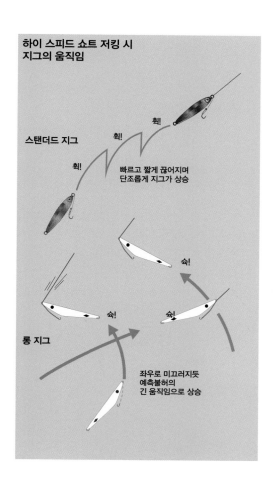

하이 스피드 쇼트 저킹 시
지그의 움직임

스탠더드 지그

휙!

휙!

휙!

빠르고 짧게 끊어지며
단조롭게 지그가 상승

숙!

숙!

숙!

롱 지그

좌우로 미끄러지듯
예측불허의
긴 움직임으로 상승

슬로우 지그

가장 최신 아이템인 슬로우 지그는
부시리, 방어 킬러로 각광받을 뿐 아니라 바닥 공략에 유리해
우럭, 광어 등 록피시를 노리기에도 좋다.

슬로우 지그는 슬로우 지깅에 사용하는 지그를 말한다. 슬로우 지깅은 2008년에 일본의 지깅 전문가 사토 노리히로씨가 정립한 지깅 테크닉이다. 슬로우 지깅은 일본 관서지방에서 대형 잿방어를 노리기 위해 고안된 기법인 '슬로우 피치 저크(slow pitch jerk)'가 관동지방에 가서 변형된 말로, 결국 같은 뜻이다. 수류의 영향을 잘 받게 설계된 나뭇잎 형태의 지그를 해저까지 내린 뒤 릴링에 의한 낚싯대의 반동만으로 지그를 움직이게 하는 낚시방법이다.

롱 지그보다 움직임 폭 좁아

슬로우 지그의 길이는 15cm 내외로 짧으며 생김새는 나뭇잎과 비슷하다. 한 면은 평평하고 반대 면은 볼록하게 만들어 조류에 의한 움직임이 다르게 나오게 했다. 무게는 100~200g으로 200~500g의 롱 지그보다는 가벼운 편이다. 일본에서는 수심이 깊은 곳을 노리기 위해 400g 내외의 슬로우 지그를 쓰기도 하지만, 우리나라에서는 200g 내외를 가장 많이 쓴다.

액션

슬로우 지그는 무게 중심이 5:5로 가운데에 있다. 로드를 들어 올린 뒤 내려놓는 저킹 동작을 하면 옆으로 기울어지면서 흔들리며 가라앉는다. 라인을 연결할 때 회전도래를 사용하면 자체적으로 회전하며 낙엽처럼 떨어지는 것도 있다. 액션의 폭이 롱 지그보다 좁고, 유영시간이 긴데 이 점을 활용해서 바닥이나 일정 포인트를 지속적으로 노리기에 효과적이다. 중하층의 부시리뿐 아니라 바닥에 있는 우럭, 능성어, 광어, 쏨뱅이 등에 효과를 발휘한다.

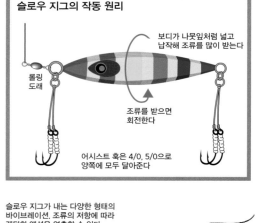

슬로우 지그의 작동 원리

보디가 나뭇잎처럼 넓고 납작해 조류를 많이 받는다

롤링 도래

조류를 받으면 회전한다

어시스트 훅은 4/0, 5/0으로 양쪽에 모두 달아준다

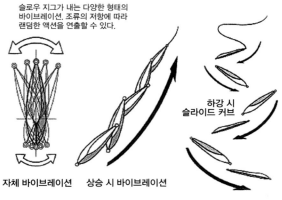

슬로우 지그가 내는 다양한 형태의 바이브레이션. 조류의 저항에 따라 랜덤한 액션을 연출할 수 있다.

자체 바이브레이션   상승 시 바이브레이션

하강 시 슬라이드 커브

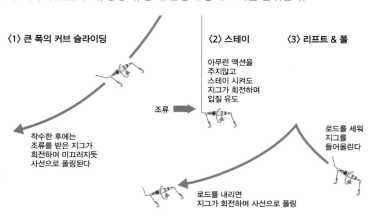

〈1〉 큰 폭의 커브 슬라이딩

착수한 후에는 조류를 받은 지그가 회전하며 미끄러지듯 사선으로 폴링된다

〈2〉 스테이

아무런 액션을 주지않고 스테이 시켜도 지그가 회전하며 입질 유도

조류

〈3〉 리프트 & 폴

로드를 세워 지그를 들어올린다

로드를 내리면 지그가 회전하며 사선으로 폴링

타이라바

일본에서 건너와 2008년 서해 군산 앞바다에서 처음 사용된
타이라바(참돔 지그)는 참돔을 대상어로 만든 루어지만
못 낚는 고기가 없는 만능 루어로 꼽히며 전국적 인기를 누리고 있다.

타이라바로 참돔을 낚은 낚시인.

타이라바는 일본 어부들이 개발한 '카브라'라는 어구를 낚시용으로 개량한 것이다. 돔을 일컫는 타이(タイ)와 고무를 일컫는 러버(ラバ, rubber)를 일본 낚시인들이 합성해서 만든 용어이다. 생김새는 작은 주꾸미 모양의 머리에 고무 술과 천 조각 몇 가닥을 붙인 단순한 형태로, 낚시용으로 개량했다지만 조금은 우스운 모양을 하고 있다.

낚시인들은 타이라바가 작은 문어처럼 보인다고 말하지만 '넥타이'라고 불리는 긴 고무 술의 움직임과 길이를 생각한다면 홍갯지렁이나 청갯지렁이 같은 다모류(多毛類)를 본뜬 루어로 보는 것이 맞을 것이다. 또 한편으론 긴 고무 술 상부에 붙어있는 작은 술의 색상이나 움직임으로 보자면 새우나 게처럼 보이기도 한다. 아무튼 확실한 것은 이 특이한 형태의 루어가 참돔의 식욕을 불러일으킨다는 것이다. 또 광어(넙치)나 양태, 우럭, 노래미, 농어에게도 잘 먹힌다.

80~150g으로 수심 100m 이하 공략

타이라바를 사용한 참돔 지깅(타이라바낚시)은 서해와 제주에서 성행하고 있지만, 이론상으로는 육지에서 가까운 해역 중에서 수심이 20~60m에 이르고 바닥에 수중여가 있는 곳 중 참돔 조과가 확인된 곳이면 어디서나 가능하다. 특히 항만의 입구나 물골, 해협처럼 빠른 조류가 흐르는 장소에 좋은 포인트가 많다. 그래서 타이라바는 앞으로 전국적으로 확대될 것이라고 기대하고 있다.

타이라바의 무게는 80~150g짜리를 즐겨 쓰는데, 이 정도 무게의 타이라바라면 수심 100m까지 공략할 수 있다. 200g 내외의 타이라바도 출시되어 있지만 그렇게 무거운 타이라바로 수심 100m보다 깊고 조류가 빠른 곳을 노린다 해도 참돔의 입질을 받기는 어렵다. 더 깊고 빠른 곳을 노릴 때는 지그나 인치쿠를 사용하는 것이 좋다.

액션

라인을 팽팽하게 유지한 채 떨어뜨리는 커브 폴링과 라인을 늘어뜨려 되도록 빨리 가라앉히는 프리 폴링이 있다. 주로 프리 폴링을 많이 쓰며 바닥에 타이라바가 닿는 순간 천천히 릴을 감아 띄우면 참돔이 입질한다. 단순한 릴링 외에 다른 액션을 섞으면 오히려 입질 빈도가 떨어진다. 타이라바 액션은 아주 단순하기 때문에 누구나 쉽게 배울 수 있다.

타이라바의 물속 움직임

앗! 꼼짝마랏

먹을까? 말까?

일정한 속도로 릴링하면 떠오르는 타이라바에 참돔이 반응한다.

인치쿠

타이라바와 거의 비슷한 시기에 국내에 도입된 인치쿠는
초기엔 타이라바의 인기에 밀렸으나 최근엔 참돔 외에도 우럭,
농어, 광어 등 거의 모든 바닷고기에 두루 먹힌다는 사실이
알려지면서 오히려 더 큰 인기를 누리고 있다.

인치쿠는 타이라바와 비슷한 형태로, 고무 술 대신 꼴뚜기 모양의 루어가 달려 있다. 타이라바와 거의 같은 시기에 일본 어부들이 개발한 어구다. 밝고 번쩍이는 봉돌 부분은 빛이나 파동으로 고기를 유혹하고 꼴뚜기는 먹잇감이 된다.

인치쿠는 하나의 먹이고기가 아니라 쫓고 쫓기는 무리를 형상화했다고 한다. 인치쿠를 가라앉힌 뒤 고패질하면 봉돌과 꼴뚜기가 따로 움직이는데, 이때 꼴뚜기가 봉돌을 쫓는 모습이 연출된다. 그 광경에 육식어종들이 앞 다퉈 달려든다.

인치쿠는 대상어를 가리지 않는 것이 장점이다. 메탈지그나 생미끼에 입질이 뜸할 때도 인치쿠로는 입질을 받을 수 있다. 특히 우럭, 광어, 쥐노래미 같은 록피시들은 타이라바보다 인치쿠에 더 잘 낚인다. 그밖에도 부시리, 방어, 대구, 광어, 우럭은 물론 참돔, 능성어, 횟대, 옥돔까지 물고 올라온다.

어자원이 다양한 제주도에서는 타이라바보다 인치쿠의 인기가 높다. 그동안 생미끼 배낚시에는 잘 낚이지 않던 다금바리 같은 고급 어종들이 인치쿠에는 줄줄이 낚이고 있기 때문이다.

인치쿠는 타이라바와 사용하는 방법이 다르다. 형태는 같지만 타이라바보다 더 무거운 것을 사용한다. 주로 100g 이상을 쓰며 수심이 깊은 곳에서는 200g이 넘는 것도 사용한다.

액션

타이라바는 느리고 일률적인 감기 동작이 주가 된다면 인치쿠는 빠르고 큰 폭의 활발한 액션을 줄 때 입질이 잦다. 인치쿠 액션의 기본은 지그헤드처럼 바닥에서 활발하게 움직이는 것이다. 타이라바는 타이의 펄럭거림이 참돔을 유혹하지만, 인치쿠는 번쩍거리는 금속헤드와 그 아래 달린 주꾸미가 유인 역할을 한다. 바닥에 닿은 인치쿠를 3~4m 띄워 올렸다 다시 가라앉히는 동작을 반복하면 참돔, 농어, 부시리, 우럭, 광어, 쥐노래미 등을 모두 노릴 수 있다. 록피시만 집중적으로 노린다면 인치쿠가 바닥에서만 움직이도록 하면 된다.

인치쿠에 걸려나온 참돔.

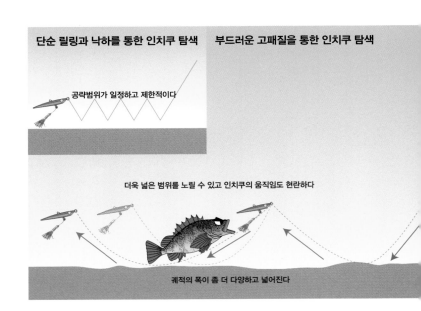

단순 릴링과 낙하를 통한 인치쿠 탐색

부드러운 고패질을 통한 인치쿠 탐색

공략범위가 일정하고 제한적이다

더욱 넓은 범위를 노릴 수 있고 인치쿠의 움직임도 현란하다

궤적의 폭이 좀 더 다양하고 넓어진다

미니 지그

미니 지그란 길이 5cm 이하의 작은 지그를 말하며
쇼어 지깅으로 볼락, 전갱이, 삼치 등을 낚을 때 사용한다.
라이트 지깅의 붐에 편승해 사용빈도가 늘고 있다.

액션

미니 지그를 캐스팅한 후 바닥에 닿을 때까지 카운트다
운을 한다. 지그가 바닥에 도달했다고 예상되는 시점에
서 저킹을 반복한다. 리프트 앤 폴이 기본 액션이다.

지그 중에 무게가 2~15g, 길이는 5cm 내외인 미니 지그는 볼락이나 전갱이,
작은 삼치 등을 낚을 때 쓴다. 2cm 내외로 아주 작은 '마이크로 지그'도 있다.
미니 지그의 장점은 가벼운 볼락루어 장비에 사용하면 원 채비에 비해 훨씬 멀
리 날아가서 깊은 곳의 큰 씨알을 낚을 수 있다는 것이다. 연안에서 멀리 떨어
져 회유하는 삼치 등을 노리기에도 효과적이다. 최근에는 카약을 이용한 라이
트 지깅에서 미니 지그를 많이 사용하고 있다.

바닥 노릴 땐 트레블훅 제거

미니 지그는 크기가 작다뿐이지 형태나 액션 방법이 큰 지그와 크게 다르지 않
다. 캐스팅 후 바닥까지 가라앉힌 다음 저킹 액션으로 지그를 올렸다 내렸다 하
면 대상어가 입질한다. 미니 지그의 무게중심 역시 저중심과 센터밸런스로 나
뉜다. 저중심은 조류가 빠르고 수심이 깊은 연안을 노릴 때 쓰며, 센터밸런스는
얕고 조류가 약한 곳에서 화려한 액션을 낼 때 사용한다. 연안에서 사용하는 미
니 지그의 무게중심은 센터밸런스가 많다. 얕은 연안에서 최대한 어필 효과를
높일 수 있도록 가라앉을 때 다양한 액션을 연출할 수 있는 센터밸런스가 유리
한 것이다.
미니 지그는 보디에 트레블훅이 달린 기본 형태로 사용하기도 하지만, 그렇게
하면 바닥을 공략할 때 밑걸림이 쉽게 생기기 때문에 트레블훅을 제거하고 머
리에 작은 어시스트훅을 달아서 쓰는 경우가 많다. 단, 중상층의 작은 부시리나
삼치 등을 노릴 때는 걸림을 확실히 하기 위해 트레블훅을 제거하지 않는다.
예전에는 밤에는 메탈지그를 즐겨 쓰지 않았는데, 물고기들이 메탈지그를 식
별하기 어렵기 때문이라고 생각했다. 하지만 볼락이나 전갱이 등이 밤에도 메
탈지그에 잘 낚인다는 것이 밝혀져 앞으로 미니 지그의 사용빈도가 계속 증가
할 것으로 보인다.

**쇼어 지깅의
미니 지그 저킹법**

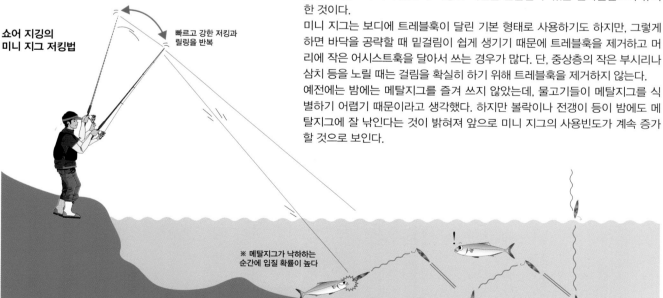

빠르고 강한 저킹과
릴링을 반복

※ 메탈지그가 낙하하는
순간에 입질 확률이 높다

지그헤드 리그

지그헤드에 웜을 결합한'지그헤도 리그'도
지그의 한 종류에 해당한다. 일본에서는 갈치 지깅이나 하드록피싱에
지그헤드 리그를 쓰고 있다.

지그헤드에 웜 꿰기

❶지그헤드와 웜의 길이를 비교해보고 바늘 끝이 웜의 어느 부분에 나올 것인지 미리 파악한다.
❷웜 머리의 중앙에 훅을 찔러 넣는다.
❸웜을 바늘의 형태에 맞춰 헤드 쪽으로 밀어 넣는다.
❹처음 파악했던 웜 노출 부위로 바늘을 빼낸다.
❺바늘을 빼낸 상태의 웜. 이때 바늘허리 길이에 맞게 바늘이 나온 것인지 살핀다. 바늘허리와 맞지 않았다면 다시 바늘을 웜 속으로 밀어 넣은 후 알맞은 위치에 다시 빼내도록 한다.
❻웜을 올바르게 꿴 상태. 웜이 삐뚤게 꿰어져 있으면 액션이 제대로 나오지 않는다.

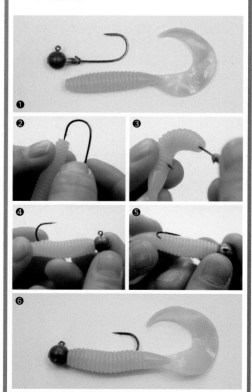

지그헤드 리그(Jighead rig)는 말 그대로 '지그헤드를 사용한 채비'이다. 지그헤드에 주로 웜을 꽂아서 사용하기 때문에 웜 채비라고 부르는 것이 익숙하지만, 엄연히 지그의 한 종류에 해당한다. 지그헤드는 납, 텅스텐 등으로 만든 싱커와 바늘이 결합된 형태다. 물의 저항을 작게 받아 낙하속도가 빠르고 바늘이 많이 노출되어 있기 때문에 입걸림이 잘 되는 것이 장점이다. 또 값이 싸고 아이템이 다양해 선택의 폭이 넓은 것도 장점이다.

헤드의 형태에 따라 둥근 쇠구슬 모양의 라운드형과 럭비공처럼 생긴 풋볼형, 뽀족한 총알형 등으로 나뉘며, 최근에는 바늘과 웜을 꽂는 곳이 분리되어 있는 독특한 형태의 지그헤드도 출시되어 있다.

헤드의 크기와 무게에 따라 침강속도나 비거리가 달라지며, 훅의 크기에 따라 꽂을 수 있는 웜의 크기나 대상어를 결정할 수 있다. 바다에서 사용하는 지그헤드는 1g 내외의 볼락용부터 30g 내외의 광어, 우럭, 갈치용까지 다양하게 출시되어 있다.

액션

지그헤드를 가장 쉽게 활용하는 방법은 호핑(hopping)과 스위밍(swimming)이다. 호핑은 낚싯대 끝으로 액션을 주어 웜이 바닥에서 통통 뛰어오르게 하는 동작이며, 스위밍은 바닥에 닿지 않도록 릴링해서 웜이 일정 수심을 유영하게 하는 것이다.

연안에서 바닥을 노릴 때는 주로 호핑을 사용하는데, 루어가 바닥에 닿으면 낚싯대를 순간적으로 팅기듯 들어주었다가 다시 낮춰 주면서 릴링을 하면 된다. 이때 루어가 튀어 오르는 높이는 30cm 정도를 상상하고 그에 맞도록 낚싯대를 조작한다. 입질은 대개 루어를 튕겨준 후 떨어질 때 들어오며 입질이 들어왔을 때엔 이미 물고기 입 속에 루어가 들어가 있으므로 별도의 챔질 동작은 필요 없다. 약한 입질은 루어가 무거워지는 느낌으로 나타난다. 잔 씨알일 경우 다 감아 들이고 나서야 루어를 물고 있는 것을 확인할 때도 있다.

지그헤드 리그의 호핑

30cm 정도 높이로
폴짝 폴짝 튀어 오르게 한다.

태국 푸켓의 시밀란
해역에서 지그로
붉은색 그루퍼를 낚은
F-TV '미녀삼총사'의
심아름씨.

JIG collection

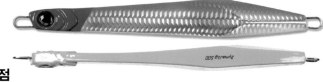

다이나지그 | 슈어캐치코리아

리어 밸런스로 고속 침강 가능한 심해 직공용

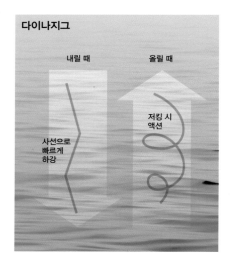

다이나지그

내릴 때 / 올릴 때

저킹 시 액션

사선으로 빠르게 하강

- ●대상어종 – 대구 부시리 방어
- ●길이(mm) – 170/180/190/200
- ●무게(g) – 350/400/450/500
- ●컬러 – 파랑/연보라/분홍/빨강/은색
- ●가격 – 12,000원/13,000원/14,000원/16,000원

특장점

심해 바닥층에 서식하는 대구를 공략하는 지그로 쇼트 저킹에 적합한 타입이다. 짧은 고패질로도 액션을 보여 입질을 유도하며, 짧은 몸체와 저중심구조를 채택해 조류가 빠른 곳에서도 빠른 하강속도를 자랑한다. 무게가 350~500g으로 무겁기 때문에 수심 100m가 넘는 심해에서도 액션이 가능하다. 언밸런스하게 제작된 체형으로 불규칙한 액션이 나오며, 보디 복부를 야광 처리해서 해저에서도 높은 시인성을 기대할 수 있다.

다이나지그 슬로우 | 슈어캐치코리아

유연한 슬라이딩 폴링의 슬로우 지깅 전용

다이나지그 슬로우

내릴 때 / 올릴 때

슬라이드 커브 / 폴링

바이브레이션 / 저킹

폴링

저킹

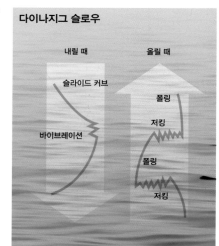

- ●대상어종 – 대상어 부시리 잿방어 방어 삼치 대구 광어 우럭 참돔
- ●길이(mm) – 100/110/120/130
- ●무게(g) – 100/130/160/200
- ●컬러 – 파랑/분홍/레드헤드/레드&화이트/은색
- ●가격 – 7,000원/8,000원/9,000원/10,000원

특장점

다이나지그의 혈통을 이어 받은 슬로우 지깅용 메탈지그로, 힘들이지 않고 체력부담 없이 슬로우 피치 저크나 롱 폴 저크로 입질을 유도할 수 있다. 비대칭의 넓적한 몸체는 수류의 영향을 받아 매끄러운 슬라이딩 폴링을 연출할 수 있으며, 상승할 때는 랜덤한 동작을 연출하도록 설계했다. 바닥층을 지속적으로 노릴 수 있어서 록피시 공략에도 유리하며, 부시리가 단숨에 삼키기 좋은 10~13cm 크기라 예민한 입질에도 빠르게 대응한다. 야광 기능을 갖춘 5가지 컬러 출시.

뉴파워지그 | 슈어캐치코리아

슬림한 보디로 경쾌한 액션에 적합

- 대상어종 – 부시리 방어 대구 삼치
- 길이(mm) – 145/160/175/190
- 무게(g) – 150/200/250/300
- 컬러 – 파랑/분홍/핑크&화이트/
  레드헤드/은색
- 가격 – 9,000원/10,000원/11,000원/
  12,000원

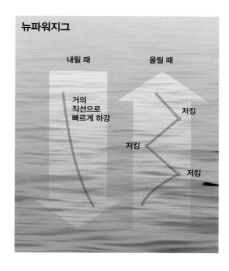

뉴파워지그

내릴 때　　올릴 때

거의
직선으로
빠르게 하강

저킹

저킹

저킹

특장점

새로운 버전의 파워지그는 보다 날렵해진 보디 디자인과 표면에서 화려한 광택을 내는 것이 특징이다. 스탠더드 지깅, 대구 지깅은 물론 지그 트롤링, 쇼어 지깅에도 발군의 액션을 발휘하는 고급형 메탈지그이다. 저중심과 슬림한 디자인으로 하강속도가 빠르며 보디가 슬림한 덕분에 과격한 액션을 해도 라인이 지그의 바늘에 엉키는 트러블이 쉽게 생기지 않는다.

챌리온 더바이킹 SPLASH-Z | 거상코리아

센터 밸런스 타입의 슬로우 지깅 전용

- 대상어종 – 부시리 방어 대구 광어 우럭 참돔
- 길이(mm) – 125
- 무게(g) – 150
- 컬러 – 핑크/블루/실버/야광/옐로우/블루플래시/그레이옐로우
- 가격 – 10,000원

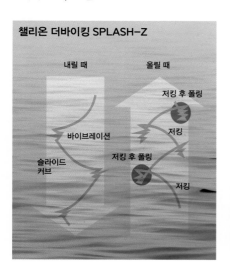

챌리온 더바이킹 SPLASH-Z

내릴 때　　올릴 때

저킹 후 폴링

바이브레이션　　저킹

슬라이드
커브　　저킹 후 폴링

저킹

특장점

슬로우 지깅 전용 지그로 유선형의 센터 중심 설계로 조류를 가르며 자연스러운 상승, 하강을 할 수 있으며 3D 홀로그램을 채용해 강력한 플래싱 효과를 낼 수 있다. 부드러운 슬라이딩 폴링으로 입질지점에서 오랜 시간 어필할 수 있으며, 깊은 수심에서도 액션이 흐트러지지 않아 바닥의 대형어를 노릴 때도 문제가 없다. 3종의 야광 타입과 4종의 내추럴 컬러가 출시되어 컬러 선택의 폭이 넓다.

스탠더드&슬로우 지그 범용

챌리온 더바이킹 SPLASH-S BIG

내릴 때 　　올릴 때

조류의 영향으로 나선을 그리며 폴링

빠른 저킹 액션

- ●대상어종 – 부시리 잿방어 방어 삼치 대구 광어
- ●길이(mm) – 180
- ●무게(g) – 200
- ●컬러 – 핑크/블루/실버
- ●가격 – 미정

특장점

'더바이킹 SPLASH-S BIG'은 슬로우 지깅과 스탠더드 지깅에 모두 활용가능한 지그로 옆면이 평평한 것은 슬로우 지그를 닮았고, 길고 슬림한 보디는 스탠더드 지그를 닮았다. 하강할 때는 큰 슬라이드를 그리며 빠르게 하강하며 저킹할 때는 랜덤한 액션을 낸다. 수류의 저항을 적게 받게 만든 양각은 상승할 때 랜덤한 액션을 내는 역할을 하며 표면의 3D 홀로그램 테이핑은 화려한 플래싱 효과를 낼 수 있다.

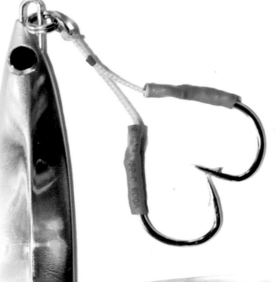

록피싱 및 쇼어 지깅 범용

- ●대상어종 – 부시리 잿방어 방어 광어 우럭 쏨뱅이
- ●길이(mm) – 135
- ●무게(g) – 100
- ●컬러 – 핑크/블루/실버
- ●가격 – 미정

챌리온 더바이킹 SPLASH-S STANDARD

내릴 때 　　올릴 때

부드러운 커브를 그리며 폴링

빠른 저킹 액션

특장점

'더바이킹 SPLASH-S STANDARD'는 BIG과 같은 구조를 가지고 있지만, 쇼어 지깅이나 얕은 연안에서 록피싱이나 참돔을 노리기 좋은 형태의 지그이다. 비슷한 사이즈의 슬로우 지그와는 액션이 다른데, 슬라이딩 폭이 좁고 침강속도가 빠르다. 바닥의 록피시를 꾸준히 공략하기 수월하며, 수류의 영향을 적게 받아 트롤링용 지그로 활용해도 좋다.

랜덤한 액션을 연출하는 슬로우 지깅 전용

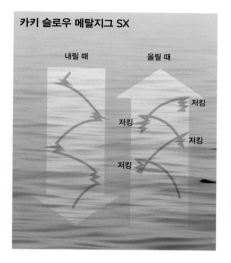

카키 슬로우 메탈지그 SX

내릴 때   올릴 때

저킹
저킹
저킹
저킹

- 대상어종 – 부시리 방어 잿방어 삼치 대구 광어 록피시
- 길이(mm) – 110/120/130/140
- 무게(g) – 120/150/180/210
- 컬러 – 총 8가지 플래싱 투톤 컬러
- 가격 – 9,000원/10,000원/
  11,000원/
  12,000원

특장점

한 면은 조류의 양향을 많이 받도록 평평하며, 반대 면은 랜덤한 액션을 연출하기 위한 독특한 양각을 가지고 있다. 헤드와 꼬리가 비대칭으로 납작해서 자체 바이브레이션이 강하며 상승과 하강 시 어디로 튈지 모르는 독특한 액션을 낸다. 슬로우 저킹 액션에 충실한 제품이며, 투톤 컬러의 고급 플래싱 코팅을 입혀서 반짝이는 효과가 아주 뛰어나다.

심해 지깅용 대칭 지그

- 대상어종 – 부시리 방어 대구 잿방어
- 길이(mm) – 160/167/175/195
- 무게(g) – 300/350/400/420
- 컬러 – 핑크/오렌지/블루/브라운
- 가격 – 10,000원/11,000원/12,000원

특장점

대칭 지그로 저킹, 폴링, 버티컬 지깅을 위해 출시한 지그이다. 300g 이상으로 무거워서 대구 지깅 같은 심해 직공용으로 알맞다. 머리 부분이 얇고 가벼우며 꼬리 부분은 두껍고 무거운 좌우 대칭 설계다. 얇은 머리 부위 덕분에 회수 때 저항이 적으며 측면 홀로그램의 플래싱 효과는 대상어로 하여금 활발한 공격을 유발한다. 폴링 때 다양한 액션을 연출해 고기를 유인한다.

최초의 하이브리드 슬로우 지그

- 대상어종 – 부시리 방어 대구 잿방어
- 길이(mm) – 128
- 무게(g) – 150
- 컬러 – 총 10가지 컬러
- 가격 – 미정

특장점

슬로우 지깅 전용으로 개발된 모델로 비중이 다른 2종류의 금속을 결합하여 제작한 업계 최초의 하이브리드 지그이다. 비중이 다른 보디로 인해 자세를 스스로 제어한다. 보디 하단의 비중은 11.3이며 다른 부분은 7.3의 비중을 가진 금속을 사용해 자연스러운 액션이 연출된다. 특별한 저킹을 가미하지 않아도 단순 릴링만으로 누구나 쉽게 슬로우 지깅의 액션을 연출할 수 있다.

이것이 바로 청새치의 바늘털이! 엔에스 필드테스터 신동만씨가
대서양 원정에서 청새치를 히트해 파이팅하고 있다.
주로 표층에서 활동하는 청새치는 다른 어종과는 달리 주둥이에 걸린
바늘을 털어내기 위해 꼬리를 휘저으며 마치 물위를 걷는 듯한 필사의
몸부림을 치는데 그 동작을 '테일 워크(tail walk)'라고 부른다.

어시스트 훅 · 스플릿 링 · 도래 · 스냅도래 · 플라이어

●어시스트 훅

지그는 대부분 바늘이 달려 있지 않은 상태로 출시된다. 그래서 어시스트 훅을 별도로 달아야 한다. 소형 지그에는 트레블 훅이 달려서 출시되지만 밑걸림이 잦은 트레블 훅은 제거하고 대신 머리 쪽에 어시스트 훅을 달아서 사용한다.

어시스트 훅을 사용하는 이유는 부시리나 방어는 지그의 머리를 공격하기 때문에 바늘이 머리에 달려 있어야 후킹 확률을 높일 수 있기 때문이며, 트레블 훅은 저킹을 하면 라인에 엉키는 일이 잦아서 어시스트 훅으로 교체해주는 것이다. 어시스트 훅을 두 개 달 경우 하나는 몸통에 박혀서 후킹 확률을 높이는 데도 중요한 역할을 하는데, 몸통이 긴 지그의 경우 아래쪽 바늘이 후킹에 아주 큰 역할〈그림〉을 하므로 꼭 달

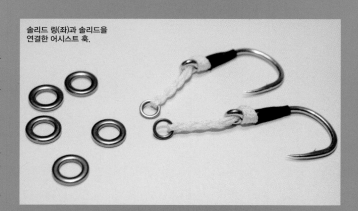
솔리드 링(좌)과 솔리드을 연결한 어시스트 훅.

어시스트 훅 트러블 해소법

신동만 N·S 필드테스터

어떤 지그를 쓰든 바닥으로 내리면 저킹을 끝내고 회수하기 전에는 어떤 트러블이 생겼는지 알 수 없다. 따라서 처음부터 트러블이 생기지 않게 해주는 것이 최선이다. 채비에 문제가 생겼을 경우 한 번의 입질에 정확한 훅셋이 이루어지지 않아서 랜딩 도중에 바늘이 빠지거나 훅업 불발로 이어지는 불상사가 생긴다.

❶ 볼베어링 도래가 클 때 생기는 트러블

필요 이상으로 큰 도래를 사용하면 어시스트 훅이 저킹 과정에서 도래의 링에 박혀 훅의 기능이 상실된다. 이 상태로 입질이 왔을 때 챔질하면 불발로 이어진다. 슬로우 지킹용은 #4번, 200g 이상의 무거운 지그에는 #5번 도래가 적합하다.

❷ 스플릿 링이 너무 클 때 생기는 트러블

스플릿 링을 지나치게 큰 사이즈를 사용하게 되면 저킹 동작이 반복되면서 흔들림에 의해 어시스트 훅이 링 안쪽에 박히게 된다. 슬로우 지킹엔 #6번, 200g 이상의 무거운 지그에는 #7번이 적합하다.

❸ 솔리드 링이 너무 클 때 생기는 트러블

솔리드 링의 크기를 스플릿 링 보다 한 치수 작은 사이즈를 사용해야 훅이 링 안쪽에 박히는 트러블을 해소할 수 있다. 슬로우 지깅에는 4.0mm(80lb), 200g 이상 무거운 지그를 사용할 땐 5.0mm(150lb)가 적합하다.

❹ 쇼크리더 매듭의 끝줄을 길게 남겨둘 경우 생기는 트러블

쇼크리더를 도래에 연결한 후 남은 매듭이 길면 매듭에 어시스트 훅이 엉켜 버린다. 따라

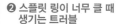
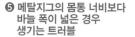
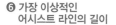

서 쇼크리더 매듭은 끝줄을 약 1cm만 남기고 잘라낸 후에 라이터나 담뱃불로 지져서 약 5mm만 남겨 둔다.

❺ 메탈지그의 몸통 너비보다 바늘 폭이 넓은 경우 생기는 트러블

어시스트 훅의 바늘 폭이 메탈지그의 몸통 너비보다 넓은 경우 바늘이 메탈지그의 몸통에 걸리는 트러블이 생긴다. 이렇게 되면 저킹 동작을 해도 바늘이 빠지지 않아서 입질을 받아도 훅업이 되지 않는다. 그러므로 어시스트 훅의 바늘은 메탈지그의 몸통 너비보다 좁은 것을 쓰거나 반대로 아주 넓은 것을 사용한다. 필자의 경우 항상 지나칠 정도로 바늘 폭이 넓은 훅 사용을 권한다.

❻ 가장 이상적인 어시스트 라인의 길이

메탈지그의 길이에 관계없이 사용할 수 있는 어시스트 훅의 이상적인 라인 길이는 2~3.5cm이다. 어시스트 라인의 길이가 너무 길면 저킹 도중에 쇼크리더에 훅 라인이 휘감기거나 메탈지그에 휘감겨서 입질 시 훅업 불발로 이어질 수 있다. 결국 어시스트 라인이 길어서 좋을 건 하나도 없다. 어시스트 라인의 굵기도 중요한데, 라인이 너무 가늘면 위에서 언급한 1, 2, 3, 4번의 트러블이 생기며, 저킹 동작 중에 불필요한 휘날림으로 인해서 훅업이 실패하게 된다.

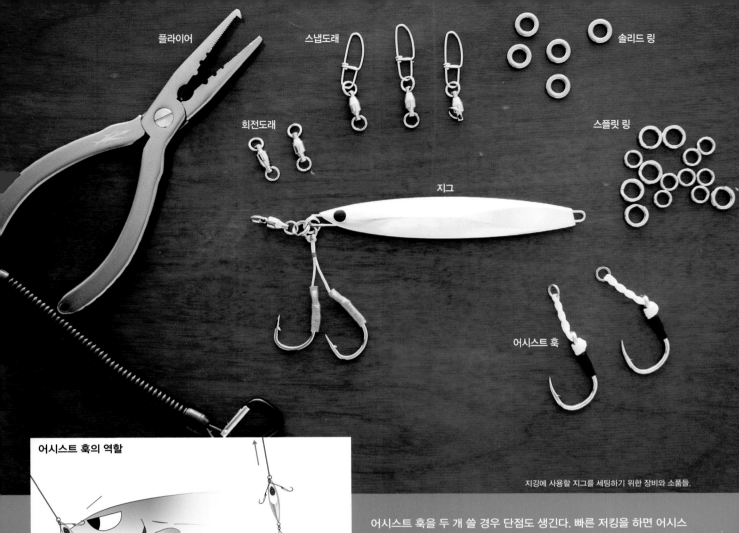

플라이어

스냅도래

솔리드 링

회전도래

지그

스플릿 링

어시스트 훅

지깅에 사용할 지그를 세팅하기 위한 장비와 소품들.

어시스트 훅의 역할

대상어가 몸통을 공격해
챔질하면 아래의 어시스트 훅에
대상어의 몸통이 걸린다

어시스트 훅을 두 개 쓸 경우 단점도 생긴다. 빠른 저킹을 하면 어시스트 훅끼리 꼬이거나 라인에 엉키기 쉽다. 또 조류의 저항을 더 받아 가벼운 지그의 경우 고유의 액션이 깨지기도 한다. 랜딩할 때도 문제가 생기는데, 어시스트 훅이 물고기 몸통에 걸리면 주둥이에 걸렸을 때보다 훨씬 힘들다. 특히 지그 머리의 바늘은 입에 걸리고, 꼬리의 바늘은 몸통에 걸리면 물고기의 저항이 두세 배로 증가해서 낚시인은 몇 배더 어려운 랜딩을 해야 한다. 따라서 대형어를 노릴 때는 머리에 싱글 어시스트 훅 하나만 달아서 쓴다.

아주어야 한다. 어시스트 훅은 바늘이 하나인 싱글 훅이라 밑걸림이 잘생기지 않는다.
바늘이 하나 달린 것은 싱글 어시스트 훅, 바늘이 두 개 달린 것은 더블 어시스트 훅이라 부르며 바늘의 크기는 3/0~8/0이 있는데, 숫자가 클수록 바늘이 크다. 어시스트 훅의 길이는 몸통 길이의 3분의 1 정도가 적당하다. 너무 짧으면 후킹 확률이 떨어지고 너무 길면 지그나 라인에 엉키기 일쑤다.

▶ 어시스트 훅의 적정 개수는?
노리는 어종에 따라 달라진다. 부시리나 방어처럼 지그의 머리를 공격해 큰 지그도 단숨에 삼키는 대형어는 머리 쪽에 큼직한 싱글 어시스트 훅 하나만 달면 된다. 그러나 부시리 방어라도 사이즈가 작을 땐 머리에 더블 어시스트 훅을 달거나 꼬리에 어시스트 훅을 추가해서 여분의 바늘이 고기의 몸통에 걸리게 해 후킹확률을 높여 주기도 한다.
한편 슬로우 지그는 머리와 꼬리를 구분하지 않고 랜덤하게 가라앉으므로 대상어가 지그의 어떤 부위를 공격할지 몰라 머리와 꼬리 양쪽에 어시스트 훅을 달아준다.

어시스트 훅과 지그를
연결할 때 사용하는
스플릿 링. 가운데가
벌어지는데, 그곳으로
지그나 어시스트 훅의
연결부위를 집어 넣는다.

플라이어로 스플릿 링을 벌린
상태. 스플릿 링을 사용하려면
플라이어가 꼭 필요하다.

●스플릿 링(split ring)

지그와 어시스트 훅, 또는 쇼크리더나 도래 등을 연결하는 연결구다. 강한 스테인리스 합금으로 만들어진다. 스플릿은 '쪼개다'라는 뜻을 가지고 있다. 스플릿 링은 두 겹으로 되어 있고 가운데가 쪼개져서 플라이어로 그 사이를 벌려서 지그나 훅을 삽입해 연결할 수 있다.

지깅의 경우 강한 PE 라인과 완충기능이 적은 낚싯대로 큰 물고기를 상대하기 때문에 스플릿 링에 강한 부하가 걸리므로 강도가 뛰어난 것을 사용해야 한다. 최근 출시되는 스플릿 링은 강도를 높이기 위해 약간 납작하게 누른 것이 많다. 스플릿 링도 사이즈가 있는데, 링의 두께를 나타내는 mm나 강도를 나타내는 lb로 표기한다. 30g 전후의 소형 지그에는 50lb, 100g 전후의 지그에는 80lb, 200g 전후의 지그에는 100lb, 300g 전후의 지그에는 200lb 링을 사용하면 알맞다.

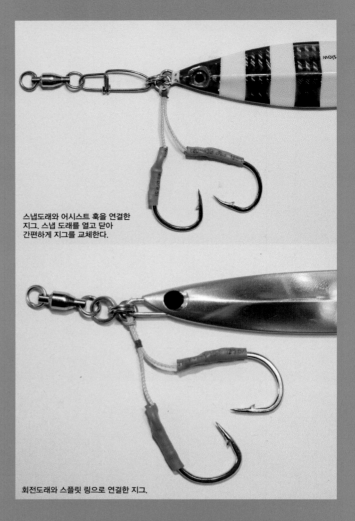

스냅도래와 어시스트 훅을 연결한 지그. 스냅 도래를 열고 닫아 간편하게 지그를 교체한다.

스냅도래(위)와 맨도래. 스냅도래는 지그의 교환을 간편하기 위해 사용하는 소품으로 도래에 볼베어링이 들어 있다. 맨도래는 스냅도래의 내구성을 믿지 못하거나 스냅에 줄이 걸리는 것을 꺼려하는 낚시인들이 즐겨 쓴다.

회전도래와 스플릿 링으로 연결한 지그.

참고로 솔리드 링은 스플릿 링처럼 이음새가 벌어지는 스프링 형태가 아닌, 완전한 하나의 도넛 모양으로 생긴 금속 링이다. 주로 어시스트 훅의 목줄에 달려 있는데, 솔리드 링에 스플릿 링을 연결해서 지그와 연결한다. 솔리드 링은 작은 사이즈라도 강도가 매우 높아서 부러지거나 휘어질 염려가 없으므로 강도는 신경 쓰지 않아도 되며 크기를 감안해서 사용하면 된다.

자르고 고기에 박힌 어시스트 훅을 빼는 데도 필요하므로 꼭 구입해야 한다.

●도래·스냅도래

지그와 쇼크리더를 연결하는 도구다. 쇼크리더에 지그를 직결해도 되지만, 지그를 편하게 교체하기 위해 스냅도래를 사용하는 경우가 많다. 또 슬로우 지그처럼 물의 저항으로 지그가 자체 회전하게 만든 것들은 도래를 사용해 연결하면 회전 액션을 잘 살릴 수 있다. 도래의 크기는 지그의 동작에 방해가 되지 않을 정도를 써야 하는데, 지깅에는 주로 #4, #5, #6번을 쓴다. #4번 기준으로 약 110lb의 강도를 가지며 호수가 올라갈수록 강도도 올라가도 도래의 크기도 커진다.

●플라이어

스플릿 링 연결을 위해 지깅용 플라이어가 반드시 필요하다. 스플릿 링은 지깅용 플라이어로만 벌려서 다른 링과 결합할 수 있으며 일반 집게나 펜치로는 스플릿 링을 벌릴 수 없다. 플라이어는 굵은 쇼크리더를

지깅용 플라이어. 스플릿 링을 벌릴 수 있도록 집게 앞부분이 돌출되어 있으며, 가운데는 라인을 자를 수 있는 커터가 내장되어 있다.

라인 커터

대서양 지깅 현장. 미국 낚시인이
큰 잿방어(삼손피시)를 낚아
뱃전으로 들어 올리려 하고 있다.

지깅 액션 ABC

지깅을 하기 위해서는 몇 가지 필수 액션을 꼭 익혀두어야 한다. 몇 가지의 기본 동작들은 스탠더드 지깅뿐 아니라 슬로우 지깅, 타이라바 지깅, 쇼어지깅에 이르기까지 폭넓게 쓰인다.

JS컴퍼니 필드스탭 장진성씨가 부시리를 히트해 손맛을 즐기고 있다. 큰 대상어를 히트했을 때 로드가 허리까지 휘어지면 강하게 당기기보다는 버티면서 대상어의 힘을 빼는 데 주력해야 한다.

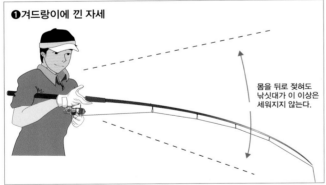

❶겨드랑이에 낀 자세

몸을 뒤로 젖혀도 낚싯대가 이 이상은 세워지지 않는다.

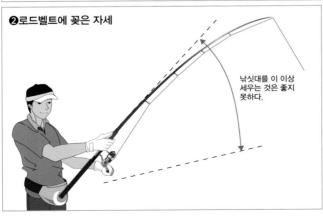

❷로드벨트에 꽂은 자세

낚싯대를 이 이상 세우는 것은 좋지 못하다.

지깅의 기본자세 두 가지

배 위에서 지깅을 할 때 효율적으로 낚싯대를 다루지 않으면 금세 피로해지거나 자칫하면 낚싯대를 놓치거나 파손되는 결과를 낳을 수 있다. 가장 편하면서도 효율적인 자세는 두 가지로 함축되는데, 겨드랑이에 그립을 낀 자세와 로드벨트에 낚싯대 손잡이 밑부분을 꽂은 자세이다.

❶그립을 겨드랑이에 낀 자세

지깅이라면 어떤 장르이든 낚싯대를 파지할 때 기본적으로 그립을 겨드랑이에 낀 자세를 취한다. 지깅대의 손잡이가 유난히 긴 이유가 바로 겨드랑이에 끼고 낚시하기 편하도록 만들었기 때문이다.

그립을 겨드랑이에 끼우면 양손이 릴이 있는 부위에 딱 맞게 위치하게 되는데, 이 자세를 유지하면 지깅 액션을 주기가 편하다. 또 파이팅 할 때에도 낚싯대를 세우지 않고 이 자세를 그대로 유지하면, 온 몸의 체중을 낚싯대에 실어 대형어를 훨씬 수월하게 상대할 수 있다. 최근에는 카본 소재의 고탄성 지깅대가 많이 출시되고 있는데, 예민하게 만든 짧은 길이의 낚싯대를 사용할 때도 이 자세를 취하면 낚싯대가 부러지는 것을 최대한 방지할 수 있다.

❷로드벨트에 낚싯대를 꽂은 자세

대형 참치, 청새치 등을 노릴 때 활용하는 자세이다. 우리나라에서는 겨울에 제주도나 왕돌초에서 미터급 부시리를 노리는 지거들이 활용하고 있다. 복부에 낚싯대를 거치할 수 있는 로드벨트를 착용해 배에 낚싯대를 거치한다. 아주 무거운 지그를 사용해서 액션을 주기도 쉽고 가장 안정적인 파이팅 자세를 유지할 수 있다. 빠른 액션을 구사할 때

하이피치 쇼트 저크

낚싯대 끝을 아래로, 릴 핸들도 아래로!

낚싯대를 짧고 예리하게 챔과 동시에 릴 핸들도 위로 감는다.

낚싯대를 아래로 내리는 것과 동시에 릴을 빠르게 2~3회 감는다.

②번 그림과 같은 상태에서 ③번 상태로 반복한다.

페달 저크

낚싯대는 아래로 릴 핸들은 위에 와 있게 한다.

낚싯대를 위로 챔과 동시에 릴 핸들은 아래로 이동한다.

낚싯대를 아래로 내릴 때에는 릴 핸들은 위로 이동한다.

자전거 페달을 밟는 것처럼 반복한다.

는 그립을 겨드랑이에 끼운 자세로 하다가, 입질을 받고 챔질을 한 후 본격적인 파이팅을 벌일 때는 로드벨트에 낚싯대를 꽂아서 싸우는 경우가 많다.

지깅 4대 기본 저크

❶하이피치 쇼트 저크(Hi-pitch short jerk)
PE라인을 사용하기 시작하면서 최초로 등장한 액션으로, 낚싯대를 챔질하듯 한 번 크게 올려주고, 그때 지그가 상승한 만큼 여유줄이 생기면 릴의 핸들을 감는 방법을 연속으로 반복하는 것이다. 낚싯대를 크게 젖혀서 올리는 동작을 저크(jerk)라고 하는데, 하이피치 쇼트 저크는 짧은 간격의 저크를 빠른 속도로 해주는 것을 의미한다.

낚싯대를 한 번 저크할 때 릴 핸들을 감는 횟수는 마음대로이지만 일반적으로 1~3회를 감는다. 이 테크닉을 구사할 때 중요한 점은 전 과정을 리듬을 타듯이 매끄럽게 해주고, 저크 동작의 폭을 작게 하되 빠르게 연속적으로 행해야 한다는 것이다. 하이피치 쇼트 저크에 주로 사용하는 지그는 아래에 무게 중심이 쏠려 빨리 가라앉는 지중심형이다. 지그를 빠른 속도로 치솟게 했다가 지그의 무게로 다시 빠르게 가라앉는 동작을 반복해 준다. 좌우가 비대칭인 형태의 지그를 사용하면 지그가 가라앉을 때 낙엽처럼 원을 그리면서 가라앉는 효과(스파이럴)를 낼 수 있다.

하이피치 쇼트 저크는 빠른 먹잇감에 반응이 빠른 방어나 부시리 특히 잿방어에게 효과적인 액션이며, 최근에는 인치쿠 등에도 사용하고 있다. 참돔이나 기타 느린 액션에 반응하는 대상어를 노릴 때는 맞지 않는 액션이다.

❷페달 저크(Pedal jerk)
낚싯대를 채는 동작과 릴을 감는 동작이 연속으로 이어지도록 하는 방법이다. 무거운 지그보다는 100g 내외의 가벼운 지그에 빠른 액션을

주는 용도로 쓰이며, 톱워터 루어로 수면에서 빠른 액션을 낼 때도 사용한다.

페달 저크를 할 때는, 낚싯대를 위로 들어 올릴 때 릴 핸들을 아래로 돌리며, 낚싯대를 아래로 내릴 때는 릴 위로 돌리는 동작을 아주 빠르게 해준다. 마치 좌우 양손으로 자전거 페달을 돌리는 것처럼 두 손을 교대로 위아래로 오르내리는 동작을 반복한다는 뜻에서 '페달 저크'라고 부른다.

베이트릴보다는 스피닝릴에 적합한 액션이며, 릴을 아주 빠른 속도로 감기 때문에 저속기어 릴은 힘이 들어 사용하기 어렵고 고속기어 릴이 편하다. 페달 저크는 쇼어 지깅 액션으로 많이 활용하는데, 중상층의 회유어를 노릴 때 아주 효과적이다. 수직보다는 수평 액션에 가까우며 지그, 포퍼, 지그 미노우, 펜슬베이트 등 캐스팅 후 감아 들일 때 수류 저항이 작은 지그들을 사용하기 적합한 액션이다.

❸원피치 원저크(One-pitch one-jerk)
다양한 지깅에 활용하는 액션으로 스탠더드 지깅부터 쇼어 지깅, 타이라바, 인치쿠, 슬로우 지깅 등 거의 모든 지깅에 가장 기본으로 사용되고 있는 액션법이다.

낚싯대를 한 번 저킹할 때 릴을 한 바퀴 감는 동작을 연속해서 구사하는 액션이다. 페달저크와 달리 낚싯대를 들어 올리는 방향과 릴을 감는 핸들의 방향이 일치해서 양손이 동시에 오르내리는 자세를 취하게 된다. 액션이 빠르지 않고 복잡하지 않아 초보자도 금방 배울 수 있는 것

고속으로 페달 저크를 하고 있는 낚시인. 낚싯대를 빠르게 흔들며 릴을 감는데, 주로 포핑이나 가벼운 지그를 사용할 때 하는 액션이다.

원피치 원저크

❶ 낚싯대도 릴 핸들도 모두 아래로부터 위치하여 시작한다.

❷ 낚싯대를 챔과 동시에 릴 핸들도 위로 이동.

❸ 낚싯대를 내리면서 릴 핸들을 아래로 반회전시킨다.

❹ ❷, ❸ 과정을 계속 반복한다.

낚싯대를 높이 들어 롱 저크를 하고 있다. 주로 슬로우 지깅에 사용하는 액션이다.

베벨 저크

옆으로 낚싯대를 채듯하여 지그를 사선으로 끈다. 한 번 저킹에 릴링은 2~4회가 기본.

이 장점이다. 원피치 원저크가 변형되어 좀 더 느린 액션으로 발전한 것이 바로 슬로우 지깅을 의미하는 슬로우 피치 저크이다.

원피치 원저크는 센터밸런스 롱 지그를 주로 사용해 지그가 가라앉을 때 옆으로 미끄러지듯 움직이는 슬라이드 동작을 연출하는 데 주력하며, 저크의 폭과 저크를 하면서 생기는 여유줄을 감아 들이는 속도의 변화로 액션에 변화를 준다. 바닥층의 다양한 대상어를 노릴 수 있으며, 액션이 빠르지 않기 때문에 일정 수심층을 집중공략할 때 주로 사용한다. 지그가 가라앉는 시간이 길기 때문에 쇼어 지깅에는 적합하지 않다.

❹베벨 저크(Bevel Jerk)

'빗각'의 뜻을 가진 베벨이라는 이름 그대로 낚싯대를 사선으로 저크해서 지그를 사선으로 띄우는 방법이다. 베벨 저크는 지그를 캐스팅한 후에 해주는 액션으로 수심이 그리 깊지 않은 넓은 구간을 탐색할 때 즐겨 사용한다. 쇼어 지깅에서 가장 많이 활용하고 있으며, 선상에서도 캐스팅 후 베벨 저크로 부시리, 방어, 잿방어, 만새기, 삼치 등을 노린

다. 대상어의 활성이 좋고 중상층에서 활발한 활동을 하며 어군이 배에서 멀리 떨어져 있을 때 적극적으로 활용할 수 있다.

베벨 저크는 캐스팅 후 지그를 어느 정도 가라앉힌 후 낚싯줄이 사선이 된 상태에서 낚싯대를 크게 한 번 저크한 후 릴 핸들을 2~4회 정도 감아주면 된다. 지그가 사선으로 올라오기 때문에 대상어의 유영층에 지그가 오래 머무르는 장점이 있다. 하지만 무거운 지그를 쓰기에는 적합하지 않고 수심이 깊어서 대상어의 유영층을 가늠하기 힘들 때에도 적합하지 않다.

파이팅&펌핑 액션

초보들이 지깅을 할 때 가장 당황하는 순간이 바로 대상어가 입질을 했을 때이다. 지깅대는 허리가 빳빳하기 때문에 대상어의 괴력이 여과 없이 전달되어 어느 정도 고기를 낚아온 낚시인들도 대상어의 격한 몸놀림에 놀라곤 하는데, 당황하지 말고 고기를 당겨야 한다.

쇼어 지깅에서 베벨 저크를 보여주는 백종훈(NS 필드스탭)씨. 낚싯대를 옆으로 젖혀서 지그의 급작스런 움직임을 연출한다.

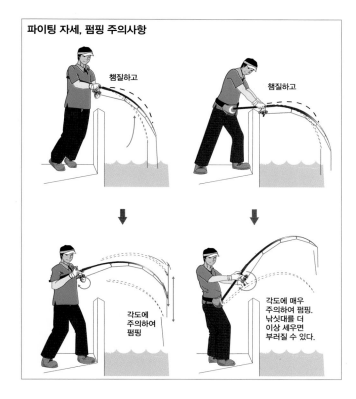

파이팅 자세, 펌핑 주의사항

챔질하고

챔질하고

각도에 주의하여 펌핑

각도에 매우 주의하여 펌핑. 낚싯대를 더 이상 세우면 부러질 수 있다.

스탠더드 지깅의 저킹 동작으로 낚싯대를 아래위로 흔들며 릴을 감는 모습이다. 이동작을 빠르게 하는 것을 하이피치 쇼트저크라고 부른다.

우선 파이팅할 때는 낚싯대의 각도에 유의해야 한다. 펌핑에 너무 의존하면 대상어를 제압할 타이밍을 놓치기 때문에 위험하며 그렇다고 해서 낚싯대를 너무 세워버리면 낚싯대의 성능을 발휘하지 못하기 때문에 주의해야 한다.

우선 그립을 겨드랑이에 낀 자세에서 입질을 받았다면 훅이 제대로 걸리도록 강하게 챔질을 한 번 해주고 낚싯대를 겨드랑이에 낀 자세를 유지한 상태로 몸의 무게중심을 뒤로 쏠리게 하고 몸을 세워 낚싯대는 수평이나 수평에서 조금 세운 상태가 되도록 유지해준다. 큰 고기가 질주하면 몸이 앞으로 숙여지며 낚싯대가 아래로 꺾이게 되는데, 그렇게 한 번 물고기에게 기선을 뺏기면 다시 돌리기 어려우므로 초반에 빠르게 대응해야 한다. 초반에 낚싯대를 세우지 못하면 낚싯대가 배 난간에 부딪히거나 부하에 이기지 못해 부러지기도 한다.

로드벨트를 이용한다면 입질 후 빠르게 챔질하고 양손으로 로드의 허리를 붙잡고 버티면 된다. 로드벨트를 이용하면 좀 더 빠른 대응을 할 수 있지만, 그립을 겨드랑이에 낀 자세에 비해 몸이 앞으로 숙여지기 때문에 허리나 어깨의 근력이 약한 경우 고기의 힘을 감당하지 못해 앞으로 쏠리는 일이 가끔 생기기도 한다. 재빨리 몸의 무게중심을 뒤로 옮겨주고 낚싯대를 30~40도로 세우는 것이 급선무다. 단 낚싯대를 너무 많이 세우면 부러질 수 있으므로 너무 세우지 않도록 한다.

큰 부시리를 히트해 낚싯대의 허리가 꺾이지 않도록 자세를 낮추고 있다. 이 상태에서 고기의 진행방향이 바뀌면 몸을 세운 후 제압에 들어간다.

고수들의 업그레이드 저킹법
기본 패턴의 응용동작들

*쉐이킹 저크(Shaking jerk)
낚싯대를 단순히 채는 저크 동작이 아니라 낚싯대를 떨듯이 흔들어주면서 릴링하는 방법이다. 수직으로 트위칭을 넣는다는 느낌으로 하면 되는데, 베이트릴 장비로 하는 것이 편하다. 요령은 낚싯대를 떨면서 핸들을 반 바퀴씩 감아주어 지그에 독특한 액션을 주는 것이다. 지깅 장비가 무겁기 때문에 쉐이킹 동작을 오래하면 손목이나 어깨에 부담이 가는 것이 흠이다.

*요요잉(Yoyoing)
지그가 위 아래로 움직이는 동작을 반복하게 하는 액션으로, 고패질과 비슷한 동작이라고 할 수 있다. 지그를 바닥까지 가라앉혔다가 1~2m 감아올린 후 낚싯대를 이용해 30~50cm의 폭으로 지그가 오르내리도록 흔들어 준다. 마치 요요를 할 때처럼 릴링 없이 상하 움직임을 반복해서 연출해주는 것이다. 이 방법은 대구 넙치 능성어 우럭 등 회유하지 않고 바닥층이나 암초에 붙어 있는 어종을 노릴 때 적합하다. 단점이라면 복잡한 지형에서는 밑걸림이 쉽게 생긴다는 것.

*리프트앤폴(Lift&Fall)
지그를 들었다 내렸다 해주는 방법이지만, 좀 더 큰 폭으로 올렸다 내리기 때문에 요요잉과는 다른 액션이다. 캐스팅하거나 조류에 흘려보낸 지그를 바닥에 가라앉힌 다음, 낚싯대를 큰 폭으로 세워서 지그를 바닥에서 1~2m 들어 올렸다가 다시 가라앉히는 동작을 연속으로 한다. 조류가 세지 않은 곳에서 효과를 볼 수 있으며, 낙차 폭이 짧아도 화려한 액션을 낼 수 있는 지그를 사용하면 더 나은 효과를 볼 수 있다.

원줄 & 쇼크리더

지깅에서 원줄과 쇼크리더를 잘못 선택하면
낚시를 망치게 된다. 왜 지깅에는 PE라인과
쇼크리더가 필요한지 알아두고 구입할 때
실수하지 않도록 하자.

원줄 아래에 연결해서 쓰는 쇼크리더.
카본과 나일론으로 나뉜다.

수심에 따라 컬러를 다르게
마킹한 합사 원줄을 감은 전동릴.
합사 원줄은 지깅에서는 필수
사항이 되었다.

쇼크리더를 사용하는 이유

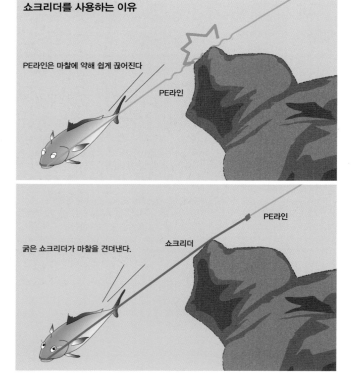

PE라인은 마찰에 약해 쉽게 끊어진다

PE라인

굵은 쇼크리더가 마찰을 견뎌낸다.

PE라인

쇼크리더

● 원줄

지깅용 원줄은 PE라인을 사용한다. PE란 폴리에틸렌(Polyethyene)
을 뜻하며 플라스틱 용기, 비닐봉투 등을 만드는 데 쓰이는 고분자소
재다. 폴리에틸렌은 밀도나 분자량에 따라 4~5가지로 나뉘는데, 낚싯
줄로 사용하는 것은 생활용품을 만드는 것보다 분자량이 매우 높은 초
고분자량 폴리에틸렌, 즉 UHMWPE(Ultra High Molecular Weight
Polyethylene)를 가는 실로 뽑은 뒤 꼬아서 만든다.
PE는 동일 굵기의 나일론 단사보다 강도가 3~10배 강하고 신축성이
없어 입질 감도가 매우 뛰어난 것이 장점이다. 강한 만큼 원줄을 가늘
게 쓸 수 있어서 낚시할 때 원줄이 조류 저항을 덜 받고 캐스팅할 때는
바람의 영향을 적게 받아 비거리가 증가한다. 나일론줄 3호로 30m를
던졌다면 PE라인 1호로 50m 이상 던질 수 있다. 루어낚시의 경우 비
거리는 조과와 직결되기 때문에 가는 PE 원줄을 선호하는 추세이다.
원줄이 가늘고 신축성이 없기(늘어나지 않는다) 때문에 어신 감지능력
과 루어 액션 연출력이 뛰어나다. PE라인은 신축성이 제로에 가까워
(1~2%) 잘 늘어나는 나일론줄로는 느끼지 못하는 미약한 어신도 잘
느껴진다. 그리고 수십m 수심에서 나일론줄로 낚시할 경우 낚싯대를
강하게 저킹해도 루어가 큰 폭으로 움직이지 않지만 PE라인은 신축성
이 없어서 아무리 깊은 물속에 있는 루어라도 저킹 액션이 그대로 전
달된다. 그래서 지깅에는 필수라고 할 수 있다.
하지만 PE의 단점도 있다. 순간적인 충격에 약하고, 마찰과 열에 약하
다. 가벼워서 바람에 쉽게 날리고 잘 엉킨다는 것도 문제다. 값이 비싼
것도 단점에 속한다.

●쇼크리더

쇼크리더란 충격(shock) 완화용 목줄(leader)을 말하며, 크게 세 가지 역할을 한다. 첫째 신축성이 없는 PE줄에 전달되는 충격을 완화하고, 둘째 마찰에 약한 PE의 단점을 보완해 수중여나 고기 이빨에 쓸려 터지는 것을 막아주며, 셋째 원줄과 달리 무색투명한 카본사나 나일론사를 쇼크리더로 써서 고기의 경계심을 덜어준다.

쇼크리더는 나일론줄과 카본줄을 모두 쓴다. 부시리 등 대형어를 노리는 지깅낚시인들은 강도가 높은 카본줄보다 나일론줄을 쇼크리더로 선호하는데 강도는 카본줄이 더 좋지만 나일론줄은 신축성이 좋아 충격 흡수력이 높기 때문이라고 한다. 그러나 타이라바나 인치쿠 등을 쓸 때는 여쓸림에 강한 카본줄을 선호한다. 카본줄은 나일론줄보다 비중이 높아 물에 빨리 가라앉고 직진성이 좋으며 신축성이 없기 때문에 작은 입질을 빨리 캐치할 수 있는 것도 장점이다.

쇼크리더의 굵기는 타이라바, 인치쿠 등의 라이트 지깅에는 4~5호를 즐겨 쓰며 길이는 4~5m면 충분하다. 하지만 부시리 방어를 노릴 때는 8~12호를 최소 10m 이상으로 길게 쓴다. 암초가 많은 바닥지형이라면 20~30호 줄을 쓰기도 한다.

합사 원줄을 감은 스피닝릴.

PE라인의 가격은 천차만별

PE라인의 가격은 1만~2만원대 제품부터 4만~6만원대를 넘어 10만원 이상의 제품까지 천차만별이다. 가격 차이가 나는 이유는 코팅의 충실도 때문이다. 고가품일수록 오래 써도 코팅이 벗겨지지 않고 표면이 매끄럽다. 낚시 도중 엉켜도 표면이 매끄러우면 쉽게 풀린다. 반면 저가의 PE라인으로 낚시해 보면 줄꼬임이 쉽게 생긴다. 코팅 상태가 좋지 않거나 벗겨지면 라인끼리 밀착돼 비거리도 떨어진다.

지깅용 PE라인 추천

N·S | 슈퍼 PE 하이브리드

일본 직수입 SK71의 최고 등급 원사다. 섬세한 블레이드 섬유 직조공법으로 제작해 줄과 줄 간의 결속력과 매듭강도가 뛰어나다. UV코팅을 3회 실시해 보풀 현상, 여쓸림에 의한 라인 손상 위험을 최소화했다. 고품질 코팅 덕분에 줄의 유연성이 최적으로 유지돼 줄엉킴이 거의 없고 비거리도 좋아졌다. 3, 5, 6호는 선상과 지깅용이며 굵은 줄임에도 유연성이 뛰어나다. 0.6호 150m부터 6호 300m까지 출시.
■ 가격 3만원~5만2천원.

거상코리아 | 고센 돈페페 150m & 지깅 스페셜 제이스퀘어 300m

거상코리아가 일본에서 수입하는 고센의 PE라인. 돈페페는 4S가공을 통해 모든 지깅에 요구되는 부드러움과 우수한 감도, 강도를 최적화한 제품으로 라인트러블도 격감시킨 제품이다. 10m, 5m, 1m마다 각기 다른 컬러로 구분해놓았다. 지깅 스페셜 제이스퀘어는 신소재인 오메가그레이드 PE를 채용해 기존 PE라인보다 120% 강도가 향상된 제품으로 지깅에 최적화되어 있다. 마찰에 의한 열화나 색바램이 생기지 않고 내구성이 아주 뛰어나다.
■ 가격 돈페페 0.4~3호_2만8600원~4만6200원, 지깅 스페셜 제이스퀘어 2~6호_5만6000원~6만1600원.

슈어캐치코리아 | 파워브레이드 200m

100% PE로 직조하고 코팅한 200m짜리 합사이다. 높은 시인성과 우수한 코팅 품질로 모든 루어낚시에 사용할 수 있다. 강도가 높고 제로에 가까운 신축성을 가지고 있으며 유연성 또한 뛰어나다. 200m 단일 컬러이며 제품별로 녹생, 황색, 회색 세 가지 색상이 있다. 0.4~3호 출시.
■ 가격 각 3만원.

지깅 필수 묶음법

TN노트 · 간단 FG노트 · PR노트

지깅은 무거운 지그를 사용하고 대상어의 힘이 강하기 때문에 라인 연결 매듭이 아주 튼튼해야 한다.
그래서 지깅에는 가장 강한 매듭만을 사용하는데, 원줄과 합사를 연결할 때는 보빙을 이용한 PR노트나,
보빙이 없는 경우 간단 FG노트를 쓴다. 루어와 쇼크리더를 연결할 때는 TN노트를 주로 사용한다.

TN 노트

TN(triple knitted knot)는 도래에 연결된 목줄이 풀리는 것을 방지하는 것과 동시에 대상어의 날카로운 이빨에 쇼크리더가 끊어지는 것을 방지할 목적으로 하는 강력한 매듭방법이다.

① 도래에 쇼크리더를 집어넣는다.
② 목줄을 2회 통과시켜 2개의 고리를 만든다.
③ 쇼크리더 끄트머리를 두 개의 고리 사이로 통과시킨다.
④ 서서히 당겨 조인다.
⑤ 매듭이 겹치지 않도록 조심해서 조인다.
⑥ 끄트머리를 이용해 본줄 위에 하프히치를 한다.
⑦ 단단하게 조인다.
⑧ 좌우 교대로 하프히치를 6~8회 반복한다.
⑨ 단단하게 조인다.
⑩ 마지막에는 본줄 위에 두 번 감아 매듭을 짓는다.
⑪ 자투리 줄을 잘라내면 완성. 마지막 하프히치가 느슨해지거나 풀릴 걱정이 된다면 자투리를 잘라내기 전에 바짝 당긴 후 끝부분을 이로 깨물어 눌러두는 것도 좋다.

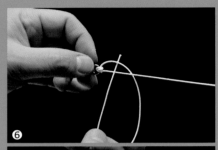
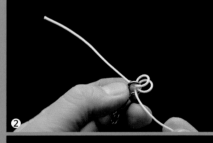

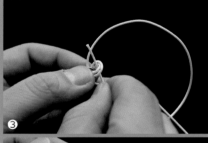
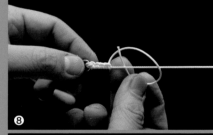

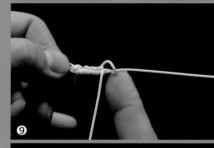

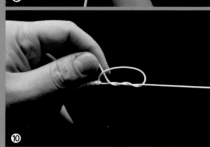

완성
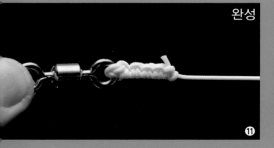

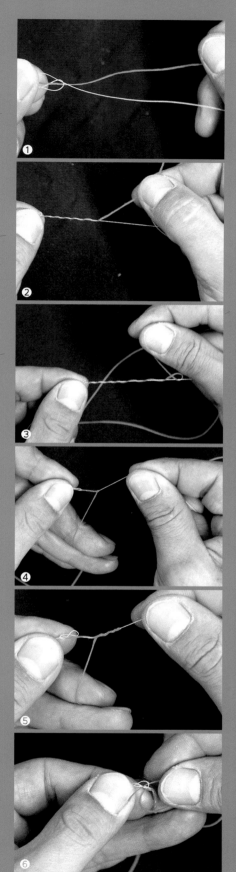

간단 FG노트(노네임노트)

FG노트와 묶는 원리는 똑같지만, 중간 과정을 조금 생략해 현장에서 쉽게 묶을 수 있도록 한 매듭법이다. 합사 원줄과 쇼크리더 사이의 강한 마찰을 이용해 꽉 맞물리게 묶는 것이 요령이다. 초록색 줄이 쇼크리더, 분홍색 줄이 원줄이다.

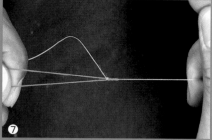

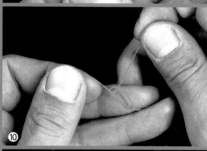

❶ 쇼크리더의 끝부분으로 8자 매듭을 만든 후 합사 원줄을 8자 매듭의 양쪽 구멍으로 모두 통과시킨다.

❷ 매듭이 작아지지 않게 한손으로 잡고 원줄을 쇼크리더에 감는다. 합사 원줄을 충분히 여유 있게 잡고 쇼크리더에 최소 10회 이상 감는다. 이때 너무 힘을 주지 말고 가지런히 감기도록 천천히 감는다.

❸ 마지막 감을 때 안쪽으로 돌려 한 번 묶는다. 매듭이 굵어질 것이 우려되면 생략해도 된다.

❹ 원줄을 살짝 당기면 쇼크리더에 감긴 원줄이 8자 매듭 쪽으로 밀착되어 자리를 잡는다. 이때에도 8자 매듭이 작아지지 않게 한다.

❺ 뭉쳐진 합사 원줄 위에 다시 원줄을 덧대어 감는다. 처음과는 반대로 8자 매듭이 있는 방향으로 감는다.

❻ 7~8회 감은 후 원줄을 8자 매듭 사이로 빼낸다. 원줄이 쇼크리더의 8자 매듭 두개의 구멍을 다 지나가도록 한다.

❼ 살짝 당기면 8자 매듭은 조여지고 느슨한 했던 합사 원줄도 단단하게 조인다. 손을 다치지 않게 장갑을 끼고 조여야 한다.

❽ 한쪽엔 쇼크리더와 원줄을 함께 잡고 8자 매듭에서 빼낸 원줄로 돌려 묶기를 3~4회 반복한다.

❾ 자투리 쇼크리더를 잘라 낸다. 남은 쇼크리더가 굵다면 담뱃불이나 성냥불로 살짝 지진다.

❿ 다시 원줄과 남은 원줄로 3~4회 더 돌려 묶는다.

⓫ 자투리 원줄을 잘라낸다. 남은 부분은 역시 불로 지진다.

⓬ 완성.

완성

⓬

PR노트

쇼크리더와 합사를 연결하는 방법 중 아주 고강도에 속하는 방법으로 역사가 오래되지 않은 최신식 연결법이다. 매듭을 묶을 때 보빙을 사용하는데, 최근에는 보빙 형태의 전용 체결기가 나와 한결 수월하게 묶을 수 있다. 매듭이 5~10cm가 되게 길게 묶어주면 좋다.

① 보빙 홀더 입구로 합사 원줄을 통과시킨다.
② 통과시킨 합사 원줄을 보빙에 쇼크리더를 묶을 정도로 조금만 감는다.
③ 합사 원줄을 강하게 당기기 좋게 보빙의 한쪽 다리에 5~6회 감은 상태로 사용한다.
④ 보빙을 홀더에 장치한다.
⑤ 쇼크리더 위로 5~6회 감는다.
⑥ 겹쳐진 쇼크리더와 합사 원줄에 사진과 같이 보빙홀더의 입구를 바짝 대고 돌려서 3~5회 감아준다.
⑦ 보빙홀더의 입구가 바짝 붙어 있는지 확인한 후, 낚싯줄의 양쪽을 두 손에 단단히 쥐고 보빙의 원심력을 이용하여 돌리기 시작한다. 양손을 팽팽히 잡아주어야 균일하게 감긴다.
⑧ 감긴 길이가 보빙홀더의 길이 정도가 되면 보빙 돌리기를 멈춘다.
⑨ 보빙을 홀더에서 분리하고 합사 원줄도 풀어준다.
⑩ 감긴 합사 원줄이 풀어지지 않도록 하프히치를 한다.
⑪ 하프히치는 좌우 교대로 7~8회 한다.
⑫ 쇼크리더를 2mm 정도만 남기고 자른 후 끝을 살짝 지진다.
⑬ 합사 원줄로 하프히치를 계속한다. 좌우 교대로 7~8번 정도 해준다. 합사 원줄의 끄트머리는 풀리지 않도록 묶어 준다.
⑭ 합사 원줄을 자른 후 자투리를 불로 살짝 지지면 완성. 이때 쇼크리더를 감싸고 있는 합사 원줄이 녹지 않도록 주의한다.
⑮ 완성.

완성 ⑮

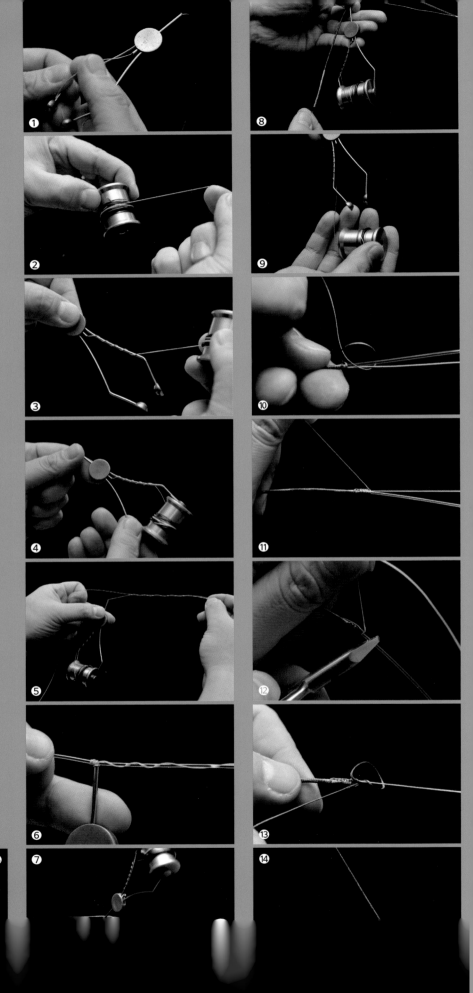

어시스트 훅 만들기

신동만 N·S 필드테스터

어시스트 훅은 대부분 기성품을 구입해서 사용하지만, 더 강한 바늘로 바꾸고 싶거나
자신만의 취향대로 지그를 꾸미고 싶다면 직접 만들어 쓰는 것이 좋다. 약간의 소도구만 준비하면
소형 메탈지그용 어시스트 훅부터 참치용 대형 어시스트 훅까지 쉽게 만들 수 있다.

●고리바늘 싱글 어시스트 훅

준비물 – 바늘구멍(훅 아이)이 있는 지깅용 바늘, 5mm
솔리드 링, 케블라 소재 목줄 또는 어시스트 훅 전용 목줄
13~14cm, 낚싯줄 6호 30cm, 순간접착제, 보빙

❶준비한 목줄을 접었을 때 길이가 6~7cm가 되는지 확
인한다. 속심케블라 목줄일 경우 속에 든 심을 빼낸다.
❷6호 낚싯줄을 30cm 길이로 자른 후 반으로 접어서 목
줄 속으로 넣는다.
❸반으로 접은 목줄 중간에서 약 5mm 아래로 낚싯줄을
빼낸다. 중간 지점에 맞춰 솔리드 링도 넣는다.
❹튀어나온 낚싯줄 사이에 반대편 목줄을 끼운 후 당긴
다.
❺낚싯줄을 당기면 반대편 목줄이 낚싯줄을 삽입한 목줄
로 들어가 겹치게 된다.
❻2중으로 겹쳐진 목줄 끝의 길이가 같도록 잘라준 후 훅
아이 안쪽에서 바깥쪽으로 통과시킨다.
❼바늘 끝을 목줄 끝부분 5mm 지점에 찔러 넣는다. 잘
들어가지 않을 땐 바늘 끝으로 목줄의 구멍을 넓혀가
며 넣는다.
❽바늘로 목줄을 관통해 빼낸 상태.
❾고리 아래로 5mm 정도 밑실을 감는다.
❿밑실감기가 끝나면 목줄을 바늘허리에 밀착시킨 후 다
시 보빙으로 줄을 감아준다.
⓫순간접착제를 바른다.
⓬접착제가 건조되면 전선에 사용하는 수축튜브를 씌워
주면 실이 풀리는 것을 방지할 수 있다.

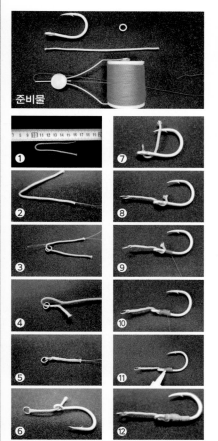

●귀바늘 싱글 어시스트 훅

❶솔리드 링을 연결한 목줄과 귀바늘 타입의 지깅용 바
늘을 준비한다.
❷어시스트 라인의 길이는 4~4.5cm로 잘라준다. 바늘
의 귀나 라인 아이 위로 겹쳐지는 길이는 약 1cm 정도
로 한다.
❸목줄 끝에서 1~1.3cm 지점에 바늘 끝을 관통시킨다.
❹바늘 끝으로 구멍을 넓혀가며 바늘귀가 있는 곳으로
목줄을 밀어준다.
❺목줄을 바늘귀에 밀착시킨 후 보빙으로 밑실감기를 해
준다.
❻밑실을 감은 부분에 목줄을 겹친 후 보빙으로 윗실감
기를 한다.
❼깔끔하게 감은 후엔 매듭으로 마무리하고 순간접착제
를 바른다.
❽수축 튜브를 씌우면 완성.

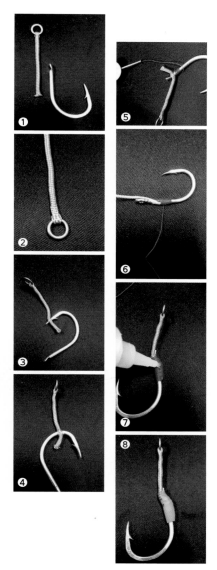

●슬로우 지그용 더블 훅

준비물 – 케블라 목줄 15cm, 귀바늘 타입의 M 사이즈나
S 사이즈 지깅 훅, 직경 4mm(80lb) 솔리드 링, 순간접착
제, 보빙

❶바늘허리에서부터 바늘귀 방향으로 1cm 정도 보빙으
로 촘촘히 감아준다. 감다가 순간접착제를 소량 발라
준다.
❷밑실감기가 끝나면 목줄 끝을 약 1cm 남긴다는 생각
으로 바늘귀 바로 아래에 한 번 돌려 묶어서 매듭을 해
준다.
❸1cm 남긴 목줄 자투리와 바늘을 보빙으로 감는다. 이
때 보빙 홀더를 적당히 팽팽하게 당기면서 감아야 실
이 고르게 잘 감긴다.
❹윗실감기는 목줄 매듭 위까지 덮도록 해서 완벽하게
고정되도록 한다.
❺한쪽 바늘을 완료하면 반대쪽 바늘을 작업하기 전에
솔리드 링을 중간에 매듭지을 부분에 위치시킨다.
❻목줄의 길이를 어느 정도 할지 계산해서 솔리드 링을
고정할 매듭을 짓는다. 목줄의 길이는 2~3cm면 되는
데, 좌우 길이가 1cm 정도 차이 나게 해준다.
❼반대쪽 바늘의 밑실감기를 해준다.
❽양쪽을 완성.
❾접착제를 바른다.
❿좌우 목줄의 길이가 2cm, 3cm가 되게 1cm 단차를 주
었다. 이렇게 만들어야 훅끼리 꼬이지 않는다.
⓫슬로우 지그에 장착한 상태.

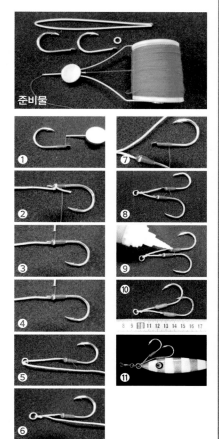

Chapter 3
장르별 지깅 마스터하기

어종을 가리지 않는 전천후 기법

슬로우 지그에 걸려나오고 있는 부시리. 슬로우 지깅은 바닥층의 대형 잿방어를 낚기 위한 기법에서 출발했으나 부시리 방어 참돔 및 대형 록피시에도 효과가 좋아 많은 낚시인들로부터 인기를 끌고 있다.

슬로우 지깅

박용섭 JS컴퍼니 바다필드스탭 · 네이버카페 바다루어이야기 고문

최근 1~2년 사이 선풍적인 인기를 끌고 있는 슬로우 지깅은 부시리 방어뿐 아니라 광어, 우럭, 쏨뱅이 같은 록피시에게도 효과가 좋은 전천후 기법이다. 기존 헤비 지깅의 틀을 깬 슬로우 지깅은 조과도 뛰어나지만 가벼운 장비에 느린 액션을 구사하여 누구나 쉽게 배울 수 있다.

핵심 체크

주요 낚시터 : 남해 먼 바다와 제주 근해
시즌 : 제주는 연중 가능하며 남해 먼 바다는 5월부터 1월까지
주요 대상어 : 방어 부시리 및 바닥의 대형 록피시
필수 테크닉 : 지그를 바닥으로 가라앉힌 후 로드를 천천히 높이 들어 올려 지그를 띄운 후 다시 낚싯대를 내리며 지그를 바닥으로 가라앉게 한다. 슬로우 지그가 가라앉으면서 만들어내는 자체 회전과 슬라이딩 액션이 대상어에게 어필한다.
장비와 채비 : 슬로우 지깅 전용대, 베이트릴, 원줄 PE 2~4호, 쇼크리더 5~10호, 슬로우 지그 150~250g.

●개요

슬로우 지깅을 국내에 처음 도입한 낚시인은 제주도의 장진성(JS컴퍼니 필드스탭)씨다. 그는 2012년 6월 평소 친분이 있는 일본 관동지역 낚싯배 선장 와다씨의 홈페이지 조황을 확인하다가 연일 호황을 보인다는 슬로우 지깅에 관심을 가지게 되었고, 제주 소관탈도에서 처음 슬로우 지깅을 시도하여 엄청난

조과를 올렸다. 장진성씨는 이때부터 낚시춘추에 슬로우 지깅 기법을 집중적으로 소개하였고, 이후 거제도 등 남해안까지 확산되었다.
슬로우 지깅 붐은 이례적일 만큼 대단했다. 그 전까지 지깅은 일부 마니아의 전유물로 여겨졌으며, 고가의 장비와 엄청난 체력, 고난도 테크닉이 필요한 낚시로 여겨졌다. 필자 역시 갯바위에서 즐기는 쇼어 지깅을 몇

해 동안 해왔지만 쇼어 지깅이든 선상 지깅이든 힘든 것은 마찬가지였는데, 슬로우 지깅의 경우 가벼운 채비로 큰 체력소모 없이 가벼운 저킹 동작으로 큰 대상어를 낚을 수 있는 것이 매력이었다. 또 다양한 어종을 공략할 수 있다는 장점 때문에 동호인층이 급격히 늘어나게 되었다.
슬로우 지깅에 낚이는 물고기는 실로 다양하다. 우럭, 쏨뱅이, 광어, 능성어, 다금바리, 열

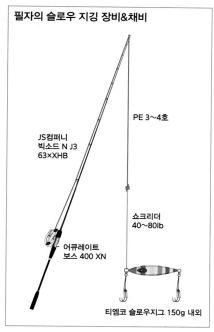

필자의 슬로우 지깅 장비&채비

PE 3~4호

JS컴퍼니
빅소드 N J3
63×XHB

쇼크리더
40~80lb

어큐레이트
보스 400 XN

티엠코 슬로우지그 150g 내외

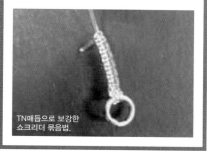

매듭은 반드시 점검하라

슬로우 지깅에선 일반 지깅에 비해 가는 라인을 사용하기 때문에 합사와 쇼크리더의 매듭법이 매우 중요하다. 가장 강력한 매듭법이라는 비미니트위스트까지는 아니더라도 보빙을 이용한 PR노트로 튼튼하게 묶어주는 것이 좋다. 쇼크리더와 지그의 매듭은 TN노트가 좋다. TN노트의 매듭부위를 길게 만들어주면 이빨이 있는 대상어가 물어도 목줄이 터지지 않고, 잦은 액션 중에 매듭이 풀리는 일도 생기지 않는다. 걸려드는 대상어가 큰 만큼 매듭에 문제가 있으면 라인이 터져버리므로 낚시하기 전에 매듭 점검을 반드시 해야 한다.

TN매듭으로 보강한
쇼크리더 묶음법.

2012년에 동경만에서 개최한 지깅대회에 참가했을 때 대부시리나 대방어는 거의 낚이지 않아 우승고기가 80cm 남짓한 방어였다. 대신 록피시는 많이 낚을 수 있었다.

그와 반대로 한국에는 대형 록피시가 귀하고 부시리와 방어는 매우 많기 때문에 주대상어가 뒤바뀐 것이다. 만약 우리나라도 대형 쏨뱅이, 대형 능성어 등의 큰 록피시가 많이 낚이는 곳이 있다면 슬로우 지깅이 최강의 낚시방법이 될 것이다.

슬로우 지깅의 시즌은 방어와 부시리가 잘 낚이는 시기와 일치한다. 남해안은 5월부터 이듬해 1월까지, 제주는 연중 가능하다. 그리고 가거초, 왕돌초, 복사초, 세존도 등의 동서 남해 원도권 해역에서는 2~3월을 제외하면 연중 낚시가 가능하다. 어종에 따라서는 방어와 부시리는 6~7월과 11~12월이 피크이며, 록피시는 6~7월과 10월~1월이 주요 시즌이다.

●장비와 채비

슬로우 지깅의 주대상어인 대부시리나 대방어를 제압할 수 있는 강한 허리힘을 가진 로드가 필요하다. 6~7ft 길이에 120~200g 지그를 운용할 수 있는 로드가 좋다. 로드 한 대에 다양한 무게의 지그를 범용으로 사용하기에는 무리가 있으므로, 자신이 출조하는 지역의 상황에 맞는 로드를 우선 선택해야 한다. 예를 들어 수심이 얕고 조류가 강하지 않은 지역이 출조지라면 150g 내외의 지그에 최적화된 로드가 좋다. 반대로 무거운 지그를 즐겨 쓰고 큰 대상어가 입질하는 곳이라면 200g짜리 슬로우 지그를 운용할 수 있

경량의 슬로우 지깅 장비로 부시리를 상대하고 있는 낚시인.

기 같은 록피시부터 농어, 참돔, 방어, 부시리, 참치 같은 회유어까지 모두 대상어에 포함된다. 그 외에도 다양한 어종이 슬로우 지그에 반응을 보였는데, 앞으로 테크닉을 개발하면 더 많은 종류의 대상어를 공략할 수 있을 것으로 기대한다.

일본에선 대형 록피시가 주대상어
우리나라에선 부시리와 방어가 슬로우 지깅의 1순위 대상어지만 일본에서는 다르다. 부시리나 방어를 대상어로 한 낚시 장르가 아니라 대형 록피시나 갈치, 바닥의 큰 잿방어

등을 타깃으로 시작한 낚시방법이었다. 우리나라에 보급되면서 대형 록피시보다는 부시리나 방어가 주요 타깃이 되었다. 이렇게 된 배경에는 일본과 한국의 낚시여건 차이가 있다. 일본의 경우 일부 지역을 제외하면 대형 부시리나 방어는 참 귀한 편이다. 그동안 너무 많이 낚아서 자원이 급감했다고 한다. 대신 록피시는 자원이 매우 많다.
필 자 가

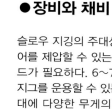

필자의 슬로우 지깅 장비. JS컴퍼니의 슬로우 지깅로드 '빅소드 N 슬로우 저커'에 어큐레이트 릴을 장착해서 사용한다. 합사는 3~4호를 쓴다.

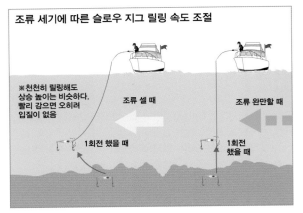

조류 세기에 따른 슬로우 지그 릴링 속도 조절

※천천히 릴링해도
상승 높이는 비슷하다.
빨리 감으면 오히려
입질이 없음

조류 셀 때

조류 완만할 때

1회전 했을 때

1회전 했을 때

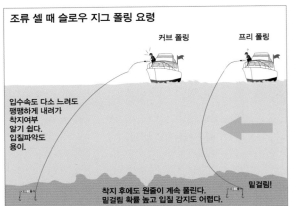

조류 셀 때 슬로우 지그 폴링 요령

커브 폴링

프리 폴링

입수속도 다소 느려도
팽팽하게 내려가
착지여부
알기 쉽다.
입질파악도
용이.

착지 후에도 원줄이 계속 풀린다.
밑걸림 확률 높고 입질 감지도 어렵다.

밑걸림!

슬로우 지그와 어시스트 훅 그리고
그들을 연결할 때 사용하는 스플릿 링.

는 강한 로드가 필요하다. 부드러운 로드는 입질을
받기는 쉬우나 허리힘이 약해서 대물을 제압하기 불리
하며, 반대로 뻣뻣한 로드는 대형어를 랜딩할 때 유리하지
만 섬세한 저킹을 하기 불리하다.

릴은 2~3호 합사를 300m 정도 감을 수 있는 크기가 좋다. 드랙력은 7kg 정도
면 어지간한 대상어는 충분히 제압할 수 있지만, 지역에 따라서 수중의 요철이
많은 곳이라면 초반제압을 하기 쉬운 드랙력이 강한 릴을 선호한다. 최근에는 드
랙의 힘보다는 꼭 필요한 순간에 풀려주는 드랙의 정교함을 더욱 중요하게 생각
하고 있다.

원줄은 합사 3호 정도가 표준으로 여겨지고 있으며 기호에 따라 2호나 4호를 쓰
기도 한다. 가는 라인의 경우 큰 대상어를 만났을 때 터질 위험성이 있고, 반대로
굵을 경우 조류의 영향을 많이 받는다. 쇼크리더는 40~60lb를 많이 사용한다.
합사가 50lb의 강도를 가졌다면 쇼크리더도 비슷한 수준의 강도를 가진 것을 선
택하는 것이 좋지만, 대상어가 수중암초로 파고들어 라인이 여에 쓸릴 것을 우려
해 원줄보다 더 강한 쇼크리더를 쓴다.

슬로우 지그에 달아주는 어시스트 훅의 사이즈는 3/0, 4/0, 5/0이다. 훅이 너무

거제 안경섬 해상에서 슬로우 지그로
참돔을 낚은 필자.

크거나 훅이 너무 굵으면 슬로우 지그 고유의 액션을 깨트리는 원인이 될 수 있으므로 크기에 신경을 써야 한다. 주로 라이트 지깅에 사용하는 전용 훅을 사용한다. 다만 대부시리를 상대할 때는 랜딩 중에 훅이 휘어질 염려가 있으므로 훅이 하나만 달린 것으로 바늘이 큰 5호 정도를 사용한다.

지그를 선택할 때는 형태를 잘 살펴야 하는데, 슬림하고 납작할수록 수류저항을 많이 받아 폴링 시 낙엽이 떨어지는 듯한 형상을 보이게 되어 화려한 폴링 액션을 연출할 수 있다. 반면 약간 뭉툭한 형태에 무게중심이 아래로 향한 지그는 쉽게 바닥까지 가라앉힐 수 있어 수심이 깊고 조류가 강한 지역에서 사용하기에 좋다. 낚시할 곳의 조건이 변할 것을 감안해서 액션에 중점을 둘 것인지 지그 하강에 중점을 둘 것인지 판단하고 지그

를 선택해야 하겠다.

●실전 테크닉

우리나라 최고의 슬로우 지깅 포인트로 제주도와 남해동부의 안경섬, 홍도를 꼽는다. 그 다음으로는 추자도 절명여 일대와 진도 복사초, 동해의 왕돌초가 꼽힌다. 각 포인트는 다른 지형적 특성들을 가지고 있는데, 그 지형에 맞춰 다르게 낚시해야 더 나은 조과를 거둘 수 있다.

필자가 주로 출조하는 거제 안경섬과 홍도를 보면, 미터가 넘는 대부시리나 대방어의 출현이 잦은 대신 해저 지형이 매우 험한 것이 특징이다. 수심 14m에서 60m까지 갑자기 떨어질 정도로 지형의 변화가 심한데, 이런 곳에서는 대상어의 초기 제압이 매우 중요하다. 그래서 장비나 라인도 한 단계 더 튼튼하게 사용하고, 힘이 좋은 릴이 필요하다. 그에 비해 요철이 적고 수심이 일정한 제주도에서는 조금 더 가는 원줄에 가벼운 장비를 써도 부시리와 방어를 상대할 수 있다.

강한 저킹은 슬로우 지깅과 맞지 않다
액션은 어느 지역에서나 동일하게 연출한다. 알아두어야 할 것은 슬로우 지깅은 강한 저킹에 의해 액션이 연출되는 게 아니라 로드의 작은 액션에도 지그 자체가 큰 움직임을 보인다는 것이다. 특히 소폭의 폴링에 의해서도 화려한 액션을 연출할 수 있다는 것이 장점인데, 이 점을 감안해서 로드를 천천히 들었다가 내리면서 지그에 액션을 주면 된다. 일본에서 록피시를 노릴 때는 릴을 감을 때 초리가 움직이는 정도로 지그에 액션을

슬로우 지깅으로 대부시리를 낚은 제주 낚시인 장진성(JS컴퍼니 필드스탭)씨. 국내에서 처음으로 슬로우 지깅을 시도해 보급에 앞장선 낚시인이다.

주기도 한다.

슬로우 지깅은 대상어가 다양한 만큼 대상어가 달라지면 공략방법도 달라져야 한다. 예를 들어 2012년 겨울 제주 우도 근해에서는 슬로우 지깅에 유난히 참돔이 많이 낚였는데, 당시 가장 효과적인 액션은 빠른 리트리브 후 스테이를 하는 것이었다. 일반적인 지깅 상식으로는 상상도 할 수 없는 액션법이지만 이러한 액션이 효과적일 때도 있다는 것이므로 다양한 액션에 도전해볼 필요가 있다.

필자가 남해동부에서 즐겨 쓰는 액션은 계속적인 저킹보다 3~4회 저킹 후 스테이를 반복하거나 일정수심에서 리프트 앤 폴을 길게 큰 폭으로 해주는 것이다. 로드를 크게 들었다가 쭉 내려주는 액션에는 농어, 참돔, 광어, 부시리 등 많은 어종이 좋은 반응을 보였다.

선장의 경험도 조과를 크게 좌우
모든 선상낚시가 그렇겠지만 슬로우 지깅도 노련한 선장의 가이드 능력이 매우 중요하다. 바다 속 상황을 잘 알고 포인트를 정확히 짚어내는 능력도 중요하고 배를 조류에 맞춰주는 능력도 필요하다.

외줄낚시를 해본 낚시인은 쉽게 공감하겠지만 슬로우 지깅 역시 라인이 수직으로 뻗어 내려 가야 지그의 액션이 제대로 나온다. 단순 리트리브만으로 공략하는 타이라바와는

더블 어시스트훅의 단점도 있다

시중에 판매되는 어시스트 훅은 한 봉지에 2개씩 들어 있다. 이러한 훅을 슬로우 지그 양쪽 라인아이에 모두 체결하는 앵글러들이 많은데, 훅이 2개면 대상어가 잘 걸린다는 장점이 있지만, 단점도 많으니 주의해야 한다. 단점은 큰 부시리나 큰 방어가 걸렸을 때 나타난다. 상단의 훅이 입에 걸리고 하단의 훅이 몸통에 걸리면 양쪽의 힘을 모두 받게 되어 랜딩 시 상당한 어려움을 겪게 된다. 특히 몸통에만 훅이 걸리게 되면 엄청난 몸부림이 로드로 그대로 전달되어 제압이 불가능한 지경에 이를 가능성도 있다. 또한 랜딩 후 방생을 염두에 두고 있다면 어시스트훅의 개수를 줄이는 것이 좋다. 어시스트 훅이 많으면 바닥에 지그가 닿았을 때 걸릴 확률도 높아진다.

대부시리의 경우 슬로우 지그를 통째로 삼켜버릴 정도로 공격성이 대단하므로 대부시리나 대방어를 노린다면 어시스트 훅의 개수에 집착하지 않아도 된다.

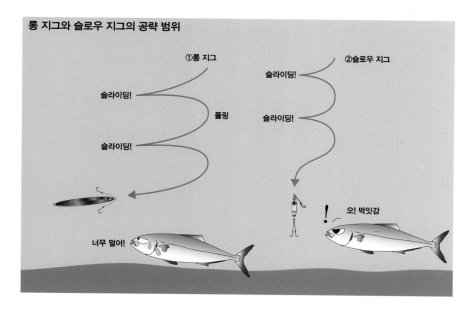

롱 지그와 슬로우 지그의 공략 범위

①롱 지그
슬라이딩!
폴링
슬라이딩!
②슬로우 지그
슬라이딩!
슬라이딩!
외! 먹잇감
너무 멀어!

거제 안경섬 해상에서 슬로우 지깅으로 훌륭한 조과를 거둔 거제
대구낚시 구봉진(좌측에서 세 번째) 대표 일행들이 낚은 방어와
부시리를 들고 기념촬영을 했다.

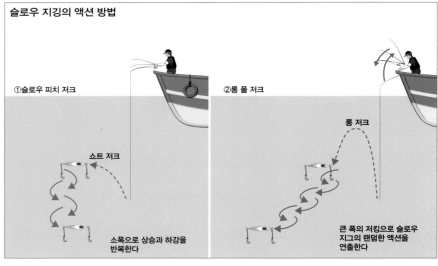

슬로우 지깅의 액션 방법

①슬로우 피치 저크

쇼트 저크

소폭으로 상승과 하강을
반복한다

②롱 폴 저크

롱 저크

큰 폭의 저킹으로 슬로우
지그의 랜덤한 액션을
연출한다

파이팅 시 로드는 너무 세우지 말 것

지깅을 할 때 로드를 거의 수직으로 세워서 파이팅하
는 것을 본 적 있을 것이다. 그런데 그것은 헤비급 장
비를 사용하는 지깅에선 가능할지 몰라도 슬로우 지
깅 로드를 세워서 파이팅하는 것은 금물이다. 슬로우
지깅로드는 일반 지깅 로드에 비해 약한 허리를 가졌
기 때문에 로드가 부러질 수 있다. 로드는 수평을 유
지하는 것이 가장 좋으며 재빠른 초반 제압을 위해 로
드를 세운다고 하더라도 30~40도 이상 세우지 않는
것이 좋다.

달리 슬로우 지그는 저킹해서 액션을 주게
되는데 이때 수직으로 지그가 하강해야 화려
한 액션이 나오는 것이다. 따라서 선장은 배
를 조류와 같은 방향, 같은 속도로 밀어주어
야 지그가 수직으로 내려갈 수 있다. 지그가
수직으로 내려가지 않으면 밑걸림이 쉽게 생
기고 잘 빠지지도 않으며 지그가 바닥에 안
착한 상태를 감지하기 어려운 경우도 있어서

낚시하는 데 애를 먹는다.
대상어의 랜딩에도 선장의 역할이 필요하다.
선장이 물속의 지형을 감안해 파이팅 시 요
철이 적은 곳으로 낚싯배가 흘러가게 해주어
야 라인이 쓸려 터지는 것을 방지할 수 있다.
슬로우 지깅을 하다가 보면 속조류와 겉조류
의 유속 차이가 많이 나거나 아예 방향이 다
른 경우를 만나기도 한다. 이때는 아무리 유

능한 선장이라도 배를 제대로 운전할 수가 없
다. 이것은 낚시인 스스로 극복해야 한다. 실
제로 현장에서는 눈으로 보는 원줄이 수직으
로 하강하는 듯 보이나 속조류가 달라서 지그
는 이미 바닥에 안착했을 가능성이 있다. 이
런 상황이라면 지그를 내리는 도중 릴 스풀을
잡아서 라인의 텐션을 유지해주면 알아챌 수
있다. 그리고 지그 무게에 따른 수심별 폴링
카운트를 숙지해 두는 것도 도움이 된다. 슬
로우 지깅에서도 록피시를 제외하면 반드시
바닥을 찍어야 할 이유가 없으므로 바닥 안착
전에 폴링을 중지하고 저킹 동작으로 이어가
면 채비 손실을 줄일 수 있다.

바낙스 필드스탭 김지아씨가 제주도에서 전동릴을 사용한
지깅으로 낚은 75cm 참돔을 보여주고 있다.

타이라바 지깅

서보원 바낙스 영업기획팀

2008년 서해 군산 앞바다에서 시작한 타이라바 참돔 지깅은 바다낚시의 판도를 뒤바꾸어 놓았다.
이후 서해 바다낚시는 갯바위낚시에서 선상루어낚시로 무게추가 기울었다. 서해에서는 7~11월에 참돔과 광어를 타깃으로 타이라바 지깅이 성행하고 있으며, 제주에서는 거의 연중 타이라바 지깅으로 참돔과 다양한 록피시를 낚아내고 있다. 최근엔 남해 통영에서도 타이라바에 대물 참돔들이 낚이는 등 적용범위가 확산되고 있다.

타이라바 장비로 낚은 참돔. 타이라바 장비는 바닥층 참돔들이 약하게 입질해도 후킹이 되도록 초리는 아주 부드러우며 큰 참돔을 제압할 수 있도록 버트와 허리가 강하다.

●개요

타이라바는 둥근 모양의 금속 헤드에 화려한 색상의 고무 술과 천 조각들을 붙인 형태로 헤드는 싱커 역할을 하고 술과 천 조각들이 하늘거리며 물고기를 유혹한다. 2008년에 국내에 처음 소개될 때만 해도 참돔이 주 대상어였지만, 실제로 낚시를 해보니 참돔 외에 우럭, 광어, 쥐노래미, 농어, 부시리, 쏨뱅이, 잿방어, 상어 등 바다 속에 살고 있는 온갖 어종이 낚이는 만능루어인 것으로 확인했다. 특히 록피시인 우럭, 광어, 쥐노래미에 강력한

위력을 발휘하고 있어 타이라바는 선상루어낚시에서 빼놓을 수 없는 루어가 됐다.
타이라바는 그 위력이 대단하지만 낚시법은 극히 단순하다. 타이라바를 바닥까지 내린 뒤 천천히 감아주기만 하면 모든 고기가 달려드는데, 톡톡거리는 입질이 와도 섣불리 채지 말고 인내심을 가지고 처음 속도 그대로 릴링만 해준다면 입질하는 고기를 놓칠 확률이 극히 낮다. 장비도 가리지 않아 누구나 쉽게 즐길 수 있는데, 타이라바 전용대가 아니라도 라이트 지깅용 낚싯대나 슬로우 지깅 전용대 등 베이트릴을 장착할 수 있는 로드라면 어떤

것이나 사용할 수 있다. 타이라바 시즌은 제주는 연중 가능하며 서해는 5월부터 11월까지 가능하다. 남해안은 최근 통영 미륵도 앞바다에서 겨울부터 봄까지 계속 타이라바에 참돔이 낚인 바 있어 제주도와 마찬가지로 거의 연중 가능할 것으로 짐작된다.

●장비와 채비

타이라바 전용대의 길이는 슬로우 지깅대나 기타 라이트 지깅대와 비슷한 6ft 내외이며

군산 말도에서 타이라바 지깅을 시도해 참돔을 낚은 필자.

전동릴로 타이라바 지깅을 한 낚시인이 빛깔 고운 참돔을 낚았다.

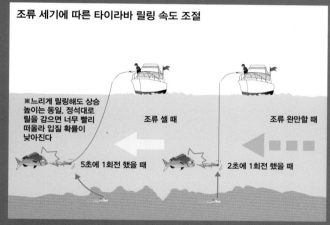

조류 세기에 따른 타이라바 릴링 속도 조절

※느리게 릴링해도 상승 높이는 동일. 정석대로 릴을 감으면 너무 빨리 떠올라 입질 확률이 낮아진다

조류 셀 때

조류 완만할 때

5초에 1회전 했을 때

2초에 1회전 했을 때

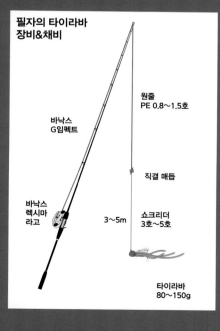

필자의 타이라바 장비&채비

원줄
PE 0.8~1.5호

바낙스
G임펙트

직결 매듭

바낙스
렉시마
라고

쇼크리더
3호~5호

3~5m

타이라바
80~150g

루어의 중량은 150g까지 사용할 수 있다. 얼핏 보기엔 낚싯대의 스펙이 다른 지깅대와 비슷한 것 같지만 타이라바 전용대는 참돔의 간사한 입질을 잡아내기 위해 초리가 아주 부드러운 것이 특징이다. 약한 입질에도 초리가 쑤욱 내려갈 수 있도록 초리부터 낚싯대 중반까지가 아주 부드럽게 제작되어 있으며, 대신 대물 참돔의 힘을 견디기 위해 허리와 버트는 아주 강하게 설계되어 있다.

릴은 1호 내외의 PE라인이 200m 이상 감기는 베이트릴을 쓰는데, 드랙력은 4~5kg면 무난하다. 참돔과의 승부는 부시리와 다르게 힘대힘으로 맞서는 것이 아니라 드랙을 느슨하게 풀어놓고 참돔이 차고 나가면 그대로 차고 나가도록 해주고 움직임이 멈추면 서서히 드랙을 죄며 감아 들이는 랜딩을 하기 때문에 굳이 강한 릴을 사용하지 않아도 된다. 다만 참돔이 충분히 차고 나갈 수 있도록 릴에 줄이 넉넉히 감겨 있어야 한다. 그래서 타이라바용

베이트릴은 권사량이 많은 것을 선호한다.

루어는 60~150g의 타이라바를 쓰며 옵션으로 바늘에 꼴뚜기 웜이나 지렁이 모양의 웜을 달아주기도 한다. 타이라바에 달린 타이가 떨어질 것에 대비해 여분의 타이를 준비하면 좋다.

원줄은 PE 1호 내외를 쓰며 조류가 센 곳에선 PE 0.6호 정도로 가늘게 쓸 수도 있다. 앞서 말했지만 참돔과는 힘대힘으로 맞서지 않고 드랙을 풀어주기 때문에 가는 줄을 써도 파이팅이 가능한 것이다. 부시리가 간간이 입질하는 해역이라면 조금 굵은 1.5호~2호 합사를 쓰기도 한다. 쇼크리더는 4~5호가 표준이며, 나일론과 카본사를 가리지 않고 사용한다.

●실전 테크닉

타이라바에서 가장 중요한 포인트는 바로 '슬

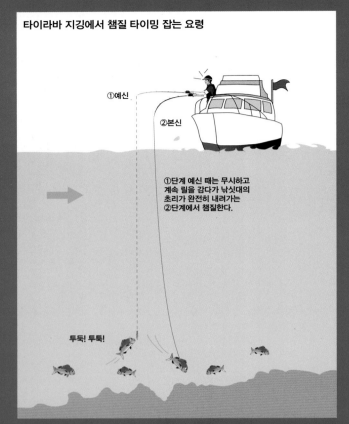

타이라바 지깅에서 챔질 타이밍 잡는 요령

①예신

②본신

①단계 예신 때는 무시하고 계속 릴을 감다가 낚싯대의 초리가 완전히 내려가는 ②단계에서 챔질한다.

투둑! 투툭!

로우 템포'이다. 참돔을 낚을 때는 타이라바로 바닥을 찍은 후 바닥에서 5~6m 천천히 감아올렸다가 다시 떨어뜨리고 천천히 감아올리는 동작을 반복한다. 감을 때의 속도가 매우 중요한데, 릴을 1초에 한 바퀴 또는 두 바퀴씩 천천히 감는다. 조류가 빠를 때는 천천히, 조류가 천천히 흐를 때는 조금 빠르게 감는데, 빠르게 감아도 1초에 세 바퀴를 넘지 않는 것이 좋다.

록피시들은 타이라바가 바닥에 닿으면 바로 반응하기도 하지만 참돔은 타이라바가 바닥을 찍은 후 천천히 올라가는 과정에서 따라가며 입질을 한다. 참돔이든 록피시든 입질은 주로 바닥에서 집중되므로 굳이 타이라바를 높이 띄울 필요는 없다. 릴링도 정교하게 할 것 없이 그저 천천히 같은 템포로 감아주면 된다. 입질이 없을 땐 이러한 과정

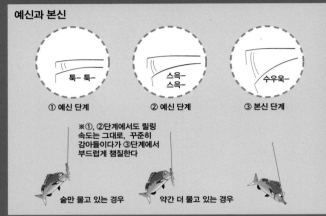

예신과 본신

툭-툭-
① 예신 단계

스윽-
스윽-
② 예신 단계

수우욱-
③ 본신 단계

※①, ②단계에서도 릴링 속도는 그대로, 꾸준히 감아들이다가 ③단계에서 부드럽게 챔질한다

살짝 물고 있는 경우

약간 더 물고 있는 경우

가벼운 타이라바로 연 날리듯 채비 운영
공략범위 넓히고 다양한 수심층 탐색 가능

이승현 영흥도 경인호 선장, N·S 필드스탭

연 날리기 기법으로 65cm 참돔을 낚은 필자.

최근 타이라바 지깅 고수들 사이에 성행하는 기법이 일명 '타이라바 연 날리기'이다. 타이라바 연 날리기란 평상 시 사용하는 무게보다 20~30% 가벼운 무게의 타이라바를 사용해 조류에 실어 멀리 보내는 방식을 말한다. 예를 들어 80g을 써야만 바닥을 쉽게 찍을 수 있는 상황임에도 일부러 50~60g의 타이라바를 선택한다. 그 후 조류가 흐르는 방향으로 10m 이상 타이라바를 캐스팅하는데, 그렇게 하면 수면에 늘어진 원줄까지 조류 저항을 받게 되어 타

이라바의 하강 속도는 더욱 느려지게 된다. 그런 식으로 원줄을 약간씩 풀어주다가 잡아주는 동작을 반복하며 타이라바를 흘리는데, 보통 30m 정도 흘러가면 타이라바가 바닥에 닿는 것이 느껴진다. 이때 원줄이 풀리지 않도록 뒷줄을 잡아주면 타이라바가 떠오르게 되고, 약간 떴다 싶을 때 다시 원줄을 풀어주면서 흘림과 뒷줄 잡기를 반복해 나간다. 이 방식으로 가깝게는 50m, 멀게는 80m까지 타이라바를 흘리면 수직으로 내릴 때보다 훨씬 공략 범위가 넓어지고 그만큼 입질 받을 확률도 높아지게 된다. 입질은 단번에 초리를 끌고 가는 경우도 있지만 투두둑거리는 예신만 보낼 때도 있다. 예신이 오면 잠시 기다렸다가 완전히 초리를 당길 때 챔질해도 늦지 않다.

타이라바 연 날리기 기법이 위력적인 이유는 넓은 범위를 공략할수 있다는 것도 있지만 참돔의 습성상 활발하게 움직이는 미끼에더 공격적으로 반응하기 때문이다. 가벼운 타이라바를 사용하면처음에는 타이라바가 바닥에 닿는 감을 느끼기 어렵지만 연습을 통해서 감각을 익혀두면 훨씬 좋은 조과를 올릴 수 있다.

타이라바 연 날리기 기법을 구사할 때는 갯지렁이를 풍성하게 꿰어주는 게 유리하다. 보통 바늘 한 개에 갯지렁이 세 마리를 달아주는데 총 여섯 마리를 달아주면 그만큼 조류를 많이 타 타이라바가 너무 빨리 가라앉는 것을 방지해 준다.

지렁이를 풍성하게 꿴 타이라바. 지렁이가 조류의 저항을 받아 천천히 가라앉는 효과가 생긴다.

'참돔 킬러'인 타이라바. 헤드는 싱커 역할을 하며 헤드 아래에 달린 고무 술(스커트)이 하늘거리며 물고기를 유혹한다.

필자가 사용하는 바낙스의 타이라바, 인치쿠, 슬로우 지깅 장비들. 최근 출시되는 지깅 장비들은 모두 가볍고 다루기 쉬워서 누구나 부담없이 지깅에 입문할 수 있게 되었다.

이 다소 지루하게 느껴질 정도다.

배낚시에서 타이라바를 떨어뜨릴 땐 라인을 팽팽하게 유지한 채 떨어뜨리는 커브 폴링과 라인을 마냥 풀어주며 내리는 프리 폴링이 있는데, 참돔이나 록피시를 노린다면 프리 폴링이 기본이다. 프리 폴링을 하면 중층의 부시리를 뚫고 타이라바가 빨리 바닥에 닿는다.

타이라바가 바닥에 닿으면 곧바로 릴을 감거나 액션을 주는데, 바닥에 닿은 타이바라를 그냥 두면 암초에 걸리기 십상이다. 앞서 말한 것처럼 바닥에서 타이라바를 천천히 감아올리면 참돔이 입질하고, 타이라바를 50cm~1m 띄운 상태에서 가볍게 고패질하거나 바닥을 찍었다 올렸다 하는 빠르고 격한 액션을 주면 록피시가 잘 걸려든다.

헛챔질 잦다면 타이를 짧게 잘라라

단순히 릴을 감았다 풀어주는 방식에 입질이 없다면 먼 거리를 노려보는 징검다리식 탐색법도 효과적이다. 요령은 타이라바가 바닥에 닿으면 그 상태에서 릴 스풀을 엄지로 눌러 팽팽해진 원줄이 조류에 밀리면서 붕 떠오르게 한다. 그에 맞춰 대 끝을 천천히 들어 90도 높이로 세우면 타이라바는 바닥에서 높이 떠오를 것이다. 그 다음엔 다시 대 끝을 천천히 수면으로 눕혀주면서 스풀을 누르고 있던 엄지를 살짝 떼어 원줄을 풀어준다. 술술 풀려나가던 원줄에 긴장감이 사라지며 '툭' 하는 느낌이 나면 타이라바가 다시 바닥에 닿은 것이다. 이런 과정을 반복해주면 좀 더 넓은 범위를 탐색할 수 있고 타이라바가 떠오르는 동

헷갈리는 낚시장르 용어

참돔 지깅·타이라바 지깅·러버 지깅·베이 지깅·라이트 지깅…

타이라바를 사용한 지깅은 일본에서도 장르 용어가 통일돼 있지 않다. 베이 지깅, 러버 지깅, 라이트 지깅 등으로 다양하게 불린다. 그 이유는 타이라바는 원래 '카브라'란 이름의 어구였고 '타이라바'란 이름의 낚시용 조구로 출시된 것은 최근인 2005년부터이기 때문이다.

우리나라는 일본식 명칭인 타이라바 대신 '참돔 지깅'으로 불렀으나 이후 이 루어가 참돔만 낚는 루어가 아님을 인식한 후엔 그냥 '타이라바 지깅'이라 부르거나 루어 이름을 그대로 따서 '타이라바'로 부르고 있는 실정이다.

물속에서 조류를 받은 타이라바의 스커트가 하늘거리고 있다. 고무로 만든 스커트는 참돔과 록피시를 유혹하는 중요한 역할을 한다.

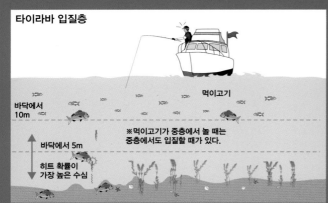

타이라바 입질층

먹이고기

바닥에서 10m

※먹이고기가 중층에서 놀 때는 중층에서도 입질할 때가 있다.

바닥에서 5m

히트 확률이 가장 높은 수심

타이라바를 물고 나온 옥돔.

작에 고기들이 호기심을 보여 입질을 하기도 한다.

타이라바의 컬러는 레드와 오렌지 두 가지가 가장 무난하다. 골드나 홀로그램이 추가되더라도 이 두 가지 색상이 어종에 관계없이 가장 잘 먹힌다. 타이와 스커트 색상도 레드와 오렌지 컬러가 좋다. 타이라바의 형태는 원형에서 약간 변형된 타원형이 잘 먹히는 편이다. 조류를 받았을 때 타이라바가 몸을 비틀면서 움직일 수 있도록 헤드가 가공된 것들도 색다른 액션을 연출하는 용도로 사용하면 좋다.

헤드 아래에 달린 스커트는 풍성한 것보다는 다소 빈약해 보이는 것이 낫다. 길게 나온 타이는 기본적으로 2~3가닥, 스커트는 10~15가닥이면 충분하다. 스커트가 풍성하면 조류를 너무 많이 타므로 빨리 가라앉지 않아서 좋지 않다.

타이라바 지깅을 하다 보면 유난히 헛챔질이 잦은 날이 있다. 후두두둑하는 느낌만 오거나 설 걸려서 릴링 도중 고기가 떨어져 나가는 것이다. 이때는 타이의 길이를 짧게 잘라주면 효과가 있다. 타이 끝이 바늘과 가까울수록 걸림 확률이 높기 때문이다. 시중에 판매되고 있는 타이라바 중 유난히 타이가 긴 제품들이 있는데 그런 제품은 반드시 튜닝을 해야 한다. 바늘에서 타이 끝의 거리는 2cm 안쪽이 좋다.

드랙은 느슨하게, 챔질도 부드럽게

입질 타이밍은 크게 두 가지다. 예신이 들어온 후 타이라바가 바닥에서 5~6m 떠올랐을 때 무는 형태와 바닥에서 1m 이내에서 무는 형태이다. 바닥에서 1m 이내에서 입질이 올 때는 한 번 '툭' 하는 입질이 온 뒤에 대 끝을 물속까지 끌고 갈 정도로 강한 입질이 받힐 때가 많다.

드랙은 너무 꽉 잠그지 말고 쇼크리더의 강도를 고려해 적절히 풀어 놓아야 한다. 드랙이 풀려나갈 때 엄지손가락으로 누르면 순간순간 제압이 될 정도가 적당하다. 많은 낚시인들이 참돔의 입질을 받음과 동시에

"이게 바로 타이라바 지깅의 위력입니다." 제주 성산포로 타이라바 출조를 나간 바낙스팀 일행이 참돔, 광어, 록피시로 훌륭한 조과를 거두었다.

조류 속도와 참돔의 유영 범위 변화

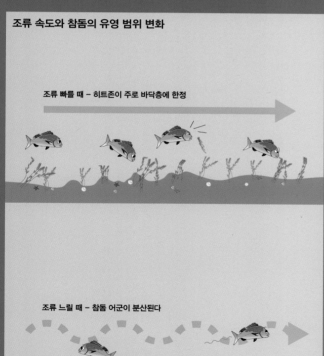

조류 빠를 때 – 히트존이 주로 바닥층에 한정

조류 느릴 때 – 참돔 어군이 분산된다

핵심 체크

바닥 찍은 후 곧장 올려야 어필 극대화

대부분의 낚시인들은 타이라바로 바닥을 찍은 후 2~3초 기다렸다가 걷어 올린다. 그 이유는 타이라바가 바닥을 완전히 찍었다고 느껴야 제대로 낚시를 하고 있다고 믿기 때문이다. 그러나 실제로 바닥 고기에게 어필하려면 타이라바가 바닥을 찍는 순간 곧바로 올리는 것이 더 효과적이다. 바닥에 있는 고기들은 위를 보고 떨어지는 먹이를 응시하고 있는데(참돔도 마찬가지다) 떨어지던 먹잇감이 바닥에 떨어진 후 아무런 움직임이 없으면 금방 흥미를 잃고 다른 먹잇감을 찾게 된다. 한번 흥미가 사라진 먹잇감은 다시 솟아올라 눈앞에 나타난다고 해도 큰 관심을 끌기 어렵기 때문에 참돔이나 록피시들의 지속적인 관심을 끄는 것이 중요하다. 따라서 바닥을 찍는 순간 재빨리 다시 올리는 것이 좋다.

목줄이 터지는 경험을 하는데, 그 이유가 드랙을 너무 잠가놓았기 때문이다.
챔질은 부드럽게 하거나 아예 하지 않는 것이 정석이다. 첫 입질이 온 후 처음 속도 그대로 릴링을 계속해주면 참돔 특유의 시원한 본신으로 이어진다. 이때 참지 못하고 챔질하면 실패할 확률이 90% 이상이다. 어떤 형태의 입질이 오든 철저히 무시하고 같은 속도로 릴링해주어야 하며, 참돔이 타이라바를 물고 돌아서면서 낚싯대가 쑤욱 끌려들어갈 때 챔질한다기보다 대를 들어 세우면 된다.

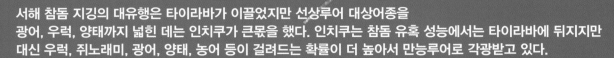

록피시에 참돔, 농어까지 올킬!

인치쿠 지깅

성상보 한국다이와 필드스탭·제주 무한루어클럽 매니저

서해 참돔 지깅의 대유행은 타이라바가 이끌었지만 선상루어 대상어종을
광어, 우럭, 양태까지 넓힌 데는 인치쿠가 큰몫을 했다. 인치쿠는 참돔 유혹 성능에서는 타이라바에 뒤지지만
대신 우럭, 쥐노래미, 광어, 양태, 농어 등이 걸려드는 확률이 더 높아서 만능루어로 각광받고 있다.

핵심 체크

주요 낚시터 : 제주도 전역과 서해중부, 남해
와 동해는 포인트 개발 중.
시즌 : 제주는 연중 가능하며 서해는 6월부
터 이듬해 1월까지. 남해와 동해는 거의 연중
일 것으로 보고 있다.
주요 대상어 : 우럭, 광어, 참돔, 부시리, 방
어, 능성어, 양태, 쏨뱅이 등
필수 테크닉 : 인치쿠를 바닥으로 가라앉힌
후 짧고 빠르게 저킹을 해서 3~5m 띄웠다
내렸다를 반복한다. 바닥층을 겨냥해 꾸준히
액션을 주면 강한 입질이 들어온다.
장비와 채비 : 라이트 지깅 또는 슬로우 지깅
대, 타이라바 지깅 전용대, 소형 베이트릴, 원
줄 PE 0.8~1.5호, 쇼크리더 3~5호, 인치쿠
100~200g.

●개요

인치쿠는 타이라바와 함께 일본의 어구에서
낚시용 지그로 발전한 루어들이다. 일본 요즈
리사는 어부들을 위한 도구로 인치쿠를 제조
판매했었다. 요즘처럼 낚시용으로 본격출시
된 건 2010년경부터다. 일본에서도 인치쿠낚
시는 장르 구분이 모호하다. 별다른 테크닉이
없다보니 분명 하이테크 장르는 아니고, 이
것저것 마구잡이로 잘 잡히다보니 결과적으
론 어업 같다는 우스개 표현까지 한다. 이 낚
시를 부르는 명칭도 베이 지깅, 러버 지깅, 라
이트 지깅 등으로 다양해 통일된 표현도 없는
상황이다.
우리나라엔 2008년에 타이라바와 동시 상륙
한 후 선풍적인 인기를 끌고 있다. 인치쿠의
매력이라면 낚시하기 쉽고 채비와 장비가 복
잡하지 않으며 간단한 테크닉만 익히면 누구
나 즐길 수 있다는 것이다. 타이라바보다 더
큰 매력은 참돔 외에 다양한 바다고기가 낚인

다는 것이다. 처음에는 참돔용 지그로 사용했
으나 바닥의 광어나 록피시에게 더 큰 효과가
있다는 것이 알려지면서 동해와 남해의 록피
시 마니아들에게 빠르게 전파되었고 제주도
에서는 다금바리나 능성어 같은 고급 어종을
노릴 수 있는 '대박 지그'로 통하며 큰 인기를
누리기 시작했다.
인치쿠의 외형상 가장 큰 특징은 꼴뚜기 루
어가 달려 있다는 것이다. 타이라바는 헤드에
붙은 타이(넥타이라고도 부른다)가 고기를 유
혹하지만, 인치쿠는 타이 대신 꼴뚜기 형태의
루어가 고기를 유혹한다. 액션에서도 차이가
나는데, 타이라바는 느리고 일률적인 동작을
연출하지만 인치쿠는 빠르고 폭이 큰 액션을
줄 때 효과가 높다. 인치쿠를 타이라바처럼
느리게 쓰면 효과를 보기 힘들다.
인치쿠 지깅의 시즌은 타이라바 지깅의 시즌
과 거의 비슷하다. 단 인치쿠 지깅은 겨울에
깊은 곳에서 큰 사이즈의 쏨뱅이나 농어를 노
릴 수 있기 때문에 타이라바 지깅에 비해 시즌

인치쿠 지깅으로 큰 참돔을 낚은 필자.

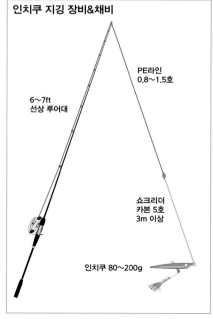

인치쿠 지깅 장비&채비

PE라인
0.8~1.5호

6~7ft
선상 루어대

쇼크리더
카본 5호
3m 이상

인치쿠 80~200g

타이라바보다 인치쿠의 후킹 확률이 높은 이유

타이라바를 써보면 바늘이 아슬아슬하게 걸려있을 때가 많은데 인치쿠는 강한 입질을 받으면 목구멍까지 삼킬 때가 많다. 그 이유는 꼴뚜기 루어의 움직임이 고기들의 강한 공격을 유도하기 때문이다. 인치쿠는 타이라바와는 다르게 현란한 액션을 보이는데, 이때 헤드와 꼴뚜기의 액션이 대상어에게 강한 어필을 하는 듯하다.

인치쿠를 물고 나온 광어. 인치쿠는 바닥층의 록피시나 광어 같은 플랫피시를 노리기 좋다.

제주 우도에서 인치쿠로 참돔을 낚은 대한낚시 송지훈 대표.

이 길다고 할 수 있다. 제주도와 남해안 모두 장마철과 가을이 피크이며 큰 사이즈의 록피시는 1~2월에도 잘 낚인다. 타이라바 지깅과 비교하면 5~10월은 인치쿠가 잘 먹히며 그 이후 참돔을 노릴 때는 타이라바가 유리하다.

●장비와 채비

인치쿠에는 부시리나 방어가 곧잘 입질하고 인치쿠 자체가 무겁기 때문에 타이라바 지깅보다는 조금 더 강한 장비와 채비가 요구된다.

로드는 길이 6~7ft의 슬로우 지깅용 로드가 알맞다. 인치쿠 지깅은 타이라바 지깅과 달리 무거운 인치쿠로 빠른 액션을 주어야 하므로 타이바라 지깅대에 비해 조금 빳빳해야 한다. 버트가 강하고 팁은 부드러운 로드가 좋다. 인치쿠가 200g짜리도 있기 때문에 사용할 수 있는 지그의 무게가 150g 이상인 로드를 사야 다양한 인치쿠를 사용할 수 있다.

릴은 중소형 베이트릴로 1.5호 합사가 200m 이상 감기는 것이 좋다. 드랙력은 5kg 내외를 추천한다. 원줄은 PE 라인 0.8~1.5호를 사용한다. 록피시를 주로 노린다면 1호면 충분하며 부시리 방어를 낚을 것을 감안한다면 1.5호를 쓰면 된다. 라인이 가늘수록 조류의 영향을 덜 받으며 운영하기도 수월하다.

쇼크리더는 카본사 5호를 많이 쓴다. 인치쿠는 바닥의 록피시를 많이 상대하기 때문에 나일론사보다 여쓸림에 강한 카본사를 추천한다. 인치쿠에 액션을 주기에도 늘어남이 적은 카본사가 좋다.

인치쿠는 헤드와 꼴뚜기 모양의 웜으로 구성되어 있는데, 최근에는 인치쿠의 헤드를 다양한 것으로 교체할 수 있는 제품들이 출시되었다. 컬러도 다양하고 조류에 따라 스위밍 액션이 가능한 제품들이다. 꼴뚜기 모양의 웜은 '타코 베이트 소프트 웜'이라고 부르는데, 물고기들이 특정한 컬러에만 반응할 때가 있으므로 다양한 컬러를 준비해 두는 것이 조과에 도움이 된다.

●실전 테크닉

인치쿠는 타이라바보다 대상어가 많다. 참돔을 필두

인치쿠 지깅 포인트 범위

회수

5m

참돔

히트존

부시리

30m

바닥층에서 우럭·능성어

로 광어, 우럭, 쥐노래미는 물론 농어, 부시리, 대구, 옥돔 등도 포함된다. 특히 부시리나 대구는 확실히 타이라바보다 인치쿠가 위력적임이 많은 조행에서 검증된 상태이다.

인치쿠의 기본적인 액션은 수직으로 인치쿠를 바닥으로 내린 뒤 빠른 속도로 릴링을 하면서 저킹하는 것이다. 인치쿠를 타이라바처럼 그냥 감기도 하지만 타이라바 만큼 효과적이지 못하며 인치쿠는 빠르게 큰 폭으로 움직여야 효과가 좋다. 그 차이는 지그의 구조 때문이다. 타이라바는 하늘거리는 타이가 물고기들을 유인하기 때문에 액션을 천천히 해야 효과적이며, 인치쿠는 금속 헤드와 꼴뚜기가 마치 무언가에 쫓겨 도망가는 액션을 연출해 주어야 입질을 유도할 수 있다. 그런 점에서 인치쿠의 입질 원리는 배스용 스피너베이트와 비슷하다. 스피너베이트의 위쪽에 달린 회전하는 금속 블레이드가 대상어를 유인하고 입질은 아래쪽 베이트로 받는 것과 동일한 원리이다.

부시리 방어 노릴 땐 빠른 릴링 – 바닥까지 인치쿠를 내린 뒤 고속 릴링이 가능한 릴로 빠르게 감으면 된다. 감는 속도는 스피닝릴이 빠르지만 최근에는 베이트릴도 하이기어가 많아서 고속 릴링이 가능하다. 전동릴이라면 더 수월하다. 고속으로 이동하는 물체에 반응하는 부시리나 방어가 생각할 틈도 없이 달려들도록 만드는 기법으로, 전층에서 효과를 볼 수 있다. 참고로 인치쿠에는 부시리용으로 쓰기엔 조금 약한 바늘이 달려 있으므로 부시리를 주로 노릴 생각이라면 부시리 전용 바늘로 교체하는 것이 좋다.

바닥층 입질이 활발할 땐 빠른 저킹 – 광어나 우럭, 쏨뱅이 같은 록피시들이 활발하게 입질할 때 바닥층에서 빠르게 저킹해주는 것이 효과적이다. 록피시들은 활성이 좋을 때 높이 부상하고 먹성도 좋기 때문에 바닥에서 3~5m 상층에 인치쿠가 머물게 고정하고(바닥을 찍은 뒤 빠르게 릴을 5~7바퀴 감아 주면 된다) 낚싯대로 탈탈탈탈 털어주는 쇼트 저킹을 해주면 연속으로 입질을 받을 수 있다.

대상어의 활성이 낮을 때는 천천히 릴링 – 인치쿠를 바닥까지 내린 뒤 다섯 바퀴 내지 열 바퀴 정도를 천천히 감았다 내리기를 반복하면 된다. 이 방법은 바닥권 위주로 입질층이 형성되는 참돔, 우럭, 광어, 노래미, 농어, 대구 등에 모두 효과적인데, 특히 대상어의 활성이 낮을 땐 느리게 액션을 취해준다. 입질이 오면 바로 챔질하지 말고 그대로 계속 감으면 저절로 후킹이 된다. 만약 참돔을 제외한 바닥고기를 주로 노린다면 지그헤드 채비

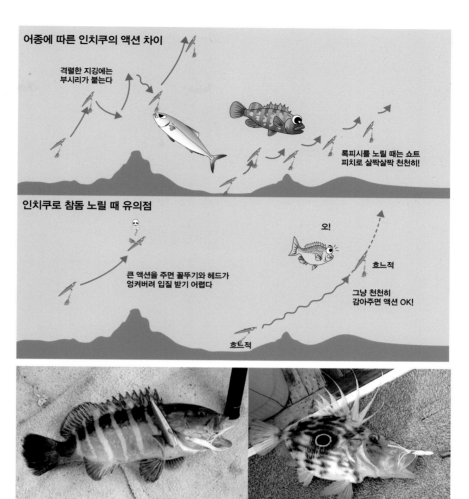

를 노릴 때처럼 활발하게 바닥을 더듬는 액션이 효과가 빠르다.

입질 예민할 땐 느린 쇼트 저킹 – 릴 핸들을 감으면서 핸들이 아래쪽에서 위로 올라오는 타이밍에 맞춰 대 끝을 같이 저킹하는 방법이다. 느리고 부드럽게 진행하는 게 좋으며 주로 참돔이 잘 걸려든다. 이 방법으로 제주에서 여러 마리의 참돔을 낚을 수 있었다. 특히 느린 릴링 속도에 학습됐거나 굼뜬 참돔을 노릴 때 효과적이다.

번뜩이는 헤드가 공격 본능 자극

인치쿠는 대상어를 가리지 않는 게 장점이다. 메탈지그나 생미끼에 입질이 뜸할 때도 인치쿠로는 입질을 받는 수가 많다. 심지어 그동안 루어낚시 대상어로 여기지 않았던 물고기까지도 인치쿠를 공격한다. 이것은 지그재그로 움직이는 길쭉한 헤드(봉돌 역할)의 번쩍임 덕분에 분명 먹이라고는 보지 않지만 반사적인 공격 본능을 유도하는 것 같다.

20~30m 수심 어초와 암초가 명당

개인 보트를 이용해서 지깅을 즐길 때는 직접 포인트를 찾아야 하는데, 어탐기를 이용하는 경우 수심 20~30m의 인공어초나 수중암초를 노리면 어렵지 않게 록피시를 만날 수 있다. 연안에서 조금 멀어지면 일정한 수심을 유지하다가 수심 20m 이상으로 급격하게 깊어지는 곳이 나오는데, 그 주변으로 인공어초나 수중암초가 있다면 십중팔구 포인트가 된다.

어초나 암초를 노릴 때는 주변 바닥보다 솟아 있다는 것을 감안해 포인트에 정확하게 진입해서 인치쿠를 바닥으로 내린 뒤 조금 띄워서 액션을 준다. 인치쿠를 바닥으로 내린 후 빠르게 2~3회 릴을 감아야 인치쿠가 바닥에 걸리지 않는다.

인치쿠에 낚이는 어종은 부시리, 방어, 대구, 광어, 우럭, 참돔, 능성어, 연어병치, 횟대, 옥돔 등등 무궁무진하다. 냉수성 어종부터 열대어까지 어디서나 효과적인 도구이다.

"이 정도 사이즈면 파워가 끝내줍니다." 장진성(JS컴퍼니 필드스탭)씨가 추자 절명여에서 지깅으로 낚은 미터 오버 방어를 들고 환하게 웃고 있다.

파워풀 빅게임의 대명사

스탠더드 지깅(방어·부시리 지깅)

지깅의 원류인 스탠더드 지깅은 지구상에 존재하는 초대형 어류를 대상으로 극한의 파워와 스릴을 만끽할 수 있는 낚시이다. 열대해역에선 참치와 새치류, GT(자이언트 트레발리) 등을 상대하며 우리나라에서는 부시리 등 방어류가 주 대상어다. 지깅 가운데 가장 파워풀하고 전문적 영역이다.

핵심 체크

주요 낚시터 : 제주도 전역과 동서남해 원도권 해역.
시즌 : 제주는 연중 가능하며 서해는 7~10월, 남해동해는 6~12월.
주요 대상어 : 미터급 부시리와 방어.
필수 테크닉 : 무거운 지그를 바닥으로 내린 후 빠른 저킹과 릴링으로 지그를 올렸다가 내리기를 반복한다. 초고속 액션이 필수.
장비와 채비 : 헤비액션의 지깅대, 대형 스피닝릴, 원줄 PE 5~8호, 쇼크리더 10~20호, 메탈지그 100~600g.

●개요

스탠더드 지깅은 최근 일본에서 만들어진 단어다. 예전에는 지깅이 한 가지밖에 없었으나 최근 슬로우 지깅이니 로우 리스폰스 지깅이니 하는 다양한 장르가 생겨나면서 가장 기본적인 지깅을 '스탠더드 지깅'으로 새로 명명한 것이다. 즉 그냥 지깅 하면 곧 스탠더드 지깅을 뜻하는 것이다.

스탠더드 지깅은 가장 크고 힘 센 바닷고기를 타깃으로 삼는데, 우리나라에서는 부시리 등 방어류가 그에 해당한다. 어뢰와 같은 돌진력으로 파괴적인 손맛을 보여주는 이 녀석들을 짤막한 지깅 로드로 낚아 올리는 희열은 직접 경험해 본 자만이 누릴 수 있는 특권이다. 격렬한 액션과 힘과 힘의 맞대결, 짜릿한 손맛에서 본다면 타 장르와 비교 불가능하다. 최근 지깅이 대중화하면서 라이트 지깅이 인기를 끌고 있지만 정통 스탠더드 지깅 마니아들은 오직 빅게임만을 추구한다.

스탠더드 지깅은 노리는 어종이 방어류로 한정되어 있고 미터급만을 노리기 때문에 시즌이 명확하게 정해져 있다. 동서남해 원도는 6~7월 장마철과 11월~1월이 피크이며 제주도 역시 장마철과 12월~1월이 피크다. 가끔 2~3월에도 제주 북부와 울릉도 등지에서 어군이 형성되기도 한다. 부시리와 방어는 겨울에 힘도 좋고 맛도 좋아 지깅 마니아들은 장마철보다 겨울을 더 선호하는 편이다.

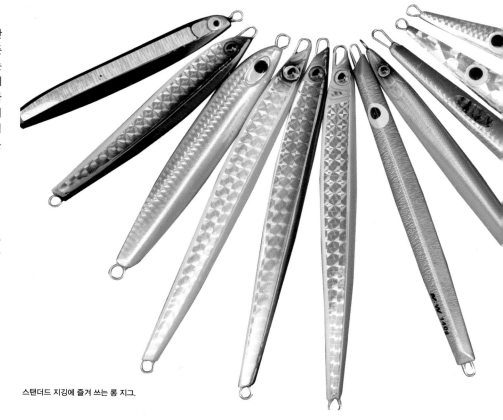
스탠더드 지깅에 즐겨 쓰는 롱 지그.

● 장비&채비

스탠더드 지깅용 로드는 5~6ft의 다소 짧은 것을 사용한다. 손잡이만 분리되는 제품이 많고 원피스 제품도 있다. 큰 대상어를 낚기 위해 굵고 강하게 만들어진다.

스피닝릴을 장착할 수 있는 스피닝 모델과 베이트릴을 장착할 수 있는 베이트 모델로 나뉜다. 미노우, 펜슬베이트, 포퍼를 사용하는 캐스팅 게임까지 함께 하려면 스피닝 타입의 로드를 구입해야 하며, 지깅만 할 생각이라면 베이트 타입을 구입하면 된다.

지깅 로드는 100~600g 지그를 사용할 수 있어야 하며, 해외원정용 지깅대는 더 무거운 지그도 사용할 수 있어야 한다. 참고로 해외원정용 지깅대는 비행기에 싣기 위해 꼭 분리가 되는 것으로 구입해야 한다. 보통 1.8m 이상의 로드는 추가 운임을 적용하기도 하며 더 긴 것은 사전에 문의하지 않으면 싣지 못하는 경우도 있다.

릴은 캐스팅 게임까지 할 생각이라면 스피닝릴을 구입해야 한다. 스피닝릴은 합사 5~8호

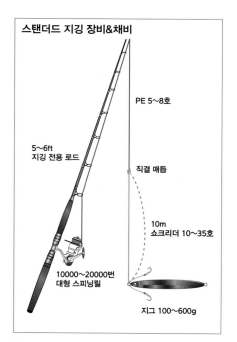

스탠더드 지깅 장비&채비

PE 5~8호

5~6ft
지깅 전용 로드

직결 매듭

10m
쇼크리더 10~35호

10000~20000번
대형 스피닝릴

지그 100~600g

가 150m 이상 감기는 드래그력 15kg 이상의 10000~20000번 하이기어 릴을 사용한다. 고속 릴링으로 루어에 빠른 액션을 주기 위해서이다. 무거운 장비로 계속 액션을 주어야 하고 부시리의 파워를 견뎌야 하기 때문에 릴의 내구성이 뛰어나야 하며, 특히 드래그의 성능이 좋아야 한다.

한편 베이트릴을 쓴다면 중형 릴이 알맞다. 5호 내외의 합사가 150m 정도 감겨야 하는데, 소형 베이트릴은 권사량이 부족해서 쓸 수 없다. 베이트릴엔 대개 줄감개(레벨와인더)가 있는데 부시리낚시에선 줄이 초고속으로 풀려 레벨와인더가 망가지는 경우가 있으므로 레벨와인더가 없는 것을 구입해야 한다.

최근에는 전동릴을 사용해 지깅을 하는 낚시인들이 점점 늘고 있다. 전동릴의 장점은 고속 릴링 기능으로 빠른 액션을 지속적으로 할 수 있다는 것이다. 스탠더드 지깅에는 중대형 전동릴을 쓰는데, 대상어가 입질하면 낚시인은 낚싯대만 들고 버티면 되므로 대형어를 히트한 후 장시간 파이팅할 때도 유리하다.

원줄은 합사 5~8호를 쓴다. 해외원정에서는 10호까지 쓴다. 원줄이 터지는 경우는 많지 않으나, 원줄이 너무 가늘면 매듭 부위가 터지는 경우가 생긴다. 그리고 지깅대가 빳빳하기 때문에 파이팅 시 충격을 견디려면 적어도 5호 이상이 좋다.

쇼크리더는 10~35호 나일론줄을 주로 쓴다.

암초가 거칠거나 큰 부시리가 있다고 판단되면 50호를 쓰기도 한다. 카본사는 굵어지면 너무 빳빳하기 때문에 부드러운 나일론줄을 즐겨 쓴다. 쇼크리더의 길이는 원줄이 수중여에 쓸리는 것을 막기 위해 길게 묶는데, 10m 내외가 일반적이다. 캐스팅을 하는 것이 아니므로 굵은 줄을 길게 묶어도 문제가 없다.

사용하는 지그의 무게는 100~600g으로 다양한데 250~300g을 가장 많이 쓴다. 깊고 조류가 강한 곳에서는 더 무거운 것을 쓰기도 한다. 길쭉한 롱 지그를 많이 쓰는데, 좌우로 크게 슬라이드를 그리며 떨어지는 것이 특징이다. 롱 지그에 다는 어시스트 훅은 큰 바늘을 사용하며 머리 쪽에 더블 훅을 달아준다.

● 주요 테크닉

지깅의 조과는 부시리나 방어의 어군을 찾는 것에 달렸다고 해도 과언이 아니다. 그래서 유능한 선장을 만나는 것이 무엇보다 중요하다. 부시리와 방어는 각 해역의 먼 바다에서 낚이는데, 부시리는 어군의 규모가 작고 대형이 되면 암초 가까이를 서너 마리씩 몰려다니는 특징을 보이며, 방어는 대규모의 무리를 짓고 조금 탁한 물에서도 활발히 먹이활동을 한다고 알려져 있다.

어군을 발견하면 선장의 신호에 따라 본격적

부러질 듯한 지깅대를 붙잡고 버티고 있는 낚시인. 이 과정에서
다른 낚시에서는 느낄 수 없는 전율을 얻을 수 있다.

"이런 녀석을 한 마리만 낚으면 몸살이 올 정도로 손맛이
대단합니다." 지깅으로 부시리를 낚은 낚시인들.

인 낚시가 시작된다. 지그를 바닥으로 내린
후 빠르고 강하게 낚싯대를 저킹해서 지그에
액션을 주면 된다. 가장 많이 쓰는 액션은 하
이피치 쇼트저크와 롱 저크라 할 수 있는데,
이 두 가지 액션을 익힌 후 페달저크나 원피
치 원저크 등을 가미하면 더 효과적이다.

①하이피치 쇼트저크 – 지깅의 액션은 지그
가 빠르게 상승하는 동작이 중요한데, 그 중
에서도 짧고 강한 액션인 '쇼트 피치' 기법은
이름 그대로 빠르게 메탈지그를 연속적으로
움직이도록 하는 방법으로 지깅에서 가장 기
본적인 액션에 해당한다. 지그는 마치 작은
물고기가 멈칫거리며 움직이는 모습을 보인
다.

액션을 주는 방법은 낚싯대 끝을 30~50cm
정도 챔질하면서 빠르게 릴링하는데, 챔질 한
번에 릴링을 두 번 하거나 챔질 한 번에 릴링
을 세 번 정도 반복하면 된다. 중요한 점은 자
신만의 리듬을 만들어내야 한다는 것이다. 이
기법은 매우 빠르고 짧게 움직여야 하므로 일
정한 리듬을 갖지 못하면 고기를 낚기 전에

부시리가 암초 사이로 달아나는 모습

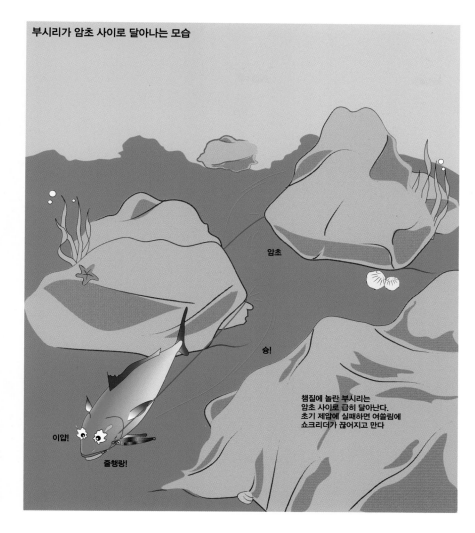

암초

슝!

이얍!

줄행랑!

챔질에 놀란 부시리는
암초 사이로 급히 달아난다.
초기 제압에 실패하면 여쓸림에
쇼크리더가 끊어지고 만다

롱 지그가 유행하기까지

지그는 메이커마다 다른 모양에 저마다의 특징을 보이고 있다. 부시리, 방어 지깅에 최강 지그로 인정받게 된 롱 지그는 일본 부시리 지깅의 메카인 나가사키(長崎)현 히라도 지방에서 탄생하였다. 일반 지그를 현장에서 줄로 다듬어 더욱 슬림하게 개조하자 입질이 월등하게 좋아졌다는 데서 착안하여 발전한 지그다.

형태의 변화뿐 아니라 이에 걸맞은 액션 방법도 시행착오를 거쳐 만들어졌다. 릴을 빠르게 감는 하이피치의 끊임없는 고속 액션이 주류이던 시절에 액션 중간에 순간적인 틈을 두는 액션 방법이 만들어진 것이다. 시종일관 수중에서 위쪽 수직방향으로만 움직이던 길쭉한 지그가 순간적으로 방향을 잃고 양옆으로 미끄러지듯 움직이자 입을 닫고 있던 부시리가 반사적으로 입질을 하였다. 이와 같이 롱 지그의 발명과 '원피치-원저크'(한 번 저킹하고 릴을 한두 바퀴 감는 액션)의 탄생은 부시리의 먹잇감만을 모방한 것이 아니라 공격특성도 고려한 성공 사례로 꼽히고 있다.

므로 선장 또는 주변 낚시인에게 가프나 뜰채 도움을 받아야 한다.

'전동릴 지깅' 인기

요즘은 전동릴을 사용한 지깅인 '전동릴 지깅' 애호가가 늘어나고 있는 추세다. 전동릴을 이용하면 인간이 손으로 내는 속도보다 훨씬 빠른 속도의 액션을 지속적으로 낼 수 있다. 일반적으로 부시리와 방어는 고속 액션일수록 입질의 빈도는 늘어나고 조과가 올라가는데, 그 이유는 회유어들의 시력이 뛰어나고 특히 움직이는 물체를 식별하는 동체시력(動體視力)은 인간보다 우수하여 느리게 움직이는 지그는 먹이가 아님을 금방 간파하기 때문이다. 지그를 빨리 움직이면 움직일수록 입질이 좋아지는 이유가 여기에 있는데, 그래서 일반 지깅과 전동릴 지깅을 동시에 하면 전동릴 지깅 쪽 조과가 좋다.

전동릴을 이용한 하이 피치 저크는 전동릴의 감기 버튼을 누른 후 낚싯대로 쇼트 저크를 해주기만 하면 되는 아주 단순한 액션이다. 입질이 없으면 같은 동작을 계속 반복하면 되는데, 요령이 생기면 낚싯대를 받침대에 꽂은 상태에서 다양한 액션을 줄 수 있다. 파이팅 시에는 로드를 들고 버티기만 하면 전동릴이 알아서 릴링하기 때문에 보다 빠르게 대상어를 제압할 수 있다.

그러나 이러한 전동릴의 장점들이 정통 지깅 마니아들에게는 너무 편하다는 거부감으로 다가가서 사용을 꺼리는 경우도 많다. 하지만 정통보다는 실리를 추구하는 낚시인들이 많은지 전동릴의 사용은 점점 늘어나는 추세이다.

낚시인이 지치고 만다.

②롱 저크 – 낚싯대의 챔질 폭을 1m 정도로 크게 하면서 중간에 릴링하는 방법이다. 이 동작 역시 지깅의 기본 액션에 해당한다. 메탈지그가 한 번에 큰 움직임을 보이기 때문에 메탈지그가 가라앉으면서 독특한 액션을 내기도 한다. 롱 저크는 스탠더드 지깅 외에도 모든 지깅에 널리 사용되고 있다.

드래그 조절이 중요

부시리와 싸울 때는 드래그 조정을 잘 해야 한다. 드래그를 꽉 잠가도 부시리가 엄청난 힘으로 달아나면 스풀이 역회전하여 낚시인을 당황하게 만든다. 예상보다 씨알이 커서 스풀이 역회전하고 있을 때는 드래그가 조여지지 않는데, 그때는 스풀에 손을 대어 회전 속도를 줄이거나 그 상태 그대로 낚싯대만 잡고 버티다가 스풀의 회전이 멈추면 드래그를 조인다. 스풀이 역회전하는 상태에서는 드래그가 조여지지 않는다. 드래그의 잠금 상태는 사용하는 쇼크리더 강도의 1/3에 맞추는 것이 좋다. 쇼크

리더가 20kg의 강도를 가지고 있다면 드래그는 8kg 정도에 맞추는 식이다. PE라인은 매우 강하기 때문에 PE라인 강도에 맞춰서 드래그를 완전히 잠그면 낚싯대가 부러질 수도 있다.

스풀의 역회전이 멈추면 대상어와 본격적인 파이팅을 시작한다. 대상어의 머리가 수면으로 최대한 들리도록 하면서 릴링을 시작해야 한다. 이때 낚싯대와 낚싯줄의 각도가 되도록 직각을 이루게 해야 안전하다. 파이팅 도중 낚싯대를 급격히 수직으로 세운다거나 좌우로 심하게 휘저으면 낚싯대가 부러지거나, 라인이 터질 수 있다. 자세를 잡기 힘든 경우에는 깊은 수심에서 몸부림치는 물고기가 어느 정도 올라오도록 펌핑을 해야 한다. 펌핑은 이름 그대로 '퍼 올리는' 동작으로, 낚시인의 체중을 뒤로 옮기며 낚싯대를 강하게 당겨 올린 다음 낚싯대를 낮추면서 릴을 감는 동작을 반복하는 것이다.

물고기가 수면에 나타나면 뜰채나 가프를 이용해 끌어올리는 일이 남았다. 대부시리나 대방어는 혼자 힘으로 뜰채질하는 것이 무리이

지그에 걸려 사투를 벌이다 결국 항복하고 수면에 모습을 드러낸 45kg 잿방어.

동해 장호항 앞바다에서 큰 대구를 낚은 필자.

대구 지깅

최석민 SM-TECH 대표

대구는 지깅 대상어 중 유일한 냉수성 어종으로 겨울이 피크 시즌이다. 미터급 대구는 버리는 부위가 없을 정도로 미식가들에게 인기가 높다. 최근에는 여름에도 대구가 깊은 바다에서 낚인다는 사실이 알려지면서 시즌이 길어졌고, 장비도 경량화하면서 대구 지깅 낚시인들이 늘고 있다.

핵심 체크

주요 낚시터 : 동해 울진 이북과 서해 어청도·격렬비열도 해역.
시즌 : 동해는 7~3월이며 피크는 12~3월, 서해는 7~2월이며 피크는 7~10월.
주요 대상어 : 대구
필수 테크닉 : 300g 내외의 지그를 바닥으로 내린 후 가벼운 저킹으로 바닥에 있는 대구의 입질을 받는다. 바닥에서 5m 내외를 지속적으로 공략하는 것이 핵심.
장비와 채비 : 대구 지깅대 또는 추부하 100~150호의 우럭 낚싯대, 중대형 전동릴, 원줄 PE 4호 내외, 쇼크리더 10호, 메탈지그 200~350g. 가벼운 장비 사용 시 라이트 지깅 전용대에 소형 전동릴 또는 베이트릴, PE 1~1.5호, 쇼크리더 4~6호, 메탈지그 100~150g.

●개요

겨울이면 동해북부의 낚싯배 출항지엔 대구를 낚기 위해 모여드는 낚시인들로 북적인다. 강원도의 임원, 장호, 양양, 속초, 대진 등이 대구지깅 출항지로 유명한데, 겨울에는 미리 예약을 하지 않으면 낚싯배를 탈 수 없을 정도로 그 인기가 높다. 여름에도 대구가 낚이기는 하지만 한류성 어종인 대구는 겨울에 덩치가 크고 맛도 좋아 대구 마니아들은 겨울을 선호하는 편이다.

과거에는 오징어를 이용한 생미끼로 대구를 낚았으나 2000년대 중반 이후 메탈지그를 사용한 지깅으로 낚는 것이 보편화하였다. 대구 지깅은 지깅의 대중화에 큰 역할을 했다. 그 전에는 지깅이라고 하면 어려운 낚시로 여겨서 선뜻 시도하는 사람들이 없었지만, 대구 지깅은 생미끼 외줄낚시만큼 쉬워서 '지깅이 별 것 아니구나' 하는 자신감을 불어넣어준 것이다.

대구는 동해에서 가장 많이 낚이지만, 서해와 남해 거제권 일원에서도 많이 낚인다. 동해에

선 고성, 속초, 양양, 강릉, 삼척, 장호항 일원이 유명하며 서해는 태안 신진도 안흥항과 서천 홍원항, 부안 격포항 등이 대구 지깅 출항지로 꼽힌다. 남해에서는 거제도 남부와 진해 해역이 대구 어장으로 유명하다.

동해의 대구는 초여름부터 늦가을까지 수심 100m 이상의 깊은 바다에서 낚이는데, 이때는 씨알보다 마릿수가 많을 때여서 지깅보다는 바늘이 여러 개 달린 외줄낚시로 낚는 것이 조과에 유리하다. 그 후 12월 초가 되어 산란을 준비하는 70~80cm 대구들이 암초가

필자의 대구 지깅 장비&채비

7ft 내외
지깅대 또는
우럭대

PE 4~5호

중형도래
또는
직결매듭

쇼크리더 10호 내외
2~3m

전동릴

200~300g
메탈지그

지그 올릴 땐 큰 폭으로, 내릴 땐 천천히

고패질을 제 아무리 큰 폭으로 한다고 해도 심해에서는 길게 늘어져 있는 라인 때문에 메탈지그를 높이 솟구치게 하는 것이 힘들다. 그런 이유 때문에 낚싯대를 들어도 메탈지그가 솟지 않고 횡으로 움직이는 경우가 있다. 이런 일이 생기지 않기 위해 낚싯대를 들 때는 과감하게 큰 폭으로 빠르게 들어주며 늘어진 라인이 생겼는지 항시 점검할 필요가 있다. 라인이 늘어진 상태라면 낚싯대를 큰 폭으로 들어 올릴 때 묵직한 정도가 덜하다. 쉽게 말해 지그가 저항을 받는 느낌이 덜한데, 그런 경우에는 낚싯대를 들어 올리는 동작을 두어 번 더 해주면 된다. 하지만 메탈지그가 너무 떠올라도 조류에 밀려서 문제가 되는데, 떠오른 지그가 조류에 밀리지 않을 정도의 무게를 처음부터 잘 선택해야 한다.
지그를 내릴 때는 내리는 도중에 순간순간 멈춰서 대구가 지그를 물고 있지 않은지 확인해야 한다. 또 천천히 내리면 대구의 입질을 받을 확률도 높고 입질을 확인하기도 쉬우니 메탈지그를 빨리 내리는 것은 금물이다.

심해 지깅에 꼭 필요한 전동릴.

많은 곳으로 몰리면 그때부터 지깅 시즌이 시작된다. 시즌은 산란이 끝나는 3월까지 이어지며 그 사이에 미터급 대구를 만날 수 있다. 서해는 동해와는 시즌이나 낚시방법이 조금 다른데, 12~2월에는 지깅에 대물이 낚이긴 하지만 동해에 비해 마릿수 조과를 기대하기 힘들다. 대신 7~10월에 수심 80m 내외에서 큰 대구가 낚여 동해와는 거의 반대되는 시즌을 보인다. 서해 대구는 1~3월에 어청도 외해에서 산란하고 6~9월엔 격렬비열도 남쪽까지 어군이 확산되며 10월 이후엔 백령도 해역까지 올라간다고 알려져 있어 대구의 분포도는 동해만큼이나 넓다고 볼 수 있다. 하지만 생각만큼 지깅이 성행하는 것은 아닌데,

대구 지깅 기본요령

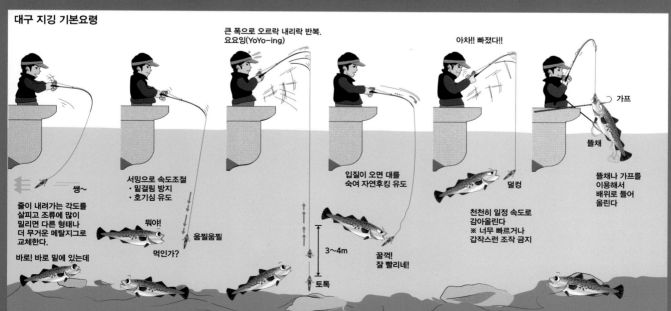

큰 폭으로 오르락 내리락 반복.
요요잉(YoYo-ing)

아차! 빠졌다!!

가프

뜰채

뜰채나 가프를
이용해서
배위로 들어
올린다

입질이 오면 대를
숙여 자연후킹 유도

덜컹

천천히 일정 속도로
감아올린다
※ 너무 빠르거나
갑작스런 조작 금지

서밍으로 속도조절
· 밑걸림 방지
· 호기심 유도

3~4m

꿀꺽!
잘 빨리네!

쌩~

줄이 내려가는 각도를
살피고 조류에 많이
밀리면 다른 형태나
더 무거운 메탈지그로
교체한다.

바로! 바로 밑에 있는데

뭐야!

움찔움찔

먹인가?

토톡

"여름에도 대구가 낚입니다!" 8월 한여름에 동해
먼바다의 심해를 노려 미터급 대구를 낚은 낚시인들.

대구용 지그 컬러

레드나 블루 같은 단색 유리

부시리나 방어 지깅에는 다양한 컬러의 메탈지그를 사용하지만, 대구 지깅은 메탈지그의 반짝거리는 효과를 기대하기 어려운 깊은 수심을 노리기 때문에 지그의 컬러가 화려한 것보다는 레드나 블루 같은 강렬한 단색을 더 선호한다. 고급 제품 중에는 지그의 아래쪽에 야광 효과가 나는 것도 있는데, 그런 제품에 입질이 많을 때도 있다.

현지 전문꾼이나 선장에게 문의하여 현지에서 잘 먹히는 컬러 한두 가지를 집중적으로 준비하는 것이 낫다. 최근에는 인치쿠를 이용한 대구 지깅도 성행하고 있는데, 메탈지그에 반응이 없을 때 대안으로 사용하면 효과가 있다고 한다.

레드와 블루 메탈지그에 입질이 없을 땐 컬러를 바꾸기보다 메탈지그의 무게에 변화를 주어 입질을 유도해본다. 메탈지그가 너무 크거나 혹은 너무 작은 경우에는 대구가 있어도 입질을 하지 않는 경우가 종종 있기 때문이다. 최근에는 메탈지그에 여러 개의 어시스트 훅을 달거나 어시스트 훅에 웜을 꿰어 쓰는 경우도 많아졌다. 웜을 추가하면 물속에서 눈에 잘 띄고 어시스트 훅을 더 달면 챔질확률을 높일 수 있고, 어시스트 훅이 대구의 몸통에 박혀 릴링할 때 잘 떨어지지 않는다는 장점이 있다.

그 이유는 지깅을 전문으로 하는 낚싯배가 드물고 동해처럼 바닥이 암반인 곳보다는 모래 바닥인 곳이 많아서 그런지 생미끼를 사용한 외줄낚시가 더 잘 먹히기 때문이다.

남해의 진해만 가덕도와 거제도 일대는 대구 산지로 아주 유명하지만 부산, 울산, 경남은 1월 1일부터 1월 31일까지를 대구 금어기로 정해 놓아 그때는 어업도 낚시도 할 수 없다. 피크철에 낚시를 할 수 없다는 이유로 대구 지깅이 거의 이뤄지지 않는 실정이다.

● 장비와 채비

낚싯대 – 대구는 길이가 1m가 넘고 무게는 10kg을 넘는 큰 개체가 많지만, 부시리나 방어에 비하면 힘이 약하다. 그래서 부시리, 방어 지깅보다는 조금 더 경량의 장비를 쓴다. 일반적인 대구 지깅 로드는 7피트 이내의 대구 지깅 전용대나 우럭 외줄낚시용 선상대(추부하 100~150호)를 쓰며, 150g 내외의 지그를 사용할 수 있는 슬로우 지깅대나 라이트 지깅 전용대를 사용할 수도 있다.

릴 – 대구 지깅이 수심 100m 내외의 깊은 곳에서 이뤄지다보니 대부분 전동릴을 사용한다. 부시리 방어 지깅에는 전동릴이 빠른 액션을 주기 위해 사용되지만, 대구 지깅에는 깊은 곳으로 내린 지그를 릴링하는 용도로 사용한다. 대구는 깊은 곳에서 입질했을 때 너무 빨리 감아올리면 입이 찢어져서 놓칠 수 있기 때문에 일정한 속도로 감아올리는 것이 중요한데, 그런 동작을 전동릴이 도와준다. 또 바닥에서 일정한 간격으로 똑같은 액션을 반복하는 데도 전동릴의 고패질 기능이 도움을 준다.

라인 – 중대형 전동릴에 4호 내외 합사를 사용한다. 하지만 지그를 더 빨리 바닥으로 내리기 위해 2~3호의 가는 합사를 쓰기도 하며, 라이트 지깅 장비를 사용하는 낚시인들은 1호 내외의 아주 가는 합사를 쓰기도 한다. 지깅을 할 때는 라인이 수직으로 내려가는 것이 중요한데, 라인이 굵으면 조류의 영향을 많이 받기 때문에 되도록 가는 라인을 쓰는 추세이다. 쇼크리더는 10호 내외로 취향에 따라 나일론이나 카본 라인을 사용한다.

지그 – 300g 내외의 막대형 메탈지그를 사용한다. 조류가 빠른 100m 수심의 바닥까지 쉽게 내리기 위해서 무거운 것을 쓴다. 컬러는 화려한 것보다는 분홍이나 파랑 등의 단조로운 것을 선호한다. 라이트 지깅에는 가는 원줄을 써서 150g 내외의 가벼운 지그를 쓰기도 하며 인치쿠나 타이라바를 지그 대용으로

입질 확률을 높이기 위해 지그에 웜 채비를 달기도 한다.

대구를 끌어올리는 낚시인. 대구는 부시리나 방어처럼 힘이 세지 않기 때문에 좀 더 여유 있게 상대할 수 있는 어종이다.

사용해 대구를 낚을 수도 있다.

●실전 테크닉

지그로 바닥을 공략한다. 센 조류 속에서 100m 혹은 그 이상 메탈지그를 완전히 내려야 하는데, 지그가 수직으로 내려가야 바닥에 닿는 순간을 쉽게 감지하고 지그가 바닥에 도달하는 직후 입질을 받을 확률도 높일 수 있다. 조류가 밀려 지그가 사선으로 내려가면 더 무거운 지그로 교체하거나 조류의 영향을 덜 받는 슬림한 타입으로 교체한다.

첫 채비 투입 땐 지그로 바닥을 찍고 전동릴로 수심을 파악한다. 그 다음부터는 메탈지그가 바닥에 도달하기 직전에 하강 속도를 줄여주면서 대구의 입질을 받을 수 있도록 해야 하는데, 대구는 지그가 바닥에 닿기 직전에 입질하는 경우가 많다. 또 바닥에 닿기 전에

하강속도를 줄여야 밑걸림도 줄일 수 있다. 지그가 바닥에 거의 닿을 때가 되면 낚싯대를 살짝 들어 올리며 고패질을 해준다. 처음에는 바닥에서 10m 지점까지 릴링과 저킹을 반복한 뒤 입질이 없으면 다시 가라앉혀서 바닥에서 5m 수심을 공략한다. 입질은 바닥 가까이에서 자주 들어오지만, 처음 한두 번은 지그를 높이 저킹해서 대구의 시선을 끌어야 입질 받을 확률을 높일 수 있다.

입질이 오면 낚싯대를 낮추고 여유줄을 주어 대구가 이물감을 느끼지 않고 지그를 완전히 삼킬 수 있게 해준다. 대구는 입이 커서 큰 지그도 금방 삼켜버린다. 그렇게 하면 굳이 챔질을 하지 않아도 지그의 훅이 대구의 입 안쪽에 걸리게 되는데, 초반에 힘을 쓸 때 몇 초간 제압을 해주면 순순히 올라오기 시작한다. 대구를 낚을 때는 감아올리기 과정이 제일 중요한데, 입 언저리가 약한 대구는 강한 챔질이나 순간적인 충격에 쉽게 떨어지므로 절

대로 고속으로 릴링해서는 안 된다. 전동릴의 정속 버튼을 눌러서 일정한 속도로 감아올리고, 수동릴을 쓰더라도 천천히 일정한 속도로 감아 올려야 한다. 드랙도 최대치에서 20~30%는 풀어놓는 것이 좋은데, 큰 대구들이 끌려오다가 예상치 못한 저항을 하면 드랙이 풀려서 충격을 완화해주는 역할을 한다. 수면에 대구가 보이면 더 천천히 릴링을 해서 수면에서 요동치지 않게 해주며, 빠르게 뜰채나 가프로 대구를 올린다. 큰 대구는 무게가 20kg에 가까우므로 절대 낚싯대로 들어 올리려고 해서는 안 된다.

철수 후 직접 낚은 대구로 탕을 끓여 먹고 있는 낚시인들.

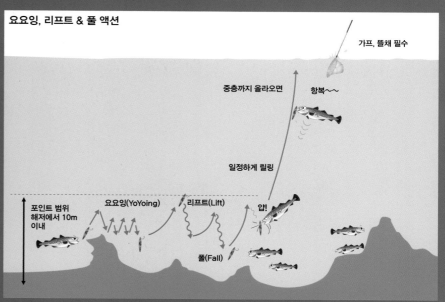
요요잉, 리프트 & 풀 액션

가프, 뜰채 필수

중층까지 올라오면   항복~~

일정하게 릴링

포인트 범위 해저에서 10m 이내   요요잉(YoYoing)   리프트(Lift)   앱!

풀(Fall)

쇼어 지깅

백종훈 (주)N·S·거상코리아 필드스탭, 고성 푸른낚시마트 대표

쇼어 지깅은 말 그대로 해안(shore)에서 배를 타지 않고 하는 지깅이다. 갯바위나 방파제에서 지그를 캐스팅해 저킹 액션으로 회유어를 노리는데, 부시리, 방어, 잿방어, 삼치, 작은 만새기, 전갱이, 볼락, 광어 등 다양한 어종을 낚을 수 있다. 일본에서는 쇼어 지깅이 널리 성행하고 있는데 지역에 따라 대형 만새기나 다랑어류도 낚을 수 있다. 배에서 파이팅을 하는 것보다 훨씬 강한 손맛을 느낄 수 있다는 것이 쇼어 지깅의 최대 강점이라고 할 수 있다.

핵심 체크

주요 낚시터 : 제주도와 남해 원도권.
시즌 : 제주는 연중이며 남해안은 5월부터 이듬해 1월까지.
주요 대상어 : 부시리, 방어, 만새기, 전갱이 및 기타 다랑어류
필수 테크닉 : 100g 내외의 지그를 최대한 멀리 캐스팅한 후 빠른 저킹으로 바닥부터 상층까지 훑어주면 그 주변을 유영하는 대상어가 입질한다. 대상어와의 파이팅에서 유리한 포지션을 잡아 라인이 갯바위에 쓸리지 않고 랜딩에 성공하는 것이 중요하다.
장비와 채비 : 9ft 이상 쇼어 지깅 전용대, 6000번 내외 스피닝릴, PE 2~3호, 쇼크리더 7~10호, 지그 80~150g.

제주도에서 쇼어 지깅에 도전한 프로배서 박종기씨가 성산포 일출봉 일대의 갯바위에서 지그를 캐스팅하고 있다. 쇼어 지깅의 성패는 지그를 얼마나 멀리 캐스팅하느냐에 달렸다.

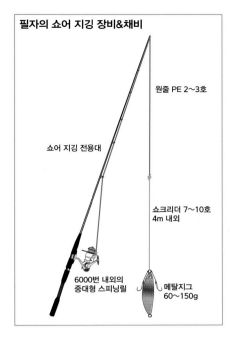

필자의 쇼어 지깅 장비&채비

원줄 PE 2~3호

쇼어 지깅 전용대

쇼크리더 7~10호
4m 내외

6000번 내외의
중대형 스피닝릴

메탈지그
60~150g

쇼어 지깅에 사용하는 지그들. 무게는
20~120g까지 다양하다.

쇼어 지깅용 지그를 보여주는 필자. 꼬리에 달린
트레블 훅을 떼고 싱글 어시스트 훅을 머리에 달아서
사용한다.

●개요

배에서 하는 지깅은 오프쇼어 지깅(offshore jigging), 육지에서 하는 지깅은 쇼어 지깅(shore jigging)으로 구분한다. 쇼어 지깅에도 다양한 장르가 존재하는데, 사용하는 장비와 대상어에 따라 헤비 쇼어 지깅과 라이트 쇼어 지깅으로 나눌 수 있다. 쇼어 지깅의 주 어종은 방어, 잿방어, 삼치, 부시리 등 육식성 회유어종이지만, 쥐노래미, 볼락, 전갱이도 낚을 수 있다. '볼락과 전갱이까지 지그에 낚인다고?' 의아해할지 모르지만 볼락은 카부라 지그, 전갱이는 미니 지그에 아주 잘 낚인다.

쇼어 지깅의 매력이라면 다른 연안루어낚시에서는 맛볼 수 없는 호쾌한 액션과 손맛이다. 또 선상 지깅과 비교해도 훨씬 손맛이 좋다. 지그는 비거리가 길고 액션이 빠르기 때문에 대상어가 붙으면 속전속결로 마릿수 조과를 거둘 수 있다는 장점도 있다.

쇼어 지깅에도 소형어를 타깃으로 하는 라이트 쇼어 지깅이 있지만 여기선 부시리 방어 등 중대형 대상어를 타깃으로 하는 헤비 쇼어 지깅을 위주로 설명하도록 하겠다.

장마철부터 본격 시즌

쇼어 지깅은 예전부터 많은 루어낚시인들이 관심을 가졌지만 제주도를 제외하면 대상어가 마땅치 않았고 시즌도 극히 짧았기 때문에 크게 주목받지 못했다. 하지만 최근에는 남해 먼 바다 섬으로 부시리, 방어, 삼치는 물론 만새기와 늦가을 무렵엔 다랑어류도 모습을 나타내며 쇼어 지깅 여건이 무르익고 있다. 쇼어 지깅은 난류성 어종이 연안으로 접근하는, 수온이 높은 시기에 잘 되는데, 제주도는 연중 가능하며 남해동부 먼 바다나 울릉도는 5월부터 시즌을 시작해 이듬해 1월까지 낚시가 가능하다.

남해동부 먼 바다를 기준으로 보면, 5월에는 대형 부시리가 낚이며 6월에는 큰 전갱이가 가세한다. 7월부터 작은 부시리가 연안으로 몰려들기 시작하면 본격적인 마릿수 조황이 가능해지고 이후 10월까지는 높은 확률로 대형 삼치, 부시리, 방어, 잿방어, 전갱이, 고등어, 볼락 등을 함께 노릴 수 있다.

주요 필드는 추자도와 제주도 갯바위와 부속 섬, 남해동부의 국도, 좌사리도, 갈도, 구을비도, 안경섬, 외섬·형제섬, 남해중서부의 거문도, 여서도, 가거도 등이다. 그러나 9월 이후 쇼어 지깅 피크시즌에 돌입하면 내만에 있는 섬에서도 삼치, 전갱이, 부시리 등을 쇼어 지깅으로 낚을 수 있다. 최근에는 동해에서도 가을에 쇼어 지깅이 가능해졌는데, 조류 소통이 좋은 백사장이나 대형 방파제가 주요 포인트로 꼽힌다.

서해는 어청도와 왕등도 같은 원도에서 가능성이 충분한데 아직 시도하는 낚시인은 없는 것으로 알고 있다.

쇼어 지깅에서 저킹을 할 때 낚싯대와 릴 파지법.

부시리가 먹이 활동을 하기 시작해 생긴 보일링 현상. 우리나라에서는 7월부터 11월까지 남해의 외해에서 자주 목격할 수 있다.

●장비와 채비

낚싯대 – 원거리 캐스팅이 필요하므로 스피닝릴을 결합하는 쇼어 지깅 전용대를 써야 한다. 길이가 9ft가 넘고 허리힘이 아주 강한 것이 특징이다. 스크루 시트를 장착해 릴과 결합이 견고하고, 허리를 아주 강하게 만들어서 무거운 지그를 멀리 날릴 수 있다. 메탈지그는 40~150g을, 합사는 3호까지 쓸 수 있는 강도다.

한편 라이트 쇼어 지깅은 농어대, 에깅대로 즐길 수도 있다. 가벼운 메탈지그를 사용하고 노리는 대상어도 작기 때문이다. 그러나 작은 대상어를 노리다가 부시리 같은 파이팅 넘치는 고기를 만나면 낚싯대가 부러질 가능성이 있으므로 사용할 때 주의해야 한다.

릴 – 6000번 이상의 중대형 스피닝릴을 쓴다. 2~3호 합사가 200m 이상 감겨야 하고 강한 액션에도 견딜 수 있는 내구성이 좋은 릴로 드랙 성능이 우수한 고급 릴이 필요하다.

라인 – 원줄은 합사 2~3호를 많이 쓴다. 구입할 때 합사가 캐스팅용인지 꼭 확인해야 한다. 캐스팅용 합사는 코팅이 되어 있어 일반 합사보다 가이드를 잘 통과하고 마찰강도와 매듭강도가 더 높다. 외줄낚시용 합사는 매듭이 생기면 잘 끊어지고 너무 가벼워 꼬임 등의 트러블이 쉽게 생겨서 캐스팅용으로는 사용하지 못한다. 쇼크리더는 카본이나 나일론 소재로 7~10호를 쓴다. 더 굵으면 캐스팅할 때 원줄과 쇼크리더를 연결한 직결부위가 가이드에 걸리는 일이 잦기 때문에 추천하지 않는다.

쇼어 지깅 파이팅 요령

쇼어 지깅에서 큰 고기를 걸면 터트리는 경우가 많다. 부시리나 방어의 힘이 워낙 강하기도 하지만, 대부분 랜딩하는 방향을 잡지 못해 라인이 수중암초에 쓸려서 터지기 때문이다. 〈그림〉과 같이 대상어의 움직임에 맞춰 파이팅을 하면 조금 더 랜딩 확률을 높일 수 있다.

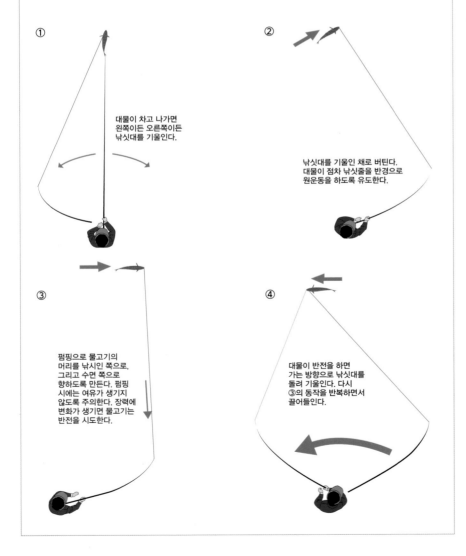

① 대물이 차고 나가면 왼쪽이든 오른쪽이든 낚싯대를 기울인다.

② 낚싯대를 기울인 채로 버틴다. 대물이 점차 낚싯줄을 반경으로 원운동을 하도록 유도한다.

③ 펌핑으로 물고기의 머리를 낚시인 쪽으로, 그리고 수면 쪽으로 향하도록 만든다. 펌핑 시에는 여유가 생기지 않도록 주의한다. 장력에 변화가 생기면 물고기는 반전을 시도한다.

④ 대물이 반전을 하면 가는 방향으로 낚싯대를 돌려 기울인다. 다시 ③의 동작을 반복하면서 끌어들인다.

지그에 걸려 나온 전갱이.

라이너성 캐스팅 방법

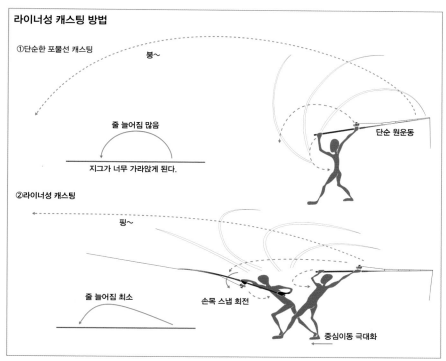

①단순한 포물선 캐스팅

붕~

줄 늘어짐 많음

지그가 너무 가라앉게 된다.

단순 원운동

②라이너성 캐스팅

핑~

줄 늘어짐 최소

손목 스냅 회전

중심이동 극대화

캐스팅 탄도 조절-페더링 요령

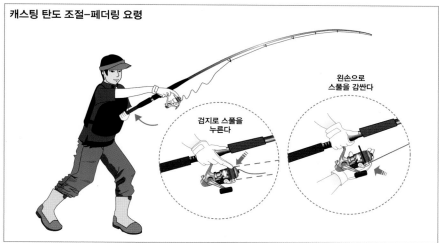

검지로 스풀을 누른다

왼손으로 스풀을 감싼다

지그 – 지그는 조류와 캐스팅 거리, 수심을 감안해서 60~120g을 쓴다. 수심이 20m 내외로 깊고 조류가 빠른 곳에서는 100g~150g이 적합하며, 얕고 조류가 약한 곳에서는 60~80g이 알맞다. 메탈지그의 형태는 폴링 형태를 감안해서 선택하면 된다. 제품에 따라 수직으로 떨어지는 것이 있는가 하면 사선, 혹은 소용돌이를 그리거나 나뭇잎처럼 떨어지는 것들이 있으므로 제품 설명서를 잘 읽고 선택한다. 대상어가 어떤 형태의 액션에 반응할지는 모르는 일이기 때문에 다양한 제품을 구비해서 써보는 것이 좋다.

어시스트 훅 – 쇼어 지깅 역시 바닥공략부터 시작하기 때문에 메탈지그에 트레블 훅이 달린 채로 쓰면 밑걸림이 심해서 낚시를 할 수 없다. 기존의 트레블 훅은 떼어 내고 머리 쪽에 어시스트 훅을 달아준다. 라이트 지깅용 어시스트 훅이나 부시리용 어시스트 훅 중에서도 소형을 쓰는데, 바늘 사이즈가 크면 한 개만 달고, 작으면 두 개를 달아준다.

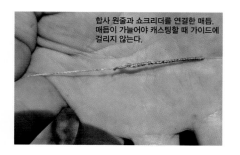

합사 원줄과 쇼크리더를 연결한 매듭. 매듭이 가늘어야 캐스팅할 때 가이드에 걸리지 않는다.

동해의 방파제에서 삼치를 낚은 낚시인. 가을이 되면 동서남해의 연안으로 삼치, 전갱이, 작은 부시리가 들어와 쇼어 지깅을 즐길 수 있다.

●실전 테크닉

쇼어 지깅은 지그를 멀리 날리는 원투 능력이 가장 중요하다. 일반적인 캐스팅은 왼쪽 〈그림〉의 ①처럼 포물선을 그리며 하는 것이 대부분이지만, 쇼어 지깅에서는 〈그림〉의 ②와 같은 라이너성 캐스팅을 한다. 일명 직사포 캐스팅. 몸의 중심이동을 극대화하고 손목 스냅 회전을 이용해 강하고 빠르게 지그를 뿌리듯이 캐스팅하는 것이다. 이렇게 캐스팅하면 줄 늘어짐이 줄고 라인이 빠르게 가이드를 빠져나가 비거리가 늘어나게 된다.

캐스팅을 한 후에는 지그가 바닥까지 가라앉을 때까지 기다린다. 지그는 가능한 한 바닥까지 가라앉힌 후 저킹을 시작하는데, 큰 대상어가 대부분 바닥에 있기 때문이다. 삼치, 부시리가 수면에서 먹이활동을 한다면 중상층을 노려도 상관없지만 보일링(부시리, 삼치 등이 먹이활동을 할 때 마치 수면이 끓어오르는 것처럼 보이는 현상)을 하더라도 더 큰 놈들은 그 아래에 있으므로 개의치 말고 바닥부터 노리는 것이 좋다.

지그가 수면에 떨어진 후 풀려나가는 원줄에 손을 대고 있으면 어느 순간 지그가 바닥에 닿았다는 느낌을 감지할 수 있다. 지그가 바닥에 닿으면 힘차게 저킹을 시작한다. 저킹은 수직 저킹과, 낚싯대를 옆으로 챔질하는 베벨 저킹을 가장 많이 활용한다. 이 두 가지 저킹을 적절히 활용해 지그를 큰 폭으로 빠르게 움직이면 대상어가 입질한다. 부시리나 삼치 등은 빠르게 움직이는 먹잇감에게 잘 달려들기 때문에 되도록 빠르게 저킹하는 것이 입질 받는 데 유리하다. 주의할 점이 있는데, 저킹을 강하고 빠르게 하다보면 원줄이 거의 다 감겨서 지그가 수면으로 튀어나오는 경우가 있다. 자칫 본인이나 주변의 낚시인을 위험에 빠트릴 수 있으므로 어느 정도 스풀에 원줄이 찼다싶으면 저킹에서 빠른 릴링으로 전환해 지그가 물 밖으로 튀어나오지 않게 해야 한다.

부시리는 베벨 저킹, 삼치는 고속 릴링

부시리, 삼치 등은 동체시력이 매우 뛰어나서 지그를 천천히 움직이면 가짜라는 것을 금방

필자가 갯바위 높은 자리에 올라서 보일링이 나타나는 곳이 있는지 살펴보고 있다. 부시리 방어 삼치는 보일링이 생기지 않아도 중층이나 바닥에서 입질하지만, 보일링을 찾기만 하면 백발백중의 확률로 입질을 받을 수 있다.

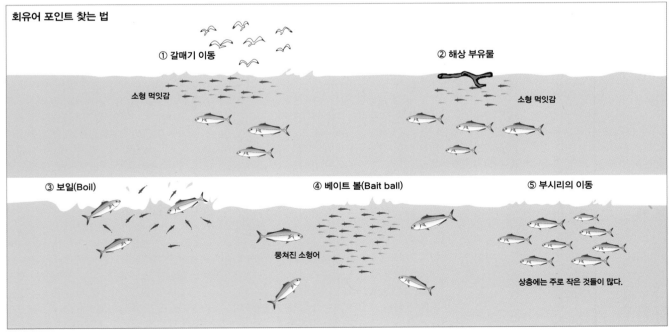

회유어 포인트 찾는 법

① 갈매기 이동

② 해상 부유물

소형 먹잇감

소형 먹잇감

③ 보일(Boil)

④ 베이트 볼(Bait ball)

⑤ 부시리의 이동

뭉쳐진 소형어

상층에는 주로 작은 것들이 많다.

눈치 채고 입질하지 않으므로 빠른 액션이 필수다. 릴을 감는 속도는 자신이 낼 수 있는 최대 속도로 감는다고 생각하면 된다. 특히 삼치의 경우에는 중대형 스피닝릴을 써서 최대한 빨리 감는 것이 하나의 테크닉이다. 그러다 릴링을 살짝 멈추기도 해보고 저킹을 하기도 한다.

그러나 부시리는 단순한 릴링만으로는 낚을 수 없다. 부시리는 미끼의 갑작스런 움직임에 호기심이나 자극을 느끼고 더 빨리 달려들기 때문에 지그를 띄웠다 가라앉히는 저킹을 고속으로 해야 한다. 예를 들어 수면에 부시리의 보일이 나타나더라도 루어가 착수한 후 저킹을 하면 입질이 바로 오지만 그냥 감았을 때는 입질빈도가 현저히 떨어지는 것을 느낄 수 있다.

선상지킹에서는 수직 저킹을 많이 쓰지만, 갯바위라면 낚싯대를 옆으로 젖히는 베벨 저킹이 더 효과적이다. 수심이 30m라면 수직으로 많이 띄울 필요 없이 사선을 그리며 지그를 끌고 올 때 어필할 수 있는 구간도 더 늘어난다.

보일을 발견했을 때 더 큰 사이즈를 노린다면 바닥이나 보일의 언저리를 노려보길 권한다. 베이트피시에 빠르게 달려드는 것은 대부분 작은 놈들이며 큰 것들은 그 주변이나 아래를 배회한다. 부시리의 경우 상층과 바닥을 구분해서 노리면 씨알 차이가 확실히 나며 삼치도 큰 것은 모두 중층 이하에 있다. 직접 현장에서 보일을 만나보면 당장이라도 물어줄 것 같은 기분에 바닥까지 지그를 내리기가 쉽지 않다. 꾹 참고 바닥을 찍으면 남들이 낚은 사이즈보다 훨씬 큰 놈을 만날 수 있다.

보일 탐색법

쇼어 지깅으로 삼치나 부시리를 낚고 싶다면 단순 조황에 귀를 기울이는 것보다 출조지에서 낚싯배를 운항하는 선장에게 '어느 갯바위 근처에서 보일이 자주 일어나는지' 물어보는 것이 가장 좋은 방법이다. 삼치라면 한동안 같은 곳에서 먹이사냥을 하기 때문에 거의 맞아 떨어진다. 부시리는 삼치보다 조금 확률이 낮지만 본류대가 닿는 포인트 주변으로 물때나 시간에 따라 주기적으로 보일이 일어나므로 그것에 관한 정보를 얻을 수 있다.

갯바위 주변에서 보일이 일어나는 일정한 시간대는 알 수 없는데, 그 이유는 대부분 베이트피시의 움직임에 따라 보일의 유무가 결정되기 때문이다. 주로 조류가 빠르게 움직이기 시작할 때와 죽을 때 보일이 일어나며 해거름에 집중적으로 나타날 때도 있다. 배낚시의 경우 한 곳에 머물러 있지 않고 산발적으로 일어나는 보일을 찾아다니지만 갯바위에선 보일을 기다려야 한다.

통영 좌사리도에서 쇼어 지깅으로 부시리를 낚은 필자. 쇼어 지깅의 매력은 배낚시보다 훨씬 손맛이 좋고 마음껏 캐스팅하며 박진감 넘치는 낚시를 즐길 수 있다는 것이다.

보일의 형태는 좌측의 그림처럼 다양하게 나타난다. ①은 삼치, 부시리 둘 다 해당하며 갈매기 무리를 보고 찾을 수 있다. 베이트피시 아래에 있는 대상어가 베이트피시를 공격하면 수면으로 떠오르는 베이트피시를 갈매기가 동시에 덮친다. ②는 흔치 않지만 큰 부유물 아래 모여 있는 베이트피시를 쫓아 대상어들이 모여드는 경우다. ③은 베이트피시가 전역에 흩어져 있거나 이미 대상어들이 사냥을 시작한 경우다. 아주 넓게 형성되는 것이 특징이며 이때 연안으로 도망쳐오는 베이트피시를 쫓아 많은 양의 대상어들이 들어온다.

④는 배낚시를 하면 목격할 수 있는 형태로 많은 양의 베이트피시가 뭉쳐 있고 그 주변을 대상어들이 맴돌며 사냥하는 것이다. 주로 삼치들이 이런 사냥을 즐긴다. ⑤는 부시리가 무리를 지어 이동할 때 생기는 보일이다. 잠깐 나타났다가 사라지는 경우가 많다.

보일을 만나면 십중팔구 입질을 받을 수 있다. 단 보일이 너무 먼 곳에 생길 경우에는 보일이 가까워지길 기다리는 수밖에 없다.

라이트 지깅

최무석 다음카페 바다루어클럽 회장

라이트 지깅이란 연질대에 100g 이하의 가벼운 소형 지그를 사용하는 지깅을 말한다. 라이트 지깅의 범주를 아주 넓게 잡으면 타이라바 지깅이나 슬로우 지깅도 라이트 지깅에 속한다고 볼 수 있다. 그러나 통상 라이트 지깅이라 하면 슬로우 지깅보다 더 가벼운 장비와 지그로 다양한 중소형 어종을 노리는 낚시를 말한다. 가령 최근 동해에서 인기를 끄는 볼락 지깅이 대표적인 라이트 지깅이다.

핵심 체크

주요 낚시터 : 우리나라 전역
시즌 : 제주도는 연중, 남해와 동해는 4월부터 1월까지, 서해는 7~9월.
주요 대상어 : 작은 사이즈의 부시리, 방어, 삼치, 만새기 및 볼락, 전갱이 광어 등
필수 테크닉 : 작은 지그를 사용하지만 지그를 바닥까지 내린 후 다양한 저킹으로 대상어를 유인해 입질 받는 원리는 같다. 연안에서는 원거리 캐스팅이 필수며, 배낚시를 할 때는 대상어들이 모여 있는 포인트를 찾는 것이 중요하다.
장비와 채비 : 에깅, 농어, 볼락 로드를 그대로 사용하거나 라이트 지깅용 로드를 사용하며 릴은 스피닝릴 2000~3000번을 쓴다. 최근에는 베이트릴 장비를 사용하기도 한다. 합사는 1~2호, 쇼크리더는 2~4호, 지그는 2~80g을 사용한다.

선상 라이트 지깅으로 부시리를 낚은 낚시인. 라이트 지깅 장비로 50~60cm 부시리를 걸면 엄청난 손맛을 즐길 수 있다.

최근 들어 개인 보트 사용자와 카약피싱 인구가 늘어나면서 타이라바나 인치쿠 지깅을 비롯해 연근해의 우럭, 쏨뱅이, 능성어 등을 노리는 라이트 지깅을 많이 즐기고 있다. 지그 헤드에는 넙치, 양태 같은 저서형 어종이 잘 낚이며 미니 지그에 볼락, 쥐노래미 등의 대형 록피시도 잘 낚여 라이트 지깅 영역이 점점 넓어지고 있는 추세이다.

●삼치

라이트 지깅 대상어로 가장 낯익은 어종은 삼치다. 7~8월이 되면 삼치는 멸치 떼를 따라 내만 포구까지 접근하는데, 가을 무렵에는 굳이 원도의 섬으로 나가지 않아도 가까운 방파제나 갯바위에서 초보자도 쉽게 낚을 수 있다. 동해나 서해에서는 연안에서 생활낚시로 삼치를 낚고 있는데, 9월과 10월 피크 시즌에는 70cm 내외의 중형급도 출몰하여 방파제를 뜨겁게 달군다.

삼치는 포인트를 찾기 쉽다. 삼치들은 떼로 몰려다니며 베이트피시를 사냥하는데, 삼치가 물 밖으로 점프하거나 수면이 끓는 듯한 보일링 현상이 나는 곳을 찾아 그곳으로 캐스팅을 하면 된다. 로드는 에깅대나 농어대를 즐겨 쓰며 3000~4000번 스피닝릴에 1호 내외의 PE원줄을 사용하고 쇼크리더는 5호 내외를 묶는다. 지그는 삼치가 단번에 삼키지 못할 사이즈로 조금 큼직한 것을 쓰는 것이 좋은데, 삼치가 작다면 20~30g, 삼치가 크다면 40~80g을 쓰면 된다.

초고속 저크 & 저크

삼치가 지그에 관심을 가지게 하기 위해서는 최대한 장타를 날려 삼치가 있는 곳 주변에 착수시킨다. 삼치가 상층에 있으면 바로 릴링

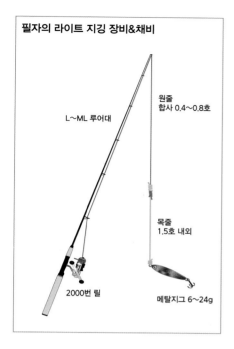

필자의 라이트 지깅 장비&채비

L~ML 루어대

원줄
합사 0.4~0.8호

목줄
1.5호 내외

2000번 릴

메탈지그 6~24g

카약을 타고 가까운 연안에서 라이트 지깅을 시도한 바다루어클럽 회원이 큼직한 양태를 낚았다.

을 시작해도 좋지만 중하층에 있다면 지그가 바닥에 닿는 것을 확인한 후 액션으로 들어간다. 액션은 릴을 초고속으로 감으며 큰 폭으로 강하게 저킹을 겸해주는 것이 좋다. 로드를 큰 폭으로 채듯이 당기고 흔들며 저크&저크로 초고속으로 움직여서 입질을 유도한다. 강한 저킹과 기민한 릴링이 전제되어야 하는데, 지깅의 기본 액션은 하이피치 쇼트 저크로 1회 저크당 릴을 2~3바퀴 감아주는 것이 적당하다. 기본적인 방법이 안 통할 때는 여러 가지 저킹 패턴을 복합적으로 사용해야 되는데, 한 번 챔질에 릴을 한 번 감는 원피치 원저크 액션이나 챔질 동작과 릴을 감는 동작이 단속적으로 이어지는 페달 저킹 등 여러 가지 변화를 준다. 대상어가 따라오기만 하고 공격하지 않을 경우는 액션의 방향을 급하게 바꾸거나 강한 저킹을 해서 지그에 움직임을 주어 리액션바이트를 노린다.

●전갱이·고등어

전갱이와 고등어를 대상으로 한 지깅 인구는 꾸준히 늘고 있는 추세다. 배낚시보다는 쇼어 지깅이 많이 이뤄지고 있다. 전갱이와 고등어는 소형 어종이라 좀 더 슬림한 장비로 지깅을 즐길 수 있고, 씨알이 작은 것들은 볼락 로드로도 낚시가 가능하다. 작아도 손맛을 무시할 정도는 아닌데, 25cm만 넘으면 폭발적인 스피드를 로드를 통해 맛볼 수 있는 것이 전갱이와 고등어 지깅의 매력이다.
전갱이는 6월부터 내만으로 붙기 시작하여

10월까지 갯바위와 방파제에서 잘 낚이는데, 밤에 조과가 더 좋다. 지깅에 낚이는 전갱이 씨알은 25~35cm가 주종이나 시즌이 마감될 무렵에는 마릿수가 줄면서 40cm 이상이 잡히기도 한다. 전갱이의 주 포인트는 울산, 부산지역 갯바위와 남해 거제, 통영권의 섬과 추자도 거문도 등이다. 서해를 제외하면 거의 전역에 걸쳐 포인트가 형성되어 있다.
고등어는 전국적으로 사시사철 낚시가 가능하기에 생활낚시가 활성화되어 있는데, 지깅 시즌은 전갱이와 비슷하다. 피크는 11월 무렵이다. 전갱이는 중층에서 표층을 유영하는 반면, 고등어는 중층에서 하층으로 유영하고 유영층에 변화도 심한 것이 특징이다.

근거리 수중여가 주요 포인트
로드는 에깅, 농어용을 많이 쓰고 릴은 2000~3000번을 쓰며 합사는 0.6~1호, 지그는 10~15g이 잘 먹힌다. 전갱이와 고등어

미니 지그에도 어시스트 훅을 달아주어야 하며, 꼬리에 달린 기존의 트레블 훅을 제거하고 싱글 훅을 달면 밑걸림 확률은 줄이고 히트 확률은 높일 수 있다.

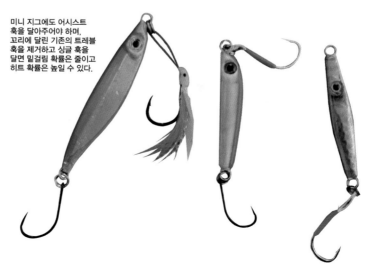

는 방파제든 갯바위든 외해와 인접한 곳에 포인트가 형성되고 갯바위는 아주 큰 홈통이나 만을 형성하는 곳을 선택한다. 전갱이와 고등어는 삼치처럼 보일링이 생기지는 않으며 주로 가까운 수중여 주변이 핵심 포인트가 된다. 씨알이 큰 전갱이는 회유성이 강하기에 수중여를 벗어나 먼 곳까지 공략할 필요가 있고 고등어는 유영층 변화가 심하므로 다양한 수심층을 탐색하는 게 효과적이다. 군집성을 이루기 때문에 한두 마리가 낚인 주변엔 많은 양의 고기가 있으므로 다양한 곳을 부지런히 노려보는 것이 좋은 조과를 거두는 비결이다.

●광어·양태

광어(넙치)와 양태는 우리나라 전 해안에 서식하며 펄과 모래가 섞인 사니질 지대가 주요 서식지이다. 두 어종 모두 저서성으로 산란기

강릉의 주문진방파제에서 라이트 지깅으로 삼치를 노리고 있는 낚시인들.

메탈지그 운용법

①베이트피시 무리에 맞춰 감아 들인다
메탈지그로 할 수 있는 액션 중에서는 가장 입질 받을 확률이 낮은 액션 방법이다. 메탈지그를 그냥 감아선 미노우 같은 독특한 액션을 주지 못하기 때문이다. 베이트피시가 아주 멀리 있거나 빠르게 이동하는 경우, 대상어의 양이 아주 많은 경우에만 효과를 볼 수 있다. 삼치를 노릴 때 쓰는 방법이다.

②중층에서 고속릴링 후 폴링&리프트
메탈지그를 중층까지 가라앉힌 후에 고속으로 릴링하다 액션을 멈추고 다시 쳐 올리는 식의 액션법이다. 저활성도의 삼치나 중층을 배회하는 부시리, 잿방어 등을 노릴 때 쓴다. 바닥을 노리는 것보다 효과적이진 않다.

③바닥 찍은 후 리프트&폴링
메탈지그를 운용할 때 가장 많이 쓰는 방법이며 입질을 받을 확률도 가장 높다. 일단 원하는 지점에 캐스팅한 후에 메탈지그를 바닥으로 내린다. 메탈지그가 바닥에 닿는 것을 감지하면 곧바로 낚싯대를 쳐올려 메탈지그를 띄웠다가 다시 가라앉히는 동작을 반복한다. 입질은 주로 가라앉는 순간에 오며 재차 낚싯대를 들어 올릴 때 고기가 물었다는 것을 감지할 수 있다. 볼락, 우럭 등 록피시를 노린다면 계속 바닥을 겨냥해서 들었다 놓는 동작을 반복하고, 전갱이나 부시리 등 회유어를 노린다면 처음 바닥을 찍은 후에는 중층까지 메탈지그를 띄워 올린다는 식으로 리프트&폴링 동작을 반복해준다.

메탈지그 운영법 ①

메탈지그를 덮칠 확률이 낮다

메탈지그 운영법 ②

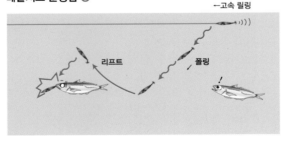

←고속 릴링

리프트
폴링

메탈지그 운영법 ③

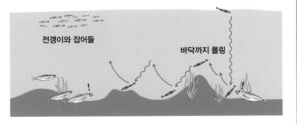

전갱이와 잡어들

바닥까지 폴링

에는 산란처가 되는 자갈밭이나 암초지대 사이 모래밭이 형성되어 있는 지역에서 잘 낚인다.

몇 년 전까지만 하더라도 광어는 서해가 가장 자원이 풍부한 것으로 알려졌으나 최근에 울진과 삼척 등에서 엄청난 광어 자원이 확인됨에 따라 동해가 새로운 광어 낚시터로 각광받기 시작했다. 동시에 양태도 남해와 서해를 능가하는 자원이 동해에 있다는 사실이 밝혀짐에 따라 동해가 이 두 어종을 대상어로 하는 이른바 '플랫 피싱' 메카로 주목받게 되었다.

시즌은 지역별로 조금씩 다르다. 광어는 서해의 경우 5월 중순부터 시작해 7~8월에 피크를 이루다가 10월 중순에 마감된다. 동해는 서해보다 한 달 정도 시즌이 빨라 4월 중순이면 연안에서 광어가 낚이기 시작하고 6~7월이 피크이다. 양태는 전국적으로 바다의 해초가 녹아 뽑히는 시기인 6월에 시즌이 시작되어 7월에 피크를 이루다 9월이면 서서히 조과가 떨어진다.

8ft 내외 에깅 로드 선호

광어와 양태 지깅용 로드는 8ft 내외의 에깅 로드를 가장 선호하며 원줄은 PE 0.6~1호를 쓴다. 서해에선 베이트 장비도 즐겨 쓰는데, 동해나 남해는 캐스팅을 할 것을 고려해 주로 스피닝릴 장비를 쓰고 있다. 그러나 동해와 남해에도 수직지깅용으로 베이트릴 장비가 빠르게 퍼지고 있는 상태다.

지그는 20~30g을 즐겨 쓰며, 쇼크리

2012년 동해에서 엄청난 광어 자원이 발굴되면서 2013년부터 카약피싱 열풍이 불기 시작했다. 젊은 층을 중심으로 바다루어를 즐기는 사람들은 카약을 서둘러 준비했다. 4월 중순부터 8월 하순까지, 동해 무늬오징어 시즌이 열리기 전까지 광어를 낚기 위해 백사장 주변은 카약으로 장사진을 이루게 되었다. 2014년 초부터는 포항 연안의 수심 5~15m권에서 소형 지그로 볼락을 낚기 시작했는데, 선상 외줄낚시를 능가하는 조과를 거두어 카약피싱 열기가 더욱 높아졌다.

강릉에서 선상 라이트 지깅으로 부시리를 낚은 낚시인.

지그에 걸린 새끼 전갱이.

라이트 지깅용 장비. 20g 내외의 지그를 달아 캐스팅 게임을 하는 용도로 주로 쓰인다.

더는 3~4호면 충분하다. 양태와 광어는 모두 1m 가까이 자라는 대형어지만 연안에서는 50~60cm가 주로 낚이므로 굵은 라인을 고집할 필요는 없다. 지그에는 옵션으로 어시스트훅을 체결하면 미스바이트를 줄일 수 있다. 지깅 액션은 간단하다. 지그를 캐스팅하여 바닥에 착지시킨 후 빠른 속도로 2~3회 짧게 단속적인 저킹을 한 다음 늘어진 원줄을 감아들인 후 다시 가라앉히는 액션을 반복하는 게 기본이다. 반응이 없을 경우에는 바닥층을 지속적으로 바텀 펌핑하는 기법을 병행하면 효과적이다.

●볼락 외 록피시

"이런 광어들이 연안에 가득합니다." 라이트 지깅은 카약의 활성화에 힘입어 연안에서 다양한 어종을 노리는 새로운 장르를 개척하고 있는 중이다.

볼락 등 록피시를 노릴 때도 여타 루어보다 지그가 더 나은 경우가 많다. 낚시인들이 지그를 잘 쓰지 않는 이유는 웜보다 고가이고 밑걸림이 심할 것이란 두려움 때문인데 실제로 현장에서 지그를 사용해보면 조과도 낮고 밑걸림에 따른 채비 손실도 그렇게 심하지 않다는 것을 알 수 있다. 11월에 낮볼락이 잘 낚일 때 지그를 써보면 웜보다 조과가 월등히 뛰어나고, 3~5월에 웜도로 볼락낚시를 갔을 때도 웜보다는 지그에 더 나은 조과를 보이는 경우가 많고 씨알도 더 큰 것이 낚인다.

멀리서 피딩하는 볼락이 있을 때 지그헤드 채비로는 비거리가 확보되지 않아 볼락볼을 달아서 캐스팅을 하게 되는데, 이럴 경우 채비 운용이 부자연스럽고 착수음으로 포인트가 깨질 우려가 있지만 소형 지그를 사용하면 비거리를 높일 수 있고 착수음도 거의 나지 않아 멀리 있는 볼락을 노릴 수 있다. 바람이 부는 날은 더욱 지그가 진가를 발휘하며, 낚시인의 손을 많이 타서 웜에 입질이 없는 곳에서도 효과적이다.

과감한 바닥 공략이 대물 낚는 비결

볼락용 지그는 3~7g 무게에 3~5cm 길이가 무난하다. 씨알이 30cm를 훌쩍 넘을 경우는 길이가 약간 더 길어도 무리가 없다. 시중에 판매되는 지그는 대부분 꼬리 쪽에 트레블훅이 장착되어 있는데 이 트레블훅은 밑걸림의 요소가 되므로 과감히 제거하고 그 위치에 대상어에 따라 6~8호 소형 플러그용 싱글훅으로 교체하는 게 기본이다. 이 상태에서 지그 머리 쪽에 소형 어시스트훅을 장착하면 미스바이트를 줄일 수 있는 효과가 있다. 트레블훅을 제거하고 아예 어시스트훅으로 대체하거나 지그 머리 쪽에 어시스트훅만 장착하는 방법도 있다. 대상어에 대한 어필력을 높이려면 싱글훅이나 어시스트훅에 웜을 체결하면 효율성을 더 높일 수 있다.

키포인트는 지그를 일단 바닥까지 내리는 것이다. 밑걸림을 두려워하지 않는 대범함이 대물을 낚는 지름길이다. 바닥에 내린 지그는 일단 크게 저킹을 한 후 오랫동안 폴링시킨다. 반응이 없으면 입질층을 찾아 저킹과 폴링을 반복하는 게 기본 액션이다. 가끔 어필력을 높이기 위해 2~3회 짧은 저킹 후 늘어진 원줄을 감아 들이고 폴링을 시키는 등 다양한 액션의 변화도 필요하다. 바닥 지형이 복잡하지 않을 때는 자잘한 액션을 주기도 하고 큰 바위나 가라앉은 테트라포드 주변으로 채비가 들어갔다면 그 주변에서 짧게 단속적인 액션을 주는 게 대물을 잡는 방법이다. 그리고 폴링 중 중층에서 입질이 들어오면 피딩타임이 왔다는 증거이므로 바닥까지 채비를 내리지 않고 중층을 중심으로 공략해야 하는데 이 경우 지그를 더 가벼운 것으로 교체한다.

해외 지깅 가이드

지깅은 태생적으로 빅피시를 겨냥한 낚시! 국내에서
벗어나 해외의 드넓은 바다로 나가면 훨씬 더
매력적인 대상어들을 만날 수 있다. 해외원정
지깅에서 노리는 3대 인기 어종은 GT(자이언트
트레발리), 마린(청새치), 투나(참치)다.

3대 빅피시 – GT, Marlin, Tuna

이 세 어종을 최고로 치는 이유는 덩치나 파워가 최강이며 지깅뿐
아니라 포퍼나 트롤링에도 낚여 다양한 낚시를 구사할 수 있고,
새치류나 참치류의 경우 최고급 어종으로 몸값마저 비싸기 때문
이다. 해외 지깅을 하면 이외에도 초대형 다금바리인 그루퍼나 삼
치과 물고기인 와후, 독투스투나 등 너무도 다양한 빅피시들을 만
날 수 있다.

GT(Giant trevally)
농어목 전갱이과의 물고기로 전갱이과 중에서는 가장 큰 어종이
다. 우리나라 어류도감엔 무명갈전갱이로 등록이 되어 있는데, 우
리나라에는 살지 않는 것으로 파악된다. 열대해역인 인도양, 서부
태평양, 하와이 연근해, 중부 태평양 등에 광범위하게 분포하며,
우리나라 낚시인들은 주로 인도네시아 발리나 태국의 푸켓으로
가서 GT를 낚는다.
GT는 몸길이가 최대 170cm, 몸무게는 80kg까지 성장한다. 체
고가 높고 옆으로 납작하게 측편되어 있어서 순간적인 유영력
이 폭발적인 물고기다. 우악스럽게 생겼지만, 이빨은 없다. 수심
10~100m를 폭넓게 오르내리며 지깅과 포핑에 모두 잘 걸려든
다. 주로 수심이 그리 깊지 않은 산호지대나 암초지대에서 쉽게
볼 수 있다.

투나(참다랑어, 황다랑어, 눈다랑어)
게임피싱의 대상인 투나는 참다랑어(블루핀 투나), 황다랑어(옐로
핀 투나), 눈다랑어(빅아이 투나)이며 그밖에도 날개다랑어, 가다
랑어도 투나에 속한다. 우리가 '참치'라 부르는 최고급 투나는 블
루핀 투나(일본어로 혼마구로)를 말하며, 게임피시로는 블루핀 투
나와 옐로핀 투나가 인기 있다. 전 세계에 7종류가 서식하며 무리
를 지어 고속으로 헤엄치고 다니는 것이 특징이다. 길이는 3m, 무
게는 500kg 이상 자라기 때문에 초대형 참치는 낚시로 낚는 것
이 불가능할 정도로 힘이 센 것도 존재한다. 참치들은 아주 넓은
범위를 회유하며 살고 있는데, 러시아와 일본 사이의 쿠릴열도에
서부터 시작해 중국 한국 일본 연해를 거쳐 하와이와 북미, 남미
까지 이동해 생활하는 것으로 알려져 있다. 어떤 개체들은 가까운
연안의 정치망에 걸려들기도 하며 아주 얕은 곳에 나타났다가도
수백 미터의 해저로 내려가기도 하기 때문에 포핑, 지깅, 트롤링
등 다양한 방법으로 참치를 낚고 있다. 고등어과에 속하는 참치는

관광은 해외원정에서 빼놓을 수 없는 재미다. 참치를
낚기 위해 멕시코를 찾은 N·S 필드테스터 신동만(좌측
두 번째)씨와 미국 N·S 에이전트인 킬 송(맨
오른쪽)씨가 현지에서 관광 중에 기념촬영을 했다.

태국 푸켓의 치밀란으로 원정을 나간
한국의 낚시인이 청새치를 낚아 올리고
있다.

멕시코 서부의 휴양도시인 푸에트로
바야르타에 있는 사유리따 해변.

45kg급 대형 잿방어를 품에 안은
낚시인. 국내에서는 상상하기 힘든
괴물들을 해외원정에서 만날 수 있다.

지깅, 포핑, 트롤링 장비를 싣고 포인트로 나가고 있다.
해외원정에서는 배를 타고 먼 거리를 이동하기 때문에
배에서 숙식을 하는 경우가 많다.

고단백, 저지방, 저열량 식품으로 값비싼 횟감으로 이용된다.

마린(청새치, 흑새치, 돛새치)
노인과 바다에 등장하는 마린은 환상의 물고기로 알려져 있으며, 유니콘과 같은 뿔과 요트의 돛과 같은 멋진 지느러미를 가지고 있어 오래전부터 빅게임 마니아들의 선망이 되었다. 청새치는 블랙 마린, 흑새치는 블루 마린으로 동서양의 컬러명이 뒤바뀌어서 불리며, 돛새치는 영명이 세일피시(sail fish)로 불리지만 마린과 같은 종류로 본다. 주로 표층에서 생활하기 때문에 지깅에는 잘 낚

이지 않고 포핑이나 트롤링으로 낚는다. 전장 350cm, 체중은 200kg에 달한다. 태평양 해역에 넓게 분포하고 있으며 인도양에서는 20~25℃의 따뜻한 수온대에서 생활한다. 참치처럼 군집을 이루지 않고 독립생활을 하기 때문에 비교적 낚기 어려운 편에 속하며, 주로 고등어, 삼치, 청어 등을 먹고 산다. 맛이 좋아 횟감으로 이용된다.

여행사 통한 팀 단위 출조 많아
해외 원정은 개인으로 도전할 수도 있지만, 보트 전세비나 숙박비를 혼자서 지불해야 하는 것이 부담되기 때문에 대부분 지깅 클럽이

나 여행사를 통해서 서너 명이 단체로 팀을 이뤄서 출조를 계획한다. 일정은 각 지역 코스마다 다르지만 동남아의 경우 4박5일 일정으로 출조하면 2~3일은 계속 보트 위에서 낚시를 하다가 마지막 하루는 관광을 하고 돌아오는 식이다. 미국이나 호주는 한국에서 비행기로 14시간 이상 걸리고 현지에서도 이동해야 하므로 일정을 10일 이상으로 길게 잡아야 한다.

인기 있는 해외 원정낚시터
동남아 지역에서는 필리핀 보홀, 인도네시아 발리, 태국 푸켓이 GT 낚시터로 유명하며, 파

114

비행기에서 촬영한 멕시코 해안.

지도를 보며 행선지를 파악하고 있다.

소도시로 이동하기 위해 경비행기 공항에 도착한 신동만씨.

배에서 숙식을 하기 위해 많은 짐을 꾸린 낚시인들.

참치를 끌어올리고 있는 낚시인들

멕시코 원정에서 신동만씨가 100kg급 참치(엘로우핀 투나)를 낚아 기념촬영을 했다.

파푸아뉴기니에서 현지인들의 가이드를 받으며 GT를 낚은 이명철(JS컴퍼니 필드스탭)씨.

간, 사이판, 티니안, 로타, 괌 등이 모여 있는 북마리아나제도도 즐겨 찾는 코스다. 호주 인근의 남태평양에는 피지, 파푸아뉴기니가 GT, 청새치가 잘 낚이는 곳으로 유명하다. 이웃 나라인 일본은 규슈 남쪽의 오키나와 일대에서 GT와 참치가 낚인다.

한편 미국은 뉴욕과 캐나다의 경계 지점인 미국 북동부 해안이 참치와 대구 낚시터로 유명하며, 남미의 파나마와 멕시코만 일대, 카리브해 일대도 참치와 청새치 낚시터로 유명하다.

동남아는 주로 GT를 노리고 출조하며 참치와 새치는 40~50kg으로 비교적 작은 사이즈밖에 낚이지 않는다. 그러나 같은 동남아지만 태국 푸켓의 경우 인도양으로 나가서 대형 청새치를 낚기도 한다. 100kg이 넘는 대형 참치를 노린다면 호주나 미국으로 출조하는 것이 확률이 높다.

저렴한 동남아 원정이 인기

우리나라 지깅 낚시인들은 동남아 원정을 즐겨하는 편인데 그 이유는 미국이나 호주에 비해 가깝고 출조비가 저렴하면서 다양한 대상어를 낚아볼 수 있기 때문이다. 4박5일 일정으로 출조하면 왕복 비행기 값(약 70만원)을 포함해 1인 200만원 안팎의 경비로 여유롭게 낚시를 즐길 수 있다. 현지에서 고급 낚시요트를 전세 내는 비용이 하루 50만~150만원이며 보통 3~4명의 헬퍼(도우미)가 동행하지만 약간의 팁이나 낚은 물고기를 주면 그것으로 임금을 대신하므로 따로 돈이 더 들지 않는다. 먼 바다로 나가는 경우 배에서 숙식을 하기 때문에 숙박비가 필요 없는 경우도 많다.

중요한 점은 출조 시기를 잘 선택해야 한다는 것이다. 동남아의 경우 6~8월은 우기인데다 태풍이 자주 발생해 낚시를 하기 힘든 날이 많다. 적기는 4~5월과 9~11월이다. 12월과 1월은 휴가철 성수기라 숙박비나 비행기 값이 올라가므로 피하는 것이 좋다. 호주는 우리나라와 계절이 반대이기 때문에 겨울에 출조할 계획을 잡아야 하며, 남미의 경우 연중 낚시가 가능하다.

지깅 전문 동호회 통한 출조 바람직

해외 원정을 준비하는 가장 쉬운 방법은 전문여행사를 통해서 낚시상품을 선택하는 것이다. 최근에는 의외로 전문적인 낚시를 상품으로 취급하는 여행사가 많아서 어렵지 않게 코스를 선택할 수 있다. 하지만 비용이 조금 비

GT 포인트로 유명한 푸켓의 시밀란. 수심 30m 내외의 산호초 지대이다.

포핑으로 20kg급 대형 GT를 품에 안은 이명철씨.

해가 진 후 선상에서 식사를 즐기고 있다.

관광 중에 맛본 로브스터.

싸고, 현지 가이드의 낚시실력을 검증하기 어렵다는 것이 단점이다.

조금 불편을 감수한다면 지깅 전문 동호회에 가입하여 정보를 얻는 것도 좋다. '신동만의 지깅클럽', '조이지깅', '더블루씨앵글러스' 같은 지깅 전문 동호회는 해외 원정 시즌이 되면 회원들이 돈을 모아 출조를 하고 후기를 올려 정보를 공유하기 때문에 좋은 정보를 얻을 수 있다.

다음으로 해외 원정 낚시만 알선해주는 인터넷 카페나 홈페이지를 활용하는 방법이 있다. 해외에서 여행사를 운영하는 교민들이 운영하는 카페로 여행패키지에 낚시상품을 포함시켜 판매하고 있는데, 그런 것을 잘 활용하면 저렴한 가격으로 낚시를 즐길 수 있다. 많은 낚시인들이 이 방법을 통해 해외 원정을 다니고 있는데, 아래에 설명할 쏨마이피싱의 경우 인터넷카페 '피싱투어1'을 통해 간단하게 예약할 수 있다. 단, 정보를 꼼꼼하게 비교하며 살펴야 바가지를 쓰거나 질 낮은 가이드를 받지 않는다.

마지막으로 현지 낚시점이나 선박회사에 직접 출조를 예약하는 방법이 있다. 지깅, 트롤링, 포핑 같은 전문적인 낚시는 대부분 해외 원정 낚시인들의 예약을 받기 위해 블로그나 홈페이지를 운영하고 있기 때문에 원하는 장르나 원하는 지역의 낚시점을 검색하면 전문 출조점을 찾을 수 있고 이메일이나 홈페이지 게시판을 통해서 예약할 수 있다. 예를 들어 태국 푸켓의 쏨마이피싱(www.phuket-fishing.com)이나, 더빅블루(www.TheBigBlues.com)에 접속한 후 장르와 포인트, 일정 등을 파악하고 직접 예약할 수 있다. 이 경우 블로그나 홈페이지를 통해 선장의 낚시실력이나 정보 등을 얻을 수 있고 자신이 원하는 장르인지 아닌지 금방 파악이 가능하지만, 영어에 능숙해야 하고 자칫 주의사항을 제대로 숙지하지 못하면 사소한 트러블이 생길 수 있다. 인기가 좋은 출조점은 최소 몇 개월 전에 예약을 해야 한다.

◀일본 오키나와 이오토리섬으로 원정을 간 문석민(N·S필드스탭)씨가 20kg이 넘는 독투스투나를 낚았다.

라이트 지깅 발전의 견인차

카약피싱

심재헌 해운대 피싱기어 대표

카약은 해양레포츠로서 비교적 늦게 유행을 타기 시작했지만 최근 들어 폭발적으로 동호인 수가 늘어나면서 특히 바다루어낚시 분야에 빠르게 보급되고 있다. 일본과 유럽을 비롯해 전 세계적으로 관심을 불러일으키고 있는 카약피싱은 라이트 지깅, 록피싱 등의 장르에서 마니아층을 형성해나가고 있다. 지깅을 보다 재밌게 즐기고 싶다면 카약피싱에 입문해보자.

▼낚시용으로 인기를 끌고 있는 카약. 길쭉한 유선형의 선체로 파도를 가르며 이동할 수 있어서 연안 지깅에 알맞다.

카약의 매력은 동력의 힘을 빌리지 않고 순수하게 내 힘으로 원하는 장소에 갈 수 있고, 동력선에 비해 물고기에 위화감(엔진 소리나 크기)을 덜 느끼게 한다는 것이다. 카약을 타는 자체가 큰 즐거움으로 굳이 낚시를 하지 않는다 해도 재미를 느낄 수 있다. 현재 우리나라에는 많은 카야커(kayaker)들이 활동하면서 온오프라인 모임이 결성되어 있으므로 조금만 노력하면 카약에 대한 정보를 수월하게 얻을 수 있다. 카약에 관한 핵심정보들만 간추려서 소개한다.

STEP 1 – 카약 필요성 체크

카약을 타고 싶은가? 그렇다면 정말 카약을 탈 수 있을 만한 준비가 되어 있는지 구매 전에 꼼꼼히 체크해 봐야 할 것들이 있다. 막연히 카약을 타고 싶다는 욕심으로 일단 '지르고' 난 뒤 몇 번 타 보지도 못하고 창고에 처박아두거나 되파는 것을 수도 없이 봐왔다. 카약을 되팔면 중고 값을 잘 받는다고 해도 수십만원 이상의 손해를 감수해야 한다. 짧은 즐거움을 위해 감내하기에는 피해가 너무 크다. 카약 구입 전에 체크해야 할 필수 목록은 다음과 같다.

❶단순한 호기심인가? 지속 가능한 희망사항인가?

이 질문에 명쾌한 해답을 얻기 위해서는 일단 한번 타 보는 것이 좋다. 주위에 카약을 타는 지인이 있다면 밥을 한 끼 사서라도 카약을 한번 빌려 타 보라. 중요한 것은 카약을 운반, 바다에 론칭, 철수하는 단계까지 직접 경험해야 한다는 것이다. 그 일련의 과정들을 다 해 보고도 지속적으로 카약을 타고 싶다는 욕구가 있다면 우선 오케이.

❷금전적 문제는 없나?

카약은 목돈이 들어가는 취미다. 물론 다른 취미 또한 마찬가지겠으나 카약은 아직 구매 경로나 관련 용품이 비싸서 수백만원의 목돈이 처음부터 들어간다. 또 액세서리를 이것저것 달다 보면

루프랙에 카약을 싣고 있다. 소형 카약은 트레일러를 이용하지 않아도 이동이 가능하다.

카약에 낚시장비를 세팅해 포인트로 나가고 있는 낚시인.

생각보다 비용이 늘어난다. 선배 카야커의 도움을 받아 평균적인 비용을 산출해 보고 자신의 여건으로 감당할 수 있을 것인지 가늠해 본다.

❸카약을 보관할 공간은 필수
카약을 구매하려는 이들이 가장 난감해 하는 부분이다. 아무래도 부피가 크다 보니 보관할 장소가 마땅찮다. 카야커들은 단체로 임시 창고를 빌려 보관하기도 하며, 지역 단위로 카약 전문 판매점에서 일정 비용을 받고 보관과 관리를 해 주는 곳도 있다. 가장 쉬운 방법은 보안이 잘 되어 있는 아파트 주차장 공간에 보관하는 것이다. 어느 장소건 카약을 구매하기 전에 반드시 보관할 곳을 확보하는 것이 우선이다.

❹한 달에 얼마나 카약을 탈 수 있는가?
자신이 얼마나 자주 카약을 탈 수 있는 여건을 가지고 있느냐의 문제는 비용 대비 효율성과도 연관 있다. 또 이러한 문제는

결국 카약을 타는 데 가장 큰 장애가 될 수 있는 친수공간과의 거리와 밀접한 관계가 있는데, 아무래도 거리가 멀다 보면 카약을 타는 횟수는 줄어들 여지가 많다. 만약 기상과 시간적인 제약을 차치하고서라도 한 달에 두 번 이상 카약을 탈 만한 여건이 아니라면 구매는 재고하는 것이 좋다. 차라리 카약을 구매할 돈으로 낚싯배를 타는 것이 나을 수 있다.

STEP 2 - 카약 필수품목 리스트

그 다음 체크리스트는 자신에게 맞는 카약을 선택하기 위한 필수 점검 사항들과 카약을 구입하면서 꼭 갖춰야 할 옵션들이다.

❶카약 필수품목
–패들(노) : 카약을 움직이기 위한 도구
–러더(방향타) : 카약의 움직임을 조정하는 컨트롤러
–구명복 : 안전장비
–시트(좌석) : 없어도 운항하는 데 지장은 없으나 장기적으로 필요하게 된다. 기본 품목에 거의 포함된다.
–해치(수납공간) : 자잘한 도구를 넣기 위한 공간. 보통 1~2개씩은 구성됨.
–앵커(닻) : 물 위에서 카약을 고정시키기 위한 도구. 대부분 옵션.
–카트(이동용 바퀴) : 부피가 큰 카약은 이동이 힘들어 반드시 카트를 활용해야 한다.
–차량용 루프랙과 캐리어 : 카약은 자동차 지붕에 얹어서 이동한다. 이때 루프랙(가로바)이나 전용 캐리어는 필수다.

❷카약 옵션품목
–로드홀더 : 이동 중 낚싯대를 거치하기 위한 도구.
–어탐기 : 포인트를 찾아내기 위한 장비.
–슈트 : 네오플렌 재질의 옷으로 입으면 오랫동안 물에 있어도 춥지 않다.
–아웃리거 : 균형을 잡아주는 보조배로 뒤집힘을 방지한다.
–스커트 : 카약 내 물 유입을 방지하는 커버.
–각종 액세서리 : 나침반, 콕핏커버(일종의 카약 덮개), 패들리시(패들과 카약을 연결해 주는 안전장비), 돛 등

STEP 3 - 카약의 종류 선택

'내게 가장 필요한 카약은 무엇일까'를 찾기 전에, 나는 무엇을 위해 카약을 탈 것인가를 먼저 생각해 보자. 분명 필요에 의해 카약 구매를 결심했다면 가장 구매의욕을 자극한 카약의 매력적인 부분이 있었을 것이다. 그러나 최초의 구매욕구와는 다르게 막상 선택의 순

부산의 마린시티를 배경으로 카약을 즐기고 있다. 카약은 낚시를 하지 않고 그 자체로도 즐거움을 느낄 수 있다.

간이 오면 이것도 하고 싶고, 저것도 좋게 보이는 것이 '지름의 법칙'이다. 그러다가 결국 손에 쥐는 것은 처음의 계획과는 달리 이도저도 아닌 두루뭉술한 제품일 때가 많다. 이는 대부분의 초보 카야커들이 겪는 오류로 결국 얼마 지나지 않아 자신의 스타일에 맞는 카약

으로 교체하는 중복지출의 원인이 된다.
그래서 카약은 몇 가지 장점을 혼합한 제품을 만들어 선택의 폭을 넓힌 제품들이 출시되어 있는데, 사용자가 본인의 구매용도에 따른 필수요소를 최적화하여 여러 가지 종류의 카약에서 만족할만한 교집합을 찾아낸다면 분명 최선의 선택을 할 수 있다.

1 형태에 따른 구분

● 싯 온 탑(Sit on top)과 싯 인(Sit inside)
시트의 위치에 따른 분류로 시트가 노출되어 있는 것은 싯 온 탑, 하체의 시트가 카약 안으로 들어가는 형태를 싯 인 카약이라 한다. 싯 온 탑 스타일은 카약의 폭이 넓고 잘 뒤집어지지 않아 카약을 타며 사진촬영, 사냥, 낚시 등을 하기 좋아 피싱카약용으로 쓰인다. 그에 비해 싯 인 스타일은 폭이 좁고 속도가 빨라 투어링(중장거리 이동용으로 먼 거리를 향해하여 섬에서 캠핑을 즐기는 용도)용이 많다. 싯 인 스타일은 싯 온 탑 스타일에 비해 침수나 뒤집혀질 우려가 있으나 스커트를 이용해 침수를 막고 패들(노)을 사용하여 뒤집혔을

때 원래 자세로 회복하는 방법을 익히면 큰 무리 없이 탈 수 있다.

● 고형과 공기주입식(인플레터블)
카약의 재질에 따른 분류다. 고형은 말 그대로 단단한 플라스틱 소재로 제작된 것으로 안전성과 내구성, 관리의 편리함, 튜닝의 용이함이 장점이다. 단점은 보관이 불편하고 이동을 위해 전용장비(트레일러나 자동차 루프랙)가 요구되며 별도의 보관 장소가 필요하다는 것이다. 이와 같은 이유로 별다른 준비 없이 덜컥 고형 카약을 장만한 이들은 몇 번 타 보지도 못하고 되파는 수순을 밟기도 한다. 보관과 이동이 불편한 고형의 단점을 보완하기 위해 분리형 카약이 출시되어 있다.
공기주입식은 인플레터블 카약이라 부르는데, 오리처럼 뒤뚱거린다고 해서 '더키카약'이라고 불리기도 한다. 공기를 넣었다가 뺄 수 있어 보관이 편리하고 고형에 비해 안전하고 가격도 싼 편이다. 별다른 요령이 없이도 조류나 파도를 잘 탈 수 있어 초보자들의 접근이 수월한 것이 장점이다. 단점은 타기 전후에 바람을 넣고 빼는 과정이 번거롭고 펑크에

패들링 요령

패들링은 간단하고 반복적인 동작으로 누구나 쉽게 할 수 있을 것으로 보인다. 그러나 정작 저어보면 물살의 저항, 익숙해지지 않은 동작으로 인해 초반에는 꽤 어려움을 겪는다. 가장 저지르기 쉬운 실수가 팔 힘, 손목 힘으로 패들링을 하는 것인데, 앞으로 나가려는 의지만 강하다 보니 몸은 앞으로 구부러지고 팔은 헤엄을 치듯이 마구 휘젓게 된다. 이같은 동작은 힘만 낭비할 뿐 앞으로 나가는 데 도움이 되지 않는다.
패들링의 기본은 허리다. 허리를 축으로 팔을 적당한 간격, 즉 허리힘을 최대한 팔에 전달하기 쉬운 각도로 되도록 몸에 가까울수록 좋다. 허리를 ∞ 형태로 움직이면 자연스럽게 패들을 젓는 형태가 된다. 손목은 이러한 움직임에 맞춰 패들이 수면에 적당한 각도로 들어갈 수 있도록 조정만 해주면 된다.

대한 불안감이 상시 존재하며 바람의 영향을 많이 받고 튜닝이 어렵다는 것이다.

이밖에도 휴대와 보관이 용이한 폴딩 카약이 있으나 공기주입식과는 달리 격실이 없어 뒤집어졌을 때 물 배출에 많은 시간이 걸리는 것이 단점이다.

2 동력에 따른 분류

●패들 카약
일반적으로 카약이라면 패들 카약을 말한다. 양날의 노(패들)를 사용해서 움직이는 길고 작은 배는 모두 패들 카약에 속한다. 이는 한쪽 날로 된 노를 쓰는 카누와 구분되는 점이다.

●동력 카약
카약에 패들뿐 아니라 다양한 동력기구를 부착한 카약을 말한다.

*미라지 카약
미국 호비사의 특허 기술로 물 속 펭귄의 날갯짓을 모티브로 만든 미라지 시스템을 장착한 카약이다. 발로 페달을 밟는 형태인데, 물 속에 펭귄의 날개에 해당하는 노가 있어 바람이 강한 날 진가를 발휘한다.

*전기모터 카약
전기모터를 장착하여 동력으로 사용한다. 전기모터와 배터리 무게가 다소 부담스러우나 빠르고 편하게 다닐 수 있다.

*세일링 카약
카약에 돛을 달아 보조 동력으로 사용한다. 바람만 좋다면 어느 카약보다 훌륭한 속도와 이동거리를 자랑하지만 바람이 없을 경우 제역할을 못하므로 보조 동력으로만 쓴다.

3 사용 장소별 분류

●투어링 카약(Touring Kayaks)
호수나 내항, 강 등 조류나 파도가 적은 장소에서 중장거리 여행을 하는 데 적합한 카약이다. 안전성, 직진성, 조정성이 우수해 많은 카야커들이 선호한다.

●씨 카약(Sea Kayaks)
바다에서 주로 사용되는 카약으로 장시간의 이동에 편리한 카약이다. 길이가 길고 폭이 좁아 직진성, 속도에 유리하나 안전성이 다소 떨어진다. 안전성이 떨어지는 단점을 보완하기 위해서는 중급 이상의 조정기술을 필수로 익혀야 한다.

4 용도별 분류

●레이싱 카약(Racing Kayaks)
경주를 위해 고안된 카약으로 카약 중에서는 가장 빠르다. 폭이 좁고 물살 저항을 최소화하기 위해 배 밑창이 V형에 가깝게 설계되어 있다. 안전성은 떨어지며 무게를 줄이기 위해 케블라 같은 고급 소재로 만들어진다.

●피싱 카약 (Fishing Kayaks)
낚시를 할 수 있도록 만들어진 카약으로 대부분 싯 온 탑 형태의 카약이다. 활동이 많은 낚시를 위해 안정성을 높였으며 각종 낚시에 필요한 편의장비를 탑재할 수 있도록 되어 있어 무게가 약간 무거운 편이다. 일반 카약에 낚시장비를 수납할 수 있는 장비를 튜닝하여 사용하기도 한다.

이밖에도 급류 타기용 리버러닝 카약, 파도타기를 위한 서프 카약 등이 있다. 앞서 언급했듯이 카약은 사용자가 필요한 최초의 용도에 맞는 타입을 선택하고 세부적인 스펙을 맞추어가는 것으로 보다 적합한 제품을 선택할 수 있다. 낚시인이라면 단연 마지막에 소개한 피싱 카약을 선택하면 좋다. 하지만 카약으로 다른 묘미를 즐기려면 피싱에만 특화된 카약보다 세일링이나 투어링 성격이 강한 것을 선택하여 튜닝을 하는 것도 좋다.

최근에는 카약을 전문적으로 튜닝해 주는 숍이 늘어나 카약을 구매하기 전에 상의하면 많은 도움을 얻을 수 있다. 카약 구매 이후 관리에도 도움을 받을 수 있으므로 가까운 곳에 전문점이 있다면 방문해 보는 것이 좋다.

미라지 카약을 타고 나온 낚시인이 포인트를 향해 캐스팅을 하고 있다.

패들을 젓지 않고 페달만 밟아도 이동이 가능한 미라지 카약. 낚시용으로 인기가 높다.

다양한 카약 액세서리

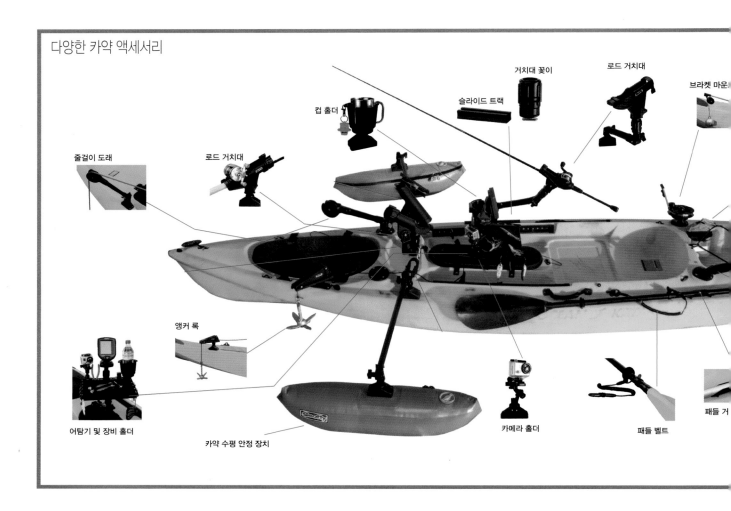

줄걸이 도래

로드 거치대

컵 홀더

거치대 꽂이

슬라이드 트랙

로드 거치대

브라켓 마운

앵커 록

어탐기 및 장비 홀더

카약 수평 안정 장치

카메라 홀더

패들 벨트

패들 거

STEP 4 – 론칭과 랜딩

바다에서 카약을 타다가 가장 많은 사고가 일어나는 때가 바로 론칭(출발)과 랜딩(도착) 때이다. 바다 한가운데서는 쓰나미급의 파도(카약 길이 정도의 파고)가 아닌 다음에야 카약이 유연하게 파도를 타고 넘지만, 얕은 해변에서는 다르다. 파장 형태의 파도가 수심이 얕은 곳에서는 흰 포말을 일으키며 부서지는데, 이때가 카야커에겐 제일 위험하다. 파도를 선수나 선미에 맞으면 파도를 가르며 카약이 나아가지만 카약의 좌우 옆면으로 파도를 맞으면 힘없이 전복된다. 피싱카약의 특성상 전복되면 많은 장비들의 분실이나 파손도 우려되지만 론칭하는 장소가 여밭이라면 몸도 심각하게 다칠 수 있다. 론칭 시에는 반드시 수평선을 마주보고 직진한다는 느낌으로 출발하고 때때로 밀려오는 예상치 못한 파도는 항상 수직으로 대처해야 한다.

론칭보다 더 까다로운 것은 랜딩이다. 론칭은 파도를 정면으로 보면서 나가면 되지만 랜딩은 카약 뒤로 파도를 받으며 와야 하기 때문에 처음에는 다소 무서울 수도 있다. 그러나 서핑

카야커들은 이 무서움과 스릴을 즐기기 위해 카약을 타기도 한다. 그만큼 재밌는 일이기도 하다는 얘기다. 제대로 파도에 카약을 얹으면 30~40m를 순간적으로 이동하는 경험을 할 수도 있다. 이런 재미를 즐길 때는 반드시 낚시장비는 뭍에 두고 나가야 한다. 프로 서퍼들도 쉽게 전복될 수 있기 때문이다.

하루 종일 낚시를 하고 랜딩할 때쯤이면 적당히 노곤하고 피로해 집중력이 떨어질 수 있는데 파도가 있는 해안으로 랜딩을 할 때에는 반드시 흰 포말이 없는 깊은 곳에서 낚시장비를 다 접은 후 랜딩할 곳을 관찰하고 파도의 상태를 살핀 다음 랜딩을 시작한다. 노를 저어 나가는 패들링 카약이 아니라면 부동력원(미라지 페달, 전기모터, 선외기 등)을 안전히 제거한 다음 반드시 패들로만 방향을 잡아가며 랜딩하도록 한다. 옆 파도도 버티는 기술이 있기는 하지만 피싱용 싯온탑 카약에는 무릎 고정장치(니밴드)도 필요하고 연습도 많이 필요하다. 밀려드는 파도를 옆으로 받으면 허무할 정도로 쉽게 전복될 수 있으므로 파고가 높아져 자신이 없다면 근처 항구의 내항이나 파도가 약한 곳으로 랜딩하는 것이 바람직하다.

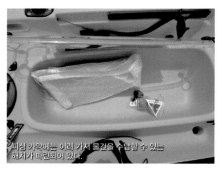
피싱 카약에는 여러 가지 물건을 수납할 수 있는 해치가 마련되어 있다.

셀프 리스큐는 반드시 익히고 나가야

사실 바다 위에서는 카야커가 잘못하지 않으면 거의 전복될 일이 없다. 카약 전복의 공통적 원인은 "옆으로 XX를 했다"이다. 높은 파도나 배가 지나간 후 너울을 옆으로 받거나, 뒷자리 짐 꺼낸다고 지나치게 옆으로 힘을 주었거나, 앵커를 설치하거나 뺀다고 옆으로 당겼거나 했기 때문이다. 길고 좁은 카약의 특성상 앞뒤로 뒤집힐 일은 우리나라에선 없다고 할 정도로 안정적이지만 옆으로는 쉽게 뒤집힌다. 싯온탑 피싱카약이 싯인에 비해 그나

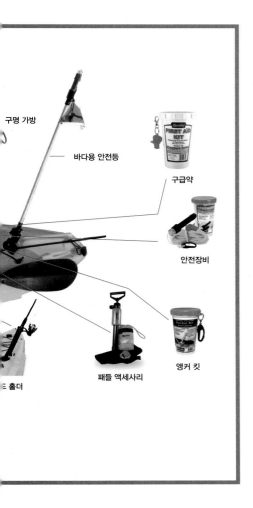

구명 가방

바다용 안전등

구급약

안전장비

앵커 킷

패들 액세서리

드 홀더

아니지만 해보지 않고 모르는 상황에 혼자 물에 빠지게 되면 수차례 실패하게 되면서 급격히 체력이 줄어들고 조류에 밀려 위험요소에 노출될 수 있다. 재승선법은 카약 판매자나 선배 카야커에게 물어보면 금방 배울 수 있지만 글로 좀 적어보자면 어릴 때 누구나 타봤을 법한 물놀이용 튜브를 생각하면 되겠다. 그 위에 올라가는 것과 똑같다. 튜브는 원형이고 가운데 구멍이 나있어 올랐을 때 다시 뒤집히진 않지만 카약은 좁은데다 구멍이 없어 무게중심이 높다는 것이 차이지만 오르는 법은 같다. 중요한 것은 '반드시 다리로 올라야 한다'는 것이다. 팔 힘으로만 오르려 하면 하체가 자꾸 배 밑으로 들어가게 되어 어렵고 힘들다. 손은 카약을 잡고 수영하듯이 킥을 하면 하체도 물 밖으로 뜨면서 카약과 몸이 T자를 이루게 되는데 이때 가볍게 팔로 카약을 당겨 가슴 아래로 넣으면 몸이 카약 위로 올라가 카약과 몸이 열십자(+) 형태가 된다. 어떤 스타일의 싯온탑 카약이든 이렇게 하는 것은 어렵지 않다. 하지만 몸과 카약이 십자로 된 이 상태에서 카야커가 시트에 앉기까지가 어렵고 카약의 특성마다 그 방법이 조금씩 다른 것이 어려운 점이다. 다시 어릴 적 튜브 타던 모습으로 돌아가 생각해보면 어릴 때 튜브도 킥을 하면서 튜브를 당겨 몸을 올리고 몸을 뒤집은 후에 엉덩이를 튜브 구멍에 넣는 방법이 누가 가르쳐 주지 않아도 하는 방법이었다. 다시 물에 들어갈 생각이 아닌 다음에

야 아무도 튜브 위에서 일어서거나 상체를 세우지 않는다. 카약도 마찬가지다. 카약과 몸이 십자가 된 상태에서 그대로 몸을 뒤집어 엉덩이를 시트자리에만 놓으면 무게중심이 안정되어 다시 쉽게 뒤집힐 일은 없다. 카약에 십자로 올라탄 다음 무게중심이 허리 위에 있는 상태에서 상체를 세우거나 상체 힘으로 뭔가를 하려 하기 때문에 또 뒤집히는 것이다. 아무튼 몇 번 해보면 전혀 어려운 일이 아니지만 중요한 것이므로 꼭 연습을 한 후 카약을 타는 것이 바람직하다.

STEP 5 – 실전 테크닉 익히기

카약은 지깅에 아주 적합한 특징을 가지고 있다. 조류에 따라 자연스럽게 떠다니면서 광범위한 포인트를 탐색할 수 있으며 앉은 자세에서도 안정적으로 낚시를 할 수 있는 장르가 바로 지깅이기 때문이다. 또 큰 고기를 걸었다 하더라도 가벼운 카약의 움직임은 자연스러운 드랙 역할을 하므로 파이팅이 힘들지 않다는 장점도 있다. 지깅 자체가 우리나라에서 생소한 장르이기도 하고, 더욱 생소한 카약피싱에 접목된 것은 불과 2~3년째다. 아직 해외 카야커들의 자료를 참고하여 낚시를 하는 수준이기는 하나 카약피싱의 붐이 일어난 것이 바다루어낚시 붐의 연장선에서 이어진 것이므로 카약 지깅이 곧이어 유행할 것이라는 예상은 어렵지 않다. 일부 꾼들은 이미 라이

마 폭이 넓어 1차 안정성이 높아 카약 위에서 많은 것들을 편하게 할 수 있지만 그걸 너무 믿고 방심하여 지나치게 많은 행동을 옆에 의지해서 하다간 어이없이 전복될 수 있다.

수심이 깊은 바다에서 카약이 전복되는 일 자체는 위험한 일이라고까지 할 건 아니다. 바로 뒤집어 재승선하면 되기 때문이다. 그러나 카약이 뒤집어지면 낚시장비나 귀중품을 분실할 확률이 높은 것이 문제다. 그러므로 바다에 나가 낚시를 할 땐 귀중품은 구명복이나 몸에 매달고 소소한 낚시용품은 카약 해치에 넣어 보관해야 한다. 로드와 릴, 패들은 끈(리시)으로 묶어 카약에 매달아 놓으면 아무 문제없다. 전복이 되더라도 당황하지 말고 주위에 위험요소(수중여, 선박 등)가 있나 파악한 다음 순서대로 행동한다. ①카약을 원래대로 뒤집고 ②다시 올라타서 ③끈(리시)을 하나씩 당겨 원래대로 장비를 거치하면 된다.

뒤집힌 카약을 물속에서 바로 뒤집어 재승선하는 것을 셀프 리스큐(self rescue)라고 하는데 카약을 타는 사람은 반드시 몸에 익혀야 한다. 말이 거창해서 그렇지 사실 아무것도 아니고 몸에 익혀야 할 만큼 어려운 것도

타약을 타기 전에 셀프 리스큐 연습을 하고 있다. 카약이 뒤집어 질 것에 대비해 혼자 카약에 오를 수 있어야 한다.

전북 부안의 변산반도로 나간 연안카약피싱클럽의 김성진(좌), 홍덕씨가 광어를 낚아 올리고 있다. 카약은 동서남해에서 가능하기 때문에 꾸준히 동호인이 늘고 있는 추세이다.

트 지깅을 주력으로 삼치, 부시리 등의 어종들을 낚아내는 성과를 거두기도 해 전망은 상당히 밝은 편이다.

버티컬 지깅에 적합한 카약

단순한 장비와 채비, 약간의 테크닉만으로도 대상어종을 낚아낼 수 있는 지깅은 카약낚시에 가장 이상적인 장르라고 할 수 있다. 극히 일부의 카약을 제외하고는 대부분 앉아서 낚시를 해야 하는 카약의 특성상 캐스팅을 하는 낚시는 제약을 받을 수밖에 없다. 따라서 제자리에서 지그를 떨어뜨리기만 하면 되는 지깅은 카약에서 가장 수월하게 즐길 수 있는 낚시인 것이다.

카약 지깅을 가장 효과적으로 즐길 수 있는 시즌은 8~11월이다. 이 시기 우리나라의 바다는 연중 가장 높은 수온을 유지한다. 전갱이, 고등어, 청어, 멸치 등 베이트피시들이 연안 가까이 붙음으로 인해 대형어종들도 가까운 바다로 들어오게 된다. 카약 지깅은 안전

을 위해 너무 먼 바다까지 나가는 것은 좋지 않으므로 되도록 대상어종이 연안에 접근하는 시즌에 낚시를 시도하는 것이 바람직하다.

카약 지깅 필수 장비

작년부터 본격적으로 카약피싱이 저변을 확대하면서 전용 장비에 대한 관심도 커졌다. 상체를 주로 움직이고, 앉아서 낚시를 해야 하는 특성상 카약 장비는 긴 로드의 유리함을 전혀 발휘할 수 없는 조건이다. 그래서 로드는 조작이 유리하도록 짧고 질기면서도 단단한 방향으로 만들어졌고, 릴은 강제집행에 유리하도록 드랙력이 우수하고 핸들 1회전당 권사량이 큰 것으로 전문화되었다.

대개 6ft 초반대의 리어그립이 긴 M 이상의 파워를 가지는 로드가 보편적으로 쓰이는데 릴은 캐스팅에 유리한 스피닝릴보다는 수직 방향의 낚시에 적합한 베이트릴을 쓰는 것이 편리하다. 카약의 특성상 바닷물과의 접촉이 필연적이므로 어느 정도의 방수성능과 내부

겨울엔 저체온증 조심

카약은 의외로 잘 뒤집어지지 않는다. 그러나 파도를 맞거나 패들링 중 튀는 파도로 인해 몸이 젖기 마련이다. 겨울철 바닷물에 몸이 젖으면 체온을 유지하기 힘들다. 따라서 미리 전신 드라이슈트나 드라이 재킷을 착용해 물에 젖지 않도록 한다. 드라이 재킷이나 슈트는 목과 팔목엔 고무나 실리콘으로 조이고 허리에도 네오플렌 등으로 보강되어 체온을 유지할 수 있으며 물이 들어오는 것을 막아준다. 만약의 사태에 대비해 반드시 2~3명의 인원이 함께 움직이고 짧은 시간이라도 카약을 탈 때는 물과 비상식량을 충분히 준비해야 한다는 것을 명심하자.

식성을 가지고 있는 제품을 선택하는 것이 좋다.

좀 더 나은 조과를 원한다면 GPS와 어탐기를 설치한다. 이동능력이 제한되어 있는 카약피싱에서 어군의 위치와 포인트 선정에 필요한 이 장비들은 필수에 가깝다고 할 수 있다.

❶인공어초나 침선

GPS를 이용하여 탐색한 바다 속의 스트럭처를 공략하는 것으로 지깅에서 가장 기본적인 포인트라고 할 수 있다. 대개 GPS에는 연안의 어초 정보가 나와 있는데 이를 바탕으로 포인트를 탐색한다. 어초를 공략할 때는 조류의 세기와 방향을 잘 파악하여 카약이 조류를 타고 자연스럽게 어초에 진입하도록 하는 것이 요령이다.

일반적으로 어초 인근의 어군은 어초 주변에서 잘 움직이지 않고 먹이활동을 하는 것들로 우리나라의 경우 대형 우럭이나 쏨뱅이, 능성어 같은 록피시들이다. 하지만 어초의 지형적인 위치에 따라서는 농어나 참돔 같은 회유성 어종이 들어오기도 하는데 이 어종들은 어초를 중심으로 광범위하게 서식하므로 어초 포인트를 공략하기 위해서는 최소 200m 정도의 간격으로 두고 낚시를 시작하는 것이 좋다. 일단 지그를 바닥까지 내리고 반복되는 저킹으로 대상어를 유혹하는데 바닥에서 최하 5~6m 이상은 띄워 올려야 어초에 의한 밑걸림을 방지하면서 입질을 유도할 수 있다. 중심이 되는 어초를 기준으로 반경 200m 이상은 탐색을 하고 입질이 없으면 같은 구간을 반복해서 탐색한다. 고기를 걸었을 경우에는 반드시 펌핑을 통해 물고기를 띄워 올려야 하는데 드랙을 단단히 잠그고 초반 파이팅에서 절대 밀리지 않아야 바닥걸림이나 카약 밑으로 파고드는 것을 방지한다. 부시리나 방어 같은 크고 빠른 물고기가 물었을 때 카약 밑으로 파고든다면 순식간에 장비가 파손되거나 심지어 카약이 뒤집어질 수도 있기 때문에 장비의 힘으로 제압하는 기술이 필요하다.

❷급심 지역이나 암초대

연안에서 가장 많이 만날 수 있는 지형으로 대개의 카약피싱은 이러한 포인트에서 이뤄진다. GPS 화면이나 어군탐지기의 바닥을 보는 것으로 손쉽게 확인할 수 있는데 운이 좋으면 대물급 어종을 만날 수 있다. 제법 큰 씨알의 볼락이나 노래미, 우럭, 쏨뱅이, 혹은 참돔이나 감성돔도 낚이는데 이뿐만 아니라 실로 여러 종류의 고기가 서식하는 지형이다. 그래서 이같은 지형을 공략할 때는 굳이 바닥을 찍을 필요가 없다. 고지식하게 바닥을 찍고 저킹을 반복한다면 채비 손실을 각오하는 것이 좋다. 오히려 이 지형에서는 바닥에서 1~2m 떨어진 지점에서 입질이 잦은 편이다. 저킹 속도를 조절해 주면 다른 어종이 입질하는 것을 알 수 있다.

❸해초가 많은 포인트

잘피나 모자반 같은 해초가 많은 지역에서는 지깅을 하지 않아도 된다. 해초가 있는 지역을 잘 살펴보면 해초 군락의 색상이 짙어지는 곳을 발견할 수 있는데 이 라인이 수심이 급변하거나 바닥 지형이 달라지는 곳으로 물고기가 모이는 포인트가 된다. 이같은 지형에서는 20~30g 소형 메탈지그로 캐스팅 게임을 하는데 트레블훅을 제거하고 작은 어시스트훅을 달아 릴링 속도를 조절하면서 입질을 유도한다. 릴링 중에는 간간히 지그를 폴링시키는데 밑걸림의 우려가 있으므로 너무 깊이 가라앉히는 것은 좋지 않다.

❹사이트(Sight) 지깅

어군탐지기를 적극적으로 활용하여 눈에 보이는 어군을 대상으로 낚시를 한다. 9월이 되면 연안에서는 굳이 어군탐지기를 쓰지 않아도 수면 가까이에서 먹이활동을 하는 부시리, 방어, 삼치 등의 어식어들을 볼 수 있다. 이 무리가 들어오면 베이트피시들이 수면 위로 튀어 오르거나 갈매기가 떼로 날아다니면서 수면 위로 올라오는 고기를 잡아먹는 현상이 일어나므로 누구나 쉽게 대상어의 움직임을 파악할 수 있다. 이때는 어군의 움직임에 따라 카약을 이동시켜서 캐스팅 게임을 하거나 보일링 근처에서 지깅을 하면 수월하게 대상어를 낚아낼 수 있다. 보일링이 계속되고 있을 때는 빠른 손놀림이 필요하다. 입질이 없으면 재빨리 지그를 회수하여 다른 지점으로 캐스팅하거나 장소를 조금 이동함으로써 빠른 입질을 유도할 수 있다.

돛을 달아 바람을 이용해 이동하는 세일링 카약.
먼 거리를 쉽게 이동할 수 있는 것이 장점이다.

지깅 요리

방어&부시리

지깅의 대표 어종이랄 수 있는 방어와 부시리는 일본에선 최고의 횟감으로 대접받지만 우리나라에서는 돔에 비해 값싼 어종으로 약간 평가절하 되어 있다. 그 이유는 양국의 입맛이 다르기 때문이다. 우리나라 사람들은 담백하고 쫄깃쫄깃한 회를 선호하고, 일본 사람들은 기름지고 감칠 맛 나는 회를 선호한다. 우리나라에선 큰 인기가 없는 고등어 회, 삼치 회, 방어 회가 일본에선 최고급 요리로 통한다. 특히 일본 서부지역에선 해마다 연말이나 연초에 온 가족이 모여 방어 요리를 먹는 것이 풍속으로 이어져오고 있는데, 그래서 겨울이면 방어 값이 크게 뛰고 일본에서 귀한 대방어를 낚기 위해 제주도로 원정낚시를 오기도 한다.
그러나 겨울이 되면 우리나라에서도 방어의 인기가 급상승한다. 연중 해수온이 가장 낮은 12월~4월의 동절기에는 방어와 부시리의 살이 단단해지고 지방층도 더 두터워져 최고의 맛을 자랑하기 때문이다. 모슬포 방어축제가 겨울에 열리는 것도 그 때문이다. 그래도 우리나라 사람들은 방어를 좋아하는 일본인들과 달리 부시리를 더 선호하는데, 부시리가 더 기름기가 적고 육질이 단단하기 때문이다.

부시리와 방어는 모두 뱃살을 가장 맛있는 부위로 꼽는다. 마치 소고기의 마블링처럼 핑크빛이 감도는 뱃살은 식감이 아삭하고 기름져서 고소하다. 뱃살을 간장에 찍으면 기름이 퍼져나가는 것을 볼 수 있는데, 하루나 이틀 정도 저온에서 숙성시켜 기름이 살 속에 고루 배게 한 후 먹으면 입에서 사르르 녹는다. 붉은색을 띠는 등살은 뱃살에 비해 고소한 맛은 덜하지만 DHA와 불포화지방산 그리고 비타민을 다량 함유하여 영양가가 가장 높은 부위다. 느끼한 맛을 싫어하는 사람들은 뱃살보다 등살을 더 선호하기도 한다. 살이 두꺼워서 탕수육이나 스테이크를 만들어 먹어도 좋다.

방어와 부시리에서 가장 맛있는 부위는 이마와 아가미 뚜껑 안에 있는 살과 가슴지느러미살이다. 이 살들은 회칼로 도려내어 회로 먹기도 하지만 머리를 통째 소금구이를 한 뒤 발라먹는 것이 더 편리하고 맛있다.

부시리 해체하기 (두 장 포 뜨기)

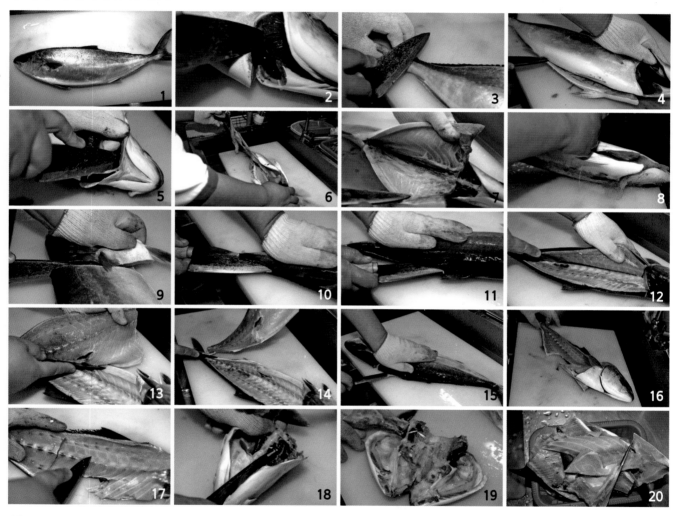

①횟감으로 쓸 부시리를 준비한다.
②아가미 아래쪽을 칼로 자른다. 이 작업을 흔히 목을 딴다고 하는데, 여길 자르면 피가 잘 빠진다. 부시리는(다른 물고기도 마찬가지지만) 살아 있을 때 아가미를 찔러서 피를 깨끗이 빼야 비린 맛이 없어진다.
③부시리가 살아 있다면 꼬리도 조금 자른다. 피가 더 잘 빠진다.
④피가 충분히 빠졌다면 배를 가른다. 꼬리까지 가르지 말고 우선 배지느러미까지만 자른다.
⑤머리 아래로 칼을 넣어 부시리의 아래턱과 아가미를 분리한다.
⑥분리한 아가미를 당기면 내장까지 한 번에 빠진다.
⑦등뼈 부분을 칼로 긁어 남아 있는 피를 마저 빼낸다.
⑧흐르는 물에 뱃속을 깨끗이 씻는다.

⑨가슴지느러미를 삼각형으로 잘라낸다.
⑩한 손으로 부시리를 잡고 칼끝을 꼬리에 넣은 후 머리 쪽으로 천천히 밀어 올린다. 이때 칼을 많이 집어넣기 위해 많은 힘을 주지 않아도 되며 칼끝만 집어넣은 상태로 끝까지 밀어 올리기만 하면 된다.
⑪일정하게 힘을 주어 머리까지 칼을 밀어 올린다.
⑫머리까지 칼을 다 밀어 올렸으면 이번에는 반대로 머리에서부터 칼을 집어넣고 아래로 살을 발라낸다. 왼손으로 부시리 살을 잡은 상태로 처음 칼집이 난 자리로 칼을 넣어 천천히 살을 져며 나가면 살이 분리된다. 등뼈를 기준으로 칼을 대어 그으면 그리 어렵지 않게 살을 발라낼 수 있다.
⑬갈비뼈와 살을 분리한다. 갈비뼈와 살을 한꺼번에 잘라내지 말고 칼로 조금씩 그어 나가면 뱃살을 깔끔하게 분리할 수 있다.

⑭꼬리까지 완전히 잘라 살을 발라낸다.
⑮반대쪽도 마찬가지로 살을 발라낸다. 이때는 머리에서부터 칼을 넣고 살을 발라내도 수월하게 할 수 있다.
⑯양쪽의 살을 모두 발라내었다.
⑰남은 뼈는 토막을 내야 한다. 등뼈 가운데의 흰 부분이 물렁뼈로, 그곳에 칼을 대면 쉽게 자를 수 있다.
⑱칼을 머리의 정중앙에 대고 반으로 가른다. 일식용 데바 칼이 필요하며, 가정용 식칼로 자를 경우 칼날이 손상될 수 있으므로 주의해야 한다.
⑲머리를 자른 모습.
⑳잡뼈와 처음 잘라낸 가슴지느러미는 구이나 조림용으로 쓴다.

기름이 고르게 차오른 부시리 회.

껍질 벗기기

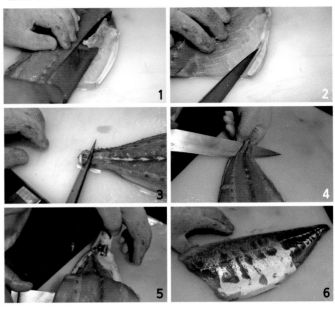

①뱃살에 붙은 잔뼈와 막을 제거한다. 뱃살은 가장 맛있는 부위이므로 살점이 잘려나가지 않게 조심스레 칼질한다.
②뱃살에 길게 칼집을 낸다. 이렇게 하면 배 부분의 껍질이 깔끔하게 벗겨진다.
③꼬리의 살점을 조금 잘라내 손으로 쥘 부분을 만든다.
④한손으로 껍질을 꽉 쥐고 칼을 껍질과 살 사이에 댄다. 이때 칼은 도마에 대고 누른다는 느낌을 유지하며 껍질을 당긴다. 억지로 칼을 밀지 않아도 껍질을 당기는 힘만으로 껍질과 살을 분리할 수 있다.
⑤부시리는 몸통이 커서 껍질을 한 번에 벗기기 어렵다. 작은 것은 그대로 벗길 수 있지만 부시리가 크다면 세로로 절반을 잘라서 껍질을 벗겨야 한다.
⑥껍질을 모두 벗긴 상태. 껍질을 벗긴 자국들은 껍질이 아니므로 그대로 먹어도 좋다.

부시리 회

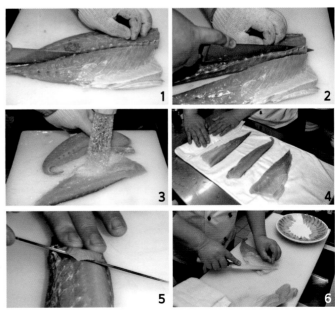

부시리 조림

①냄비에 무를 썰어서 깐다. 감자를 곁들여도 좋다.

②해체하고 남은 잡뼈와 머리를 담는다.

③양념장을 만든다. 큰 숟가락으로 진간장 5, 물엿 2~3, 다진 마늘 1, 고춧가루 3~4, 후추 1/2, 된장 1 비율로 섞는다. 된장은 잡냄새를 없애기 위해 꼭 넣어야 한다.

④완성된 양념. 매운 맛을 원한다면 고춧가루를 더 넣는다. 고춧가루를 넣지 않고 간장을 더 넣으면 간장조림이 된다.

⑤냄비에 물을 붓는다. 국그릇으로 한 그릇 정도 부으면 충분하다.

⑥양념을 골고루 얹는다.

⑦파, 양파, 고추를 준비해 먹기 전에 어슷하게 썰어 넣는다.

⑧약한 불에 30분 정도 끓인다. 센 불에 끓이면 무와 양념이 냄비에 눌어붙는다. 중간에 뚜껑을 열어 양념이 골고루 배도록 국물을 끼얹어 주어야 한다.

⑨먹기 전에 파, 양파, 고추를 얹어 2~3분 더 끓이면 완성. 국물이 자작자작하게 졸아 들어야 맛있다.

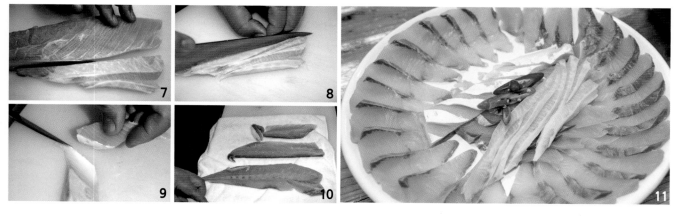

①,②발라낸 살점의 가운데에도 뼈가 남아 있다. 손으로 만져보면 오돌토돌한 부분이 있는데, 그것을 기준으로 양쪽을 잘라낸다.

③두 장으로 나눈 포는 수돗물에 씻는다. 간혹 있을지 모르는 회충을 제거하기 위함이다. 바닷고기 안의 회충은 민물에 닿으면 금방 죽는다. 민물이 닿아도 재빨리 닦아내면 회 맛에 영향을 주지 않는다.

④마른 수건에 싸서 물기를 완전히 제거한다.

⑤껍질이 붙어 있던 면을 바닥에 대고 머리 쪽부터 썬다. 날이 잘 선 칼로 부드럽게 당기면서 한 번에 잘라내는 것이 요령이다.

⑥뱃살이 붙은 부분을 썰 때는 뱃살과 나머지 살을 먼저 가른다.

⑦,⑧뱃살은 가로로 길게 썰어낸다.

⑨칼을 잘 다루면 얇게 저며도 좋다.

⑩남은 부위는 마른 수건에 싸서 냉장고에 보관한다. 냉기가 가장 강한 냉장실 하단에 보관하는 것이 좋으며 2~3일 안에 모두 먹는 것이 좋다.

⑩먹음직스럽게 썰어 낸 부시리 회.

부시리 초밥

전문가가 아니라도 쉽게 초밥을 만들 수 있다. 밥을 약간 되게 짓는 것이 요령이다. 그래야 밥을 식초에 버무리거나 둥글게 뭉칠 때 수월하다. 초밥용 식초와 고추냉이는 대형마트에 가면 구입할 수 있다.

①밥을 지은 후 식히고 부시리 뱃살과 초밥용 식초와 고추냉이를 준비한다.
②초밥용 식초에 설탕을 섞는다.
③식초를 밥에 넣고 잘 버무린다.
④적당한 양의 밥을 뭉친 후 고추냉이를 얹는다.
⑤살을 얹고 초밥을 살짝 쥐었다 펴면 완성.
⑥초밥용 간장에 찍어 먹는다.

부시리 데리야끼(양념조림)

양념조림은 작은 부시리로 하는 것이 알맞다. 대부시리의 경우에는 꼬리 부분을 쓴다. 잘라낸 토막을 통째로 조리하기 때문에 육질을 제대로 느낄 수 있다. 가능한 한 오랜 시간 졸여서 양념이 깊숙이 스며들게 해야 한다. 양념은 마트에서 파는 데리야끼 소스를 쓰면 적합하다. 취향에 따라 직접 간장이나 고추장으로 만들어서 넣어도 좋다.

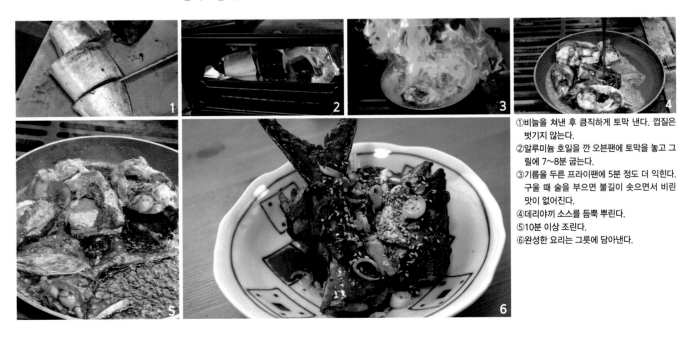

①비늘을 쳐낸 후 큼직하게 토막 낸다. 껍질은 벗기지 않는다.
②알루미늄 호일을 깐 오븐팬에 토막을 놓고 그릴에 7~8분 굽는다.
③기름을 두른 프라이팬에 5분 정도 더 익힌다. 구울 때 술을 부으면 불길이 솟으면서 비린 맛이 없어진다.
④데리야끼 소스를 듬뿍 뿌린다.
⑤10분 이상 조린다.
⑥완성한 요리는 그릇에 담아낸다.

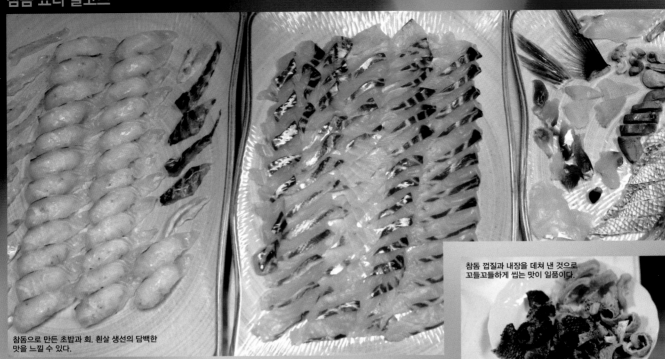

참돔으로 만든 초밥과 회. 흰살 생선의 담백한 맛을 느낄 수 있다.

참돔 껍질과 내장을 데쳐 낸 것으로 꼬들꼬들하게 씹는 맛이 일품이다.

참돔은 타이라바 지깅의 대표 어종이다. 참돔을 회로 즐겨 먹지만 미식가들은 참돔 머리 소금구이를 최고로 꼽는다. 머리를 반으로 쪼개 굵은 소금으로 살짝 간을 한 후 노릇노릇하게 구워 놓으면 곳곳에 숨어있는 순살코기의 짭짤함을 맛볼 수 있다.

참돔은 맑은탕도 맛있다. 물이 팔팔 끓은 후에 참돔 뼈와 머리를 넣고 소금으로 간을 한다. 그 후 대파, 쑥 등을 넣고 끓이면 구수한 국물이 우러나온다. 요리할 동안 뚜껑을 덮어놓아야만 비린내가 안 난다.

회 맛은 너무 큰 것보다 50~60cm급이 가장 맛있다. 이 씨알이 가장 살에 탄력이 넘치고 회 맛도 쫄깃하다. 만약 70cm 이상의 대형급을 요리할 때는 특별한 요리방법이 필요하다. 일단 비늘을 제거한 후 껍질째 포를 떠낸다. 그런 후 뜨거운 물을 껍질과 살 쪽에 모두 부은 후 약간 익히는 '반숙'을 해놓으면 살점이 쫄깃해져 식감이 좋아진다. 껍질만 끓는 물에 살짝 데쳐 먹어도 좋다.

참돔으로 끓인 맑은탕.

능성어 회

능성어는 제주도 지깅낚시의 대표어종 중 하나다. 대개 다금바리, 붉바리 포인트에서 함께 낚인다. 예부터 제주도에서는 산모들이 출산하면 다금바리와 능성어로 미역국을 끓여 먹였는데 젖이 풍부해진다고 한다. 회보다 굽거나 끓이는 등 익혀 먹어야 더 맛있는데 이는 다금바리도 마찬가지다. 두 고기 모두 60cm급 이상은 돼야 회로 먹기에 식감이 좋다.

◀고급 횟감인 능성어로 만든 회. 내장과 껍질도 모두 먹는다.

부시리 머리 구미. 머리를 반으로 쪼개어 구이를 하는데, 이마와 볼에 있는 살점이 아주 쫀득하다.

달고기 조림과 튀김

파를 듬뿍 썰어 얹어낸 달고기 조림.

달고기로 만든 튀김.

달고기는 몸에 커다란 둥근 점이 찍혀 있다고 해서 달고기라는 이름으로 불린다. 외관상 그다지 맛있어 보이지 않기 때문에 '혹시 못 먹는 고기'가 아닐까 하고 인상을 찌푸리는 낚시인도 많지만 사실 제주도 낚시인들이 즐겨 먹는 고기 중에 하나다.

달고기는 조림이 맛있다. 무, 간장, 소금 그리고 파와 마늘 같은 기본 야채를 넣어 간을 한 후 조려낸다. 흰살생선으로서 익으면 살이 쫄깃하고 담백한 맛이 난다. 내장을 제거한 뒤 칼집을 낸 후 튀김가루를 입혀 튀겨내는 튀김도 아주 맛이 좋다. 회 맛은 깔끔하지만 살이 다소 물러 식감이 떨어진다.

사진 제공 : 유영택 멋진인생 대표

Rod Collection

JS컴퍼니

닉스 오션

ITEM	전장(mm)	절수	Lure Wt(g)	Line Wt.(PE)	선경	원경	무게(g)	Carbon	가격(원)
652JSC	1960	2	Best:120 Max:180	Best:2 Max:3	1.8mm	12.1mm	135	99%	170,000
662JSC	1970	2	Best:80 Max:130	Best:1.5 Max:3	1.7mm	11.2mm	130	99%	160,000
682RSC	2020	2	Best:60 Max:110	Best:1.0 Max:2	1.4mm	10.2mm	125	99%	160,000

경량화와 조작성, 휴대성을 겸비한 다목적 선상 루어 로드로 타이라바, 인치쿠, 슬로우 지깅까지 적용할 수 있는 모델이다. 원피스 같은 자연스러운 힘의 전달을 실현한 분리형 핸들타입으로 가이드는 염수에 강하고 내마모성이 좋으며 줄꼬임을 최소화한 기간 Z가이드를 장착했다. 큰 부하에도 변형이 없고 라인 이송에 최적인 후지 MNST 톱가이드를 장착, 고무 도장 릴시트 채용으로 파지감을 높이고 그라파이트 롱후드 타입의 너트를 채택하여 잠금 기능을 향상시켰다. 리트리브 샤프트(RSC)는 참돔 위주의 낚시와 주꾸미, 갑오징어 선상낚시에도 탁월하며, 저킹 샤프트(JSC)는 우럭, 광어, 참돔, 갑오징어 등 전천후 선상용이다.

닉스 팝 오션

ITEM	전장(mm)	절수(本)	접은길이	Line Wt.(PE)	Lure Wt.(g)	선경(mm)	원경(mm)	무게(g)	Carbon	가격(원)
BC662VS	1980	2	982mm	Best:1.5 Max:3	Best:90 Max:150	1.7	11.9	120	99%	95,000
BC682RS	2030	2	1045mm	Best:1.2 Max:2.5	Best:60 Max:110	1.5	10.7	125	99%	95,000

닉스 오션의 보급형 모델로 참돔, 갑오징어, 주꾸미용인 리트리브 모델은 휨새가 부드럽고 강인한 종심을 가지고 있으며 블랭크는 예민하고 까다로운 입질에도 스마트하게 대응하도록 제작했다. 수시로 변하는 바다의 조류와 바람에 빠르게 대응하여 자연스러운 액션 연출이 가능한 모델. 범용 모델은 광어, 우럭, 참돔, 갑오징어, 주꾸미에 다목적으로 사용 가능하다. 강한 허리힘을 가지고 있으며, 제압력이 좋고 강한 조류와 물살에도 대처능력이 탁월한 제품이다. 다운샷, 타이라바, 인치쿠, 선상 에깅 모두 가능.

빅쏘드 지깅 J2

ITEM	전장(cm)	절수(本)	접은길이(mm)	Line Best	Lure Best(g)	Drag Max(kg)	선경(mm)	원경(mm)	무게(g)	CARBON	TAPER	가격(원)
J216B(64XXHB)	1930	2	1375	PE 3.0	180	9	2	11.9	154.8	99%	FAST	290,000
J217B(64XXXHB)	1930	2	1375	PE 4.0	210	10	2.1	12.7	163.1	99%	FAST	290,000

우리나라 실정에 맞는 한국적이고 합리적인 슬로우 지깅대로 휴대가 간편하면서 기능성을 겸비한 강력한 전용 로드이다. 장거리 낚시여행의 편의성을 확보하기 위해 휴대가 편안한 핸들분리형 콘셉트로 제작, 원피스의 액션과 파워를 유지하면서 경량화까지 실현되어 원정 지깅 매니아에게 알맞은 제품이다. 블랭크는 초고탄성 40톤 카본과 고강도 30톤 카본을 믹싱해서 제작해 입질과 바닥감도를 높이고 편안한 저킹과 빠른 제압이 가능하다. 가이드는 후지 탱글 프리 K가이드와 LDB가이드를 조합하여 합사의 줄꼬임을 완벽하게 방지했다.

빅쏘드 N J3

ITEM	길이	절번(本)	LINE BEST	LURE BEST	DRAG MAX	무게	Carbon	가격(원)
J315b(63XHB)	6'3"(189cm)	1	PE 2.0	150g	7kg	147g	99%	370,000
J316b(63XXHB)	6'3"(189cm)	1	PE 3.0	180g	8kg	153g	99%	380,000
J317b(63XXXHB)	6'3"(189cm)	1	PE 4.0	220g	10kg	159g	99%	390,000
J326B(662XXHB)	6'6"(199cm)	2 (핸들분리형)	PE 3.0	180g	8kg	138g	99&	395,000

슬로우 지깅 전용대로 국내 필드상황과 대상어종에 최적인 로드를 개발하기 위해 6개월 이상의 테스트를 거쳐 완성한 제품이다. 흔들림 없는 강한 허리힘을 바탕으로 1m가 넘는 부시리도 거뜬하게 제압할 수 있으며, 대상어와의 파이팅 시 엄청난 압력을 견뎌내야 하는 슬로우 지깅대임에도 불구하고 40톤의 초고탄성 카본을 사용해 제작했다. 부드러운 팁과 강력한 복원력을 발휘하는 블랭크는 최적의 슬로우 지그 액션을 연출해 대상어의 입질을 유도하는 데 유리하게 설계되었다.

참CWR

ITEM	길이	용도	Lure wt. Max	Lure wt. Best	Line Max	Line Best	Drag Max	무게(g)	가격(원)
CWR-642JSS	6'4"	Jerking shaft	130g	80g	PE 2.5	PE 1.5	6Kg	165	220,000
CWR-652JSC	6'5"	Jerking shaft	150g	90g	PE 2.5	PE 1.5	7Kg	149	220,000
CWR-662JSC	6'6"	Jerking shaft	130g	80g	PE 2.5	PE 1.5	6Kg	162	220,000
(NEW)CWR-672JSC	6'7"	Jerking shaft	180g	120g	PE 3.0	PE 2.0	7Kg	142	미정
CWR-682RSC	6'8"	Retrieve shaft	100g	60g	PE 2.0	PE 1.2	5Kg	152	220,000

가벼운 조작성과 휴대성을 겸비한 보급형 라이트 지깅용 로드이다. 광어, 우럭, 삼치 등 가벼운 지그를 사용하는 선상낚시에 적합하다. 내마모성, 내식성이 좋은 후지 P알코나이트 가이드를 채용했으며, 후지 ECS 릴시트 채용으로 파지감을 높였다. 큰 부하에도 견고한 래핑 작업과 탁월한 내구성과 미끄러지지 않는 파지감이 뛰어난 경도가 높은 EVA그립을 채용했다. 100g 내외의 루어를 사용해도 적당할 정도의 강한 허리와 로드 밸런스를 가지고 있어서 타이라바, 인치쿠 등 다양한 장르에 활용 가능하다.

참CXT

ITEM	길이	용도	Lure wt. Max	Lure wt. Best	Line Max	Line Best	Drag Max	무게(g)	가격(원)
(NEW)CXT-652JSC	6'5"	Jerking shaft	150g	90g	PE 2.5	PE 1.5	6Kg	159	340,000
CXT-662JSC	6'6"	Jerking shaft	100g	70g	PE 2.0	PE 1.2	5Kg	150	330,000
CXT-682RSC	6'8"	Retrieve shaft	80g	50g	PE 1.5	PE 1.0	4Kg	150	330,000
CXT-6102L RSC	6'10"	Retrieve shaft	80g	50g	PE 1.5	PE 1.0	4Kg	149	350,000

부드러움과 강함을 모두 가진 고급형 선상 라이트 지깅용 로드다. CXT682는 참돔 지깅 전용 로드로 극한의 연질 튜블러팁으로 설계된 블랭크가 참돔 특유의 짧고 간결한 입질을 스마트하게 잡아낸다. CXT662는 전천후 로드로 70g의 타이라바와 인치쿠, 100g의 다운샷을 운용하기 좋은 스펙이다. CXT6102L과 CXT652JSC는 120g 전후의 슬로우 지그와 인치쿠, 타이라바 딥낚시에 적절한 모델로 탄력 있는 팁과 강한 허리힘을 가지고 있다.

바낙스

백 드롭

품명	편길이(m)	접은길이(mm)	마디수(절)	선경(mm)	원경(mm)	표준무게(g)	적정지그(g)	가격(원)
C632-4	1.93	1355	2	2.2	11.2	137	70~160	240,000
C642-6	1.96	1380	2	2.4	12.0	144	80~250	245,000
C662-8	2.00	1430	2	2.5	12.6	150	100~350	250,000

슬로우 지깅 전용대로 바낙스의 QGX 3K 공법으로 제작해 전방향 강도 보강, 비틀림 강화 직진성이 향상되었으며, 카본-X 래핑 공법으로 강력한 제어력과 복원력을 구현했다. 슬로우 지깅의 주요 액션인 롱 폴 저크 시 줄꼬임을 근원적으로 차단하는 스파이럴 가이드 시스템을 적용했다.

제네시스

품명	펀길이(m)	접은길이(cm)	마디수(절)	선경(mm)	원경(mm)	표준무게(g)	적정지그(g)	적정라인(호)	가격(원)
S602MH	1.83	132	2	2.8	15.3	350	85~200	PE3-6호	243,000
S632MH	1.91	133	2	2.8	15.3	355	85~200	PE3-6	262,500

대물의 초강력 파워를 여과 없이 만끽할 수 있는 스탠더드 지깅대로 심해 및 원도 선상용 최고급 모델이다. 솔리드 공법의 최고급 고탄성 카본 소재를 사용해 강도의 극대화와 제어력 향상에 주력해 제작했으며, 후지 뉴 콘셉트 최고급 MNSG SiC 가이드와 릴 시트를 채용했다. 미터급 부시리를 빠르게 제압하는 강한 허리로 심해에서 무거운 지그로 빠른 액션을 구사할 수 있다. 미터급 대부시리 지깅과 심해 대구 지깅에 적합한 제품.

슈어캐치코리아

오션스틱주쿠

제품번호	형태	액션	마디수	총길이(cm)	접은길이(cm)	선경(mm)	원경(mm)	무게(g)	권장루어(g)	권장라인(호)	가격(원)
OS-C661ZL	캐스팅	L	2	196	151	1.8	11.9	152	20~100	PE 0.4~2	270,000
OS-C661ZML	캐스팅	ML	2	195	150	1.9	11.9	160	20~120	PE 0.4~2	270,000

100~120g 루어를 사용할 수 있는 범용 라이트 지깅대로 타이라바, 인치쿠, 광어 다운샷, 경량의 슬로우 지그를 운용할 수 있다. 일본 후 지사의 SiC 가이드와 릴시트를 채용해 품질의 신뢰도가 높으며 특수원단을 가공제작해 미려한 외관이 돋보인다. 강한 허리와 유연한 초리 를 가지고 있어 대물의 예민한 입질을 잡아내기 유리하고 파이팅 시 빠른 제압이 가능하다.

다이나지거주쿠

제품번호	형태	액션	마디수	총길이(cm)	접은길이(cm)	선경(mm)	원경(mm)	무게(g)	권장루어(g)	권장라인(호)	가격(원)
DJ-S661ZL	스피닝	L	2	199	151/56	1.9	12	169	20~100	PE 0.4~2	110,000
DJ-C661ZL	캐스팅	L	2	199	151/56	1.9	12	158	20~100	PE 0.4~2	110,000

타이라바 지깅 입문자용 로드로 오션스틱주쿠의 보급형으로 출시된 모델이다. 스피닝, 캐스팅 2종류로 출시했으며, 강한 허리힘과 유연성 있는 톱을 채용해 한국형 타이라바 낚시에 잘 맞는 로드이다. 타이라바 운용에 최적화된 강도와 조작성을 가지고 있으며, 고급 SiC가이드 와 릴시트를 채용해 내구성도 뛰어나다.

오션스틱지깅

제품번호	형태	액션	마디수	총길이(cm)	접은길이(cm)	선경(mm)	원경(mm)	무게(g)	권장루어(g)	권장라인(호)	가격(원)
OS-C631MH	캐스팅	MH	2	192	130	3.0	12.4	334	100~300	PE 5~8	270,000
OS-C861PM	스피닝	M	2	258	176	3.3	14.0	438	60~200	PE 4~6	340,000

먼 바다를 회유하는 대형 어종인 부시리, 방어, 다랑어, 줄삼치, 대구를 타깃으로 제작한 지깅 전용 로드. 파워를 겸비한 유연한 소재로 제 작해 완벽한 파워 밸런스를 유지하며 지그의 조작 성능을 한 단계 높인 제품이다. 100% 순수 카본을 사용한 최신 경량 설계로 지깅 낚시 인의 체력소모를 줄여주며, 리듬감 있게 빠른 속도로 릴링을 하여 경쾌한 낚시를 즐기게 해준다. 후지 SiC가이드와 고급 릴시트를 채용, 제품의 내구성과 완성도가 뛰어나며 강한 허리로 1m가 넘는 부시리도 거뜬하게 제압할 수 있다. 지깅, 포핑에 모두 사용할 수 있다.

일파지깅

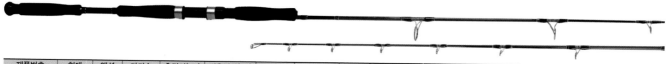

제품번호	형태	액션	마디수	총길이(cm)	접은길이(cm)	선경(mm)	원경(mm)	무게	권장루어(g)	권장라인(호)	가격(원)
IP-S601ML	스피닝	ML	2	186	127	2.2	14.0	255	60~200	PE 3~5	160,000
IP-S601M	스피닝	M	2	187	128	2.4	14.0	266	80~250	PE 4~6	160,000
IP-C601MH	캐스팅	MH	2	185	126	3.0	14.0	300	100~300	PE 5~8	160,000
IP-C681ML	캐스팅	M	2	205	154	2.3	13.7	180	40~200	PE 2~5	150,000

오션스틱의 자매 모델로 가격은 낮추고 더 다양한 스펙을 갖춘 보급형 지깅대이다. 순수 카본으로 성형된 가벼운 소재로 제작해 강한 파워와 완벽한 밸런스를 유지하면서 지그의 액션을 자유롭게 조절할 수 있다. 조작성이 우수하며 낚싯대의 탄성을 충분히 활용해 대어를 제압할 수 있다. 취향에 맞게 선택할 수 있도록 스피닝, 캐스팅 모델로 구분해 출시했으며, C681M은 슬로우 지그 전용대로 설계했다. 부시리, 방어, 심해 왕대구 모두 가능하다.

에스엠틱

SM TRAC

모델명	전장	마디수	표준무게	지그wt	적정라인	블랭크	가격(원)
STSC-631-4	191cm	1마디	137g	MAX 180g	PE 3호(MAX)	카본99%	350,000
STSC-631-6	191cm	1마디	140g	MAX 240g	PE 4호(MAX)	카본99%	350,000

슬로우 지깅 전용대로 섬세한 팁액션과 뛰어난 복원력, 강력한 버트파워를 지니고 있어 지그의 형상이나 움직임에 구애받지 않고 다양한 액션을 연출하고 컨트롤할 수 있다. 고탄성 카본 소재를 사용하여 감도가 우수하며, 후지사의 SiC가이드와 최신형 PLS릴시트를 장착해 낚싯대가 가볍고 릴과 낚싯대를 파지할 때 밀착감이 뛰어나다. 장시간의 낚시에도 피로감이 덜하며, 게임피시와의 승부에서 탁월한 안정감을 보여준다. 카본 블랭크가 부드럽게 커브를 그리면서도 반발력이 큰 특수설계방식으로 제작되었다. 슬로우 지깅, 라이트 지깅에 모두 적용할 수 있으며 200g 내외의 무거운 슬로우 지그를 운영하는 데 적합하다.

락버드

model	length(ft)	sections(pcs)	closed length(g)	Weight(g)	top dia(mm)	butt dia(mm)	lure wt.(g)	line wt.(호)	carbon(%)	가격(원)
RBS-602M	6.0	2	97	115	1.7	10.5	MAX130	PE0.6-1.5	87	68,000
RBC-602M	6.0	2	97	120	1.7	10.5	MAX130	PE0.6-1.5	87	68,000
RBC-662M	6.6	2	103	125	1.7	12.1	MAX160	PE0.8-2.0	87	75,000
RBC-662MH	6.6	2	103	135	1.8	12.4	MAX160	PE0.8-2.0	87	75,000

광어·우럭루어 외에도 갑오징어·주꾸미·삼치 등을 대상어로 하는 범용 루어낚싯대. 낚싯대의 무게가 가볍기 때문에 루어의 조작성이 좋고, 장시간의 낚시에도 피로감이 작은 것이 장점이다. 블랭크와 릴시트에 그레이 골드 메탈 컬러를 도장해 깔끔한 이미지를 구현했으며, 합사전용 가이드를 채용해 줄꼬임을 최소화했다. 투그립 타입의 슬림형 그립으로 파지감이 우수하다.

블루몬드스틱

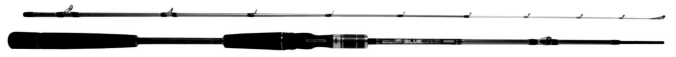

model	length(ft)	sections(pcs)	closed length(g)	Weight(g)	top dia(mm)	butt dia(mm)	lure wt.(g)	line wt.(호)	carbon(%)	가격(원)
BMC-662T	6.6	2	102	140	1.8	11.0	MAX120	PE0.6-1.5	99	198,000
BMC-662F	6.6	2	102	145	2.0	11.2	MAX160	PE0.8-2.0	99	198,000

블루몬드스틱은 다양한 수심대를 공략할 수 있는 선상전용 낚싯대이다. 우럭·광어·대구 등 다양한 어종의 선상낚시를 커버할 수 있는 선상낚시 전용 로드로 부드럽게 휘어지는 팁으로 예민한 입질을 잡아내고 강한 허리로 대물도 쉽게 제압하는 것이 장점이다. 후지 릴시트와 합사전용 줄꼬임방지 SIC가이드를 채용했다.

스쿠라

model	length(ft)	sections(pcs)	closed length(g)	Weight(g)	top dia(mm)	butt dia(mm)	lure wt.(g)	line wt.(호)	carbon(%)	가격(원)
SCC-652R	6.5	2	135	132	1.4	11.7	MAX90	PE0.6-1.2	99	320,000
SCC-652T	6.5	2	135	136	1.6	11.8	MAX120	PE0.6-1.2	99	320,000

슈퍼프리미엄급의 전문가용 라이트 지깅 로드로 참돔 지깅을 중점으로 설계되었으나 광어·우럭 등 선상낚시가 가능한 어종이라면 어떠한 것도 상대할 수 있다. 액션은 레귤러이며 낚싯대가 가볍기 때문에 지그를 원활하게 조작할 수 있으며 하이테크놀로지 설계의 초리로 참돔과 광어의 미세한 입질도 쉽게 잡아낼 수 있다. 후지 SiC가이드와 후지 릴시트를 채용했으며 핸들 길이가 긴 특수한 2피스 구조로 제작되었다.

에스엠스틱

model	length(ft)	sections(pcs)	closed length(g)	Weight(g)	top dia(mm)	butt dia(mm)	lure wt.(g)	line wt.(호)	carbon(%)	가격(원)
SMC-632T	6.3	2	100	138	1.7	10.0	MAX100	PE0.6-1.5	99	150,000
SMC-632F	6.3	2	100	145	1.8	10.2	MAX160	PE0.8-2.0	99	150,000

스쿠라보다 한 단계 아래의 보급형 참돔지깅 전용대다. 광어·우럭·삼치낚시 등에도 범용으로 사용할 수 있다. 투피스로 분리되기 때문에 간편하게 보관·이동할 수 있으며 투피스지만 원피스 못지않은 아주 뛰어난 감도를 자랑한다.

거상코리아

니신 실버 백

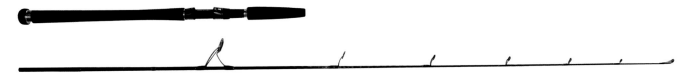

부시리, 방어, 대구 지깅 및 포핑에 사용할 수 있는 스탠더드 지깅대로 일본 니신사의 제품이다. 강한 파워를 가진 블랭크와 뛰어난 조작성과 감도를 가지고 있으며, 새로운 소재와 새로운 설계 방식을 채택해 기존의 지깅대와는 달리 가볍고 경쾌하게 액션을 즐기며 적은 체력소모로 빅게임을 즐길 수 있다. 라인의 엉킴을 줄여주는 후지사의 K가이드를 장착했으며, 릴을 밀착시킬 수 있는 후지사의 너트형 릴시트를 채용했다. 출시된 제품은 4종으로 각 제품의 제원은 S506M은 길이 1.68m, 2절, 지그웨이트 60~120g, 합사 3호(MAX), S603M은 길이 1.85m, 2절, 60~120g, 합사 3호(MAX), S506MH는 길이 1.68m, 2절, 지그웨이트 80~150g, 합사 4호(MAX), S603MH은 길이 1.85m, 2절, 80~150g, 합사 4호(MAX)이다. 가격은 24만8천원~29만7천원.

니신 레오파드

품명	길이(m)	마디수(절)	무게(g)	원경(mm)	선경(mm)	지그wt(g)	적정라인(호)	가격(원)
LE-B661ML	1.98	1	150	1.6	10.5	MAX 60	MAX 1	295,000
LE-B661M	1.98	1	155	1.7	10.5	MAX 100	MAX 1.5	295,000
LE-B661MH	1.98	1	160	1.7	10.9	MAX 150	MAX 2.5	300,000

타이라바 지깅 전용대로 미디엄 라이트 액션과 인치쿠 지깅에 사용 가능한 미디엄 액션, 라이트 지깅에 대응하는 미디엄 헤비 액션 3가지 타입으로 구분한다. 올 스테인리스 LDBSG+LNG 가이드를 장착했으며, 가늘고 가벼운 블랭크는 초대형 참돔도 제압하는 강인한 파워를 가지고 있다. 후킹에서 랜딩까지 전 과정을 유리한 포지션에서 여유 있게 즐길 수 있다.

루어팩토리 럭셔리 가디언

품명	길이	마디수	접은길이	무게	지그wt	적정라인	선경	원경	카본	가격(원)
C-672ML	200cm	2절	104cm	120g	100g	PE 0.2~3호	1.8mm	12.5mm	99%	135,000원
C-672M	200cm	2절	104cm	124g	120g	PE 0.6~4호	2.0mm	12.7mm	99%	130,000원

올라운드 바다루어 로드로 라이트 지깅, 타이라바 지깅, 인치쿠 지깅, 광어 다운샷 등 다양한 장르에 활용할 수 있다. 지그웨이트가 100g 내외라 지그를 폭넓게 사용할 수 있으며, 가볍고 정교하게 로드를 제작해 어떤 지그를 사용해도 쉽게 조작할 수 있다. MNST톱가이드와 중간에는 SIS가이드를 사용해 줄꼬임을 줄였으며, 1번대는 1회에 한해 평생 A/S를 보장한다. 광어, 우럭, 참돔, 주꾸미, 오징어, 부시리, 록 피시 등 다양한 어종을 상대할 수 있다.

엔에스

매직아이 토크

규격	전장	절수	접은길이	무게	선경	원경	CAST W.	Max	판매가
Model	Length(m)	Section(本)	Closed.L(cm)	Weight(g)	Top/ Bottom(mm)		(g)	(g)	Price(원)
TJ582S	1.73	1	173	145	2.2	10.3	80~200	250	250,000
TJ582B	1.73	1	173	169	2.2	10.3	80~200	250	250,000
TP782B	2.34	2	180	170	1.8	11.9	30~100	125	280,000
TP782S	2.34	2	180	159	1.8	11.9	30~100	125	280,000
TP794S	2.36	2	186	195	1.8	14.8	40~100	125	300,000

바다 루어낚시와 선상낚시의 급속한 인구 증가에 발맞추어 장르별 세분화를 통해 바다루어 낚시인들의 니즈에 부흥하기 위하여 다양성과 범용성을 부각시킨 라이트 지깅용 로드이다. 더욱 가늘고 가벼운 신개념 블랭크를 적용해 뛰어난 감도와 조작성, 복원력을 자랑한다. 타이라바, 인치쿠, 라이트 지깅뿐 아니라 슬로우 지깅에도 탁월한 기능을 보인다. 후지 K가이드와 SiC링, 릴시트는 후지 'TCSM+KDPS(스피닝 모델)', 'VSSM+KDPS(베이트 모델)'을 탑재했으며, 파워블랭크 적용, 티타늄 메시 파이버 보강재료를 사용해 뛰어난 내구성을 가지고 있다. 전 모델 카본 99%로 제작.

매직아이 라이트지깅

규격	전장	절수	접은길이	무게	선경	원경	JIG Wt.(max)	Max line	DRAG MAX	판매가
Model	Length(m)	Section(本)	Closed.L(cm)	Weight(g)	Top/ Bottom(mm)		(lb)	(kg)	(kg)	Price(원)
B571XXH	1.7	1	170	186	2.2	14.7	180	25	8.6	270,000
B632XH	1.9	2	139	223	2.6	13.9	150	20	7.2	280,000
B632XXH	1.9	2	139	208	2.2	13.3	180	25	8.6	290,000
S571XXH	1.7	1	170	186	2.2	14.7	180	25	8.6	270,000
S632XH	1.9	2	139	223	2.6	13.9	150	20	7.2	280,000
S632XXH	1.9	2	139	208	2.2	13.3	180	25	8.6	290,000

가늘고 약해 보이는 라이트 지깅용 로드이지만, 엔에스 필드테스터 신동만씨가 파나마에서 30kg급 잿방어를 7분 만에 제압한 파워를 검증받은 로드이다. 라이트 지깅 낚싯대 한 대면 고등어, 갈치 같은 소형어를 대상으로 한 지깅부터 20~30kg의 대형 참치까지 모두 상대할 수 있다. 남녀노소 누구나 부담 없이 사용할 수 있는 가볍고 강한 라이트 지깅대로 부드럽고 슬림한 블랭크 속에 숨겨진 강인함은 근해 라이트 지깅과 원정 빅게임을 모두 감당할 수 있다. 후지 SiC 합사전용 LDB가이드, 후지 DPS, ACS 릴시트 채용, 그립부를 저깅에 최적화했으며 우븐 원단으로 블랭크를 보강해 비틀림을 방지했다. 매직아이 B571XXH/ S571XXH는 부시리, 방어 등을 주 타깃으로 우럭, 광어까지 폭넓게 노려볼 수 있는 모델로 조류가 빠른 상황에 180g까지 지그를 운용할 수 있다. B632XH/S632XH는 연근해에서 중대형급 부시리, 방어와 다운샷 채비의 운용이 가능한 범용 모델이다. B632XXH/S632XXH는 최고 180g 지그까지 활용 가능하며 롱 저킹, 하이 피치, 숏 저킹 동작 등 모든 액션을 연출할 수 있다. 전 모델 카본 99%로 제작.

파이오니아 슬로우지깅

규격 Model	전장 Length(m)	절수 Section(本)	접은길이 CL(cm)	무게 Weight(g)	선경 Top/	원경 Bottom(mm)	LINE (PE)	MAX (g)	판매가 Price(원)
B-66/HMF	1.98	2	144	175	1.86	9.18	1~2.5	200	260,000
B-66/H2MF	1.98	2	144	180	1.98	10.41	1.5~3	350	270,000
B-63/H3R	1.9	2	137	185	2.21	10.41	2~4	450	280,000
B-73/H2R spiral	2.2	2	167	190	1.92	13.99	2~4	350	280,000
S-66/HMF	1.98	2	144	161	1.86	9.18	1~2.5	200	260,000
S-68/H3MF	2.04	2	148	181	2.15	11.15	2~4	300	270,000
S-73/H2MF	2.2	2	167	176	1.92	13.99	2~4	250	280,000

지깅낚시 전문가들의 철저한 검증을 얻은 슬로우 지깅 전용대다. 국내 블랭크의 한계를 극복하고자 독자개발한 고탄성 초고탄력 블랭크에 'CFⅢ5'원단으로 외부을 마감하였으며, 블랭크 중반부분은 노샌딩(No Sanding)기법을 채용하여 소재 본연의 탄성과 강도를 그대로 유지시켰다. 하이 피치 시에 순간적 탄력과 긴장감의 유지만이 제대로 된 슬로우 지깅 액션을 구사할 수 있다는 점에 주목, 특별한 블랭크 설계기술을 적용했다. 기존 제품인 '매직아이 라이트 지깅' 낚싯대와는 차별화되어 심해의 깊은 수심까지 공략이 가능한 딥 지깅용 낚싯대로 출시했으며, 블랭크가 가늘어 보여도 스탠더드 지깅대에 버금가는 탄성과 탄력을 갖춘 카본 원단 조합으로 빅게임이 가능하다. 슬로우 지그의 리드미컬한 액션을 연출하는 데 주력하는 로드로, 파워레벨이 H, H2, H3 세 가지가 있다. 그 중 H2 파워이면 40kg급 참치도 빠른 시간 내에 제압이 가능하며, H3는 슈퍼 헤비급으로 수심 100m 이상의 깊은 수심에서 300g 이상의 지그를 사용하는 대구 지깅이나 해외 딥 지깅에 적합하다. 전 모델 후지 가이드와 릴시트 적용, 99% 카본으로 제작.

매직아이

규격 Model	전장 Length(m)	절수 Section(本)	접은길이 Closed.L(cm)	무게 Weight(g)	선경 Top/	원경 Bottom(mm)	CAST W. (g)	Max (g)	판매가 Price(원)
753B	2.26	2	173	223	2	12.6	30~60	90	273,000
753S	2.26	2	173	239.5	2	12.6	30~60	90	273,000
804B	2.44	2	181	347	2.4	16.8	70~110	130	294,000
804S	2.44	2	192	371	2.7	18.5	70~110	130	294,000
1062S	3.17	2	166	340	2.4	19	40~120	130	340,000

라이트 지깅대의 원조격인 매직아이는 원거리 캐스팅 능력과 급심에서의 원활한 저킹을 모두 소화해내는 모델로 실제 기능을 100% 실전에서 모두 입증한 제품이다. 부시리, 방어, 광어 라이트 지깅은 물론 슬로우 지깅과 롱 저킹용 지그까지 모두 운용할 수 있다. 753/804 모델은 7.5ft로 길이가 긴 편은 아니지만 원투 성능은 9ft 이상보다 더 좋으며, 15kg급 대물을 랜딩할 수 있는 고성능 블랭크를 가지고 있다. 고압착 특수원단 설계는 로드의 힘을 그대로 실어서 원하는 지점을 노릴 수 있게 해준다. 후지 SiC 가이드, 후지 DPS+IPS릴시트를 장착했다. 전 모델 99.9% 카본으로 제작.

허리케인 러버지깅

규격 Mode	전장 Length(m)	절수 Section(本)	접은길이 Closed.L(cm)	무게 Weight(g)	선경 Top/	원경 Bottom(mm)	lure (g)	LINE (PE)	CARBON (%)	판매가 Price(원)
S-66RR	1.98	2	155	122	1.2	11.4	40~160	1.0~3.0	99	130,000
C-66RR	1.98	2	155	128	1.2	11.4	40~160	1.0~3.0	99	130,000
C-662RR	1.98	2	103	122	1.4	11.8	40~160	1.0~3.0	99	130,000
C-68RM	2.03	2	161	133	1.2	11.7	60~200	1.0-3.0	99	135,000
C-682RM	2.03	2	104	131	1.4	10.8	60~200	1.0-3.0	99	135,000

10만원대의 보급형 타이라바, 인치쿠 지깅 낚싯대로 성능은 고급형에 맞추고 저렴한 부품을 사용해 합리적인 가격에 출시한 모델이다. 이미 성능이 검증된 타이푼의 그립 디자인을 채용하고 최적화된 설계를 해서 조작성, 허리힘, 초리의 감도를 모두 중급 이상으로 맞추어 놓았다. 모든 가이드는 SiC 합사전용 가이드를 장착했고, 릴시트는 릴과의 일체감이 뛰어난 Webo 릴시트를 장착했다. 우븐 그라파이트 소재로 보강해 결합부위의 응집력을 해소하고 보다 안정감 있는 지깅을 구사할 수 있다.

케이프코드 스페셜 지깅

규격 Model	전장 Length(m)	절수 Section	접은 길이 Closed(cm)	무게 Weight(g)	선경 Top/Bottom(mm)	원경	JIG Wt.(g)	LINE (PE)	판매가 Price(원)
52B 350	1.58	1	158	340	4.25	14.18	350	4~8	460,000
52S 350	1.58	1	158	350	4.25	14.18	350	4~8	460,000
54B,54S 150	1.63	1	163	340	3.46	13.86	150	2~5	420,000
54B,54S 250	1.63	1	163	360	4.14	13.93	250	3~6	440,000

케이프코드 스페셜 지깅 스파이럴 가이드 시스템

규격 Model	전장 Length(m)	절수 Section	접은 길이 Closed(m)	무게 Weight(g)	선경 Top/Bottom(mm)	원경	JIG Wt.(g)	LINE (PE)	판매가 Price(원)
54B 80	1.63	1	163	325	3.8	13.5	80	1~3	410,000
54B 150	1.63	1	163	328	3.9	13.5	150	2~5	420,000
54B 250	1.63	1	163	334	4.1	13.9	250	3~6	440,000
52B 350	1.58	1	158	340	4.4	13.9	350	4~8	460,000

미국 동부 해안 케이프 코드의 지명에서 이름을 딴 제품으로 특유의 아메리칸 스타일 지깅에 적합하게 설계해 탁월한 파워와 제어력을 가지고 있다. 신동만 엔에스 필드테스터가 미국과 파나마 등지에 장기 체류하며 면밀히 필드테스트 했으며, 100kg급 거물들과의 실전 파이팅을 통해 성능이 검증된 제품이다. 대상어는 참치, 청새치, 대부시리, 잿방어 등의 초대형급들이다. 후지 SiC 뉴가이드 적용, 후지 'TCS+DPS' 릴시트를 채용했다. 고압착 고탄성 특수카본을 3mm 와이드 X-래핑으로 가공해 비틀림을 방지하고 파워를 더욱 높였다. 고밀도로 직조한 특수원단을 최종 보강재로 사용해 부하가 크게 발생하는 블랭크의 핵심부위를 보호해준다. 나선형 구조의 가이드 배열로 파이팅 시 힘이 아래로 쏠리게 만들어 블랭크에 라인이 쏠리거나 낚싯대가 뒤틀리는 현상이 생기지 않는다.

타이푼II나노

규격 Mode	전장 Length(m)	절수 Section(本)	접은길이 Closed.L(cm)	무게 Weight(g)	선경 Top/ Bottom(mm)	원경	CAST W. (g)	LINE (PE)	CARBON (%)	판매가 Price(원)
B-66RR	1.98	2	155	122	1.5	10.8	40~160	0.8~2.0	99	272,000
B-66RL	1.98	2	155	117	1.3	10.8	40~90	0.8~2.0	99	272,000
B-68RRL	2.03	2	161	126	1.4	10.8	40~150	0.8~2.0	99	285,000
B-68RRM	2.03	2	161	137	1.5	10.8	60~160	1~3	99	285,000
B-682RRM	2.03	2	104	113	1.5	11.8	60~160	1~3	99	285,000

참돔지깅 낚싯대의 표준을 제시하는 모델로 초심자도 쉽게 접할 수 있는 낚싯대다. 바다루어 전문가들이 설계하고 검증한 제품으로 입질부터 후킹까지 일련의 과정에서 대상어가 거부감을 느끼지 않도록 만들었다. 강력한 허리힘을 자랑하며 모든 가이드는 후지 SiC 합사전용 가이드를 장착했다.

하이퍼 TR

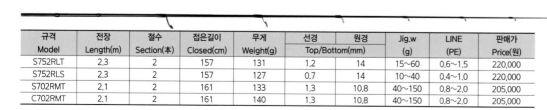

규격 Model	전장 Length(m)	절수 Section(本)	접은길이 Closed(cm)	무게 Weight(g)	선경 Top/Bottom(mm)	원경	Jig.w (g)	LINE (PE)	판매가 Price(원)
S752RLT	2.3	2	157	131	1.2	14	15~60	0.6~1.5	220,000
S752RLS	2.3	2	157	127	0.7	14	10~40	0.4~1.0	220,000
S702RMT	2.1	2	161	133	1.3	10.8	40~150	0.8~2.0	205,000
C702RMT	2.1	2	161	140	1.3	10.8	40~150	0.8~2.0	205,000

생새우를 미끼로 참돔을 낚는 '텐야' 낚시에서 고안해 만든 낚싯대로 참돔, 우럭, 광어, 쥐노래미, 다금바리 등을 타겟으로 지깅을 할 수 있다. 유연한 팁과 허리로 이어지는 완만한 밸런스 그리고 대형어를 제압할 수 있는 강한 허리를 가지고 있다. 솔리드 톱을 채용한 S-752RLS은 입질이 민감한 상황에서 약은 입질을 파악하기 좋은 모델이며, 튜블러 톱을 채용한 S-752RLT는 대상어들의 활성도가 좋을 때 대형어를 빨리 제압하기 좋은 모델이다. 후지 K가이드와 티타늄 메시 파이버 원단을 채용했다.

바이터 러버지깅

규격 Mode	전장 Length(m)	절수 Section(本)	접은길이 Closed,L(cm)	무게 Weight(g)	선경 Top/	원경 Bottom(mm)	JIG WT. (g)	LINE (PE)	CARBON (%)	판매가 Price(원)
B-66RLS	1.98	2	154	142	1.6	14.7	40~130	0.8~2.0	99.9	350,000
B-66RRL	1.98	2	154	140	1.8	14.7	40~160	0.8~2.5	99.9	350,000

참돔 타이라바 지깅, 인치쿠 지깅 전용대로 슬림하면서도 섬세함을 가지고 있는 로드이다. 레귤러 라이트 액션을 바탕으로 악조건에서도 민감한 참돔의 입질을 놓치지 않으며, 강한 허리힘과 완벽한 밸런스로 대물 참돔도 가뿐히 제압한다. 고급스러운 외장에 골드 이온 도금을 한 합사전용 가이드를 채용해 염수에 대한 내식성이 아주 강하다.

파이오니아 씨포크

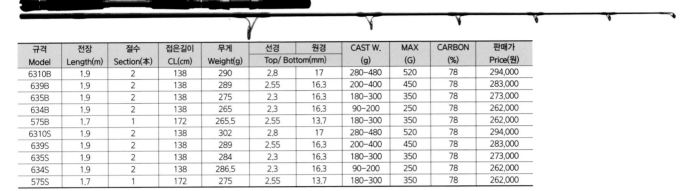

규격 Model	전장 Length(m)	절수 Section(本)	접은길이 CL(cm)	무게 Weight(g)	선경 Top/	원경 Bottom(mm)	CAST W. (g)	MAX (G)	CARBON (%)	판매가 Price(원)
6310B	1.9	2	138	290	2.8	17	280-480	520	78	294,000
639B	1.9	2	138	289	2.55	16.3	200-400	450	78	283,000
635B	1.9	2	138	275	2.3	16.3	180-300	350	78	273,000
634B	1.9	2	138	265	2.3	16.3	90-200	250	78	262,000
575B	1.7	1	172	265.5	2.55	13.7	180-300	350	78	262,000
6310S	1.9	2	138	302	2.8	17	280-480	520	78	294,000
639S	1.9	2	138	289	2.55	16.3	200-400	450	78	283,000
635S	1.9	2	138	284	2.3	16.3	180-300	350	78	273,000
634S	1.9	2	138	286.5	2.3	16.3	90-200	250	78	262,000
575S	1.7	1	172	275	2.55	13.7	180-300	350	78	262,000

지깅이 힘들다는 고정관념을 깨게 만든 엔에스의 혁신 모델로 낚싯대의 뒤틀림을 없앤 정교한 설계와 고탄력의 복원력으로 낚시인이 단순 고패질만으로 지그에 액션을 줄 수 있게 로드를 제작했다. 가볍지만 낭창거리지 않아 캐스팅의 정확도가 뛰어나며 강한 허리힘으로 랜딩할 때 불안감이 들지 않는다. 톱가이드는 후지 MNST 가이드에 SiC링을 장착했으며, 릴시트는 알루미늄으로 제작해 대형 릴도 견고하게 장착할 수 있다.

파이오니아 블랙잭

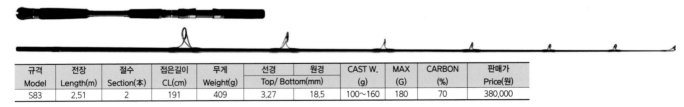

규격 Model	전장 Length(m)	절수 Section(本)	접은길이 CL(cm)	무게 Weight(g)	선경 Top/	원경 Bottom(mm)	CAST W. (g)	MAX (G)	CARBON (%)	판매가 Price(원)
S83	2.51	2	191	409	3.27	18.5	100~160	180	70	380,000

대형 GT를 포퍼나 지깅으로 공략하기 위한 제품으로 가볍지만 최적의 밸런스를 유지해 강한 액션에도 로드가 안정적인 액션을 유지한다. 내구성과 반발력이 뛰어난 소재로 제작해 캐스팅 시 비거리가 뛰어나며 라인과의 트러블을 견디는 대구경 가이드를 장착했다. 모든 가이드는 후지 SiC 가이드를 장착했다.

허리케인 슬로우지깅

규격 Model	전장 Length(m)	절수 Section(本)	접은길이 CL(cm)	무게 Weight(g)	선경 Top/	원경 Bottom(mm)	LINE (PE)	MAX (G)	CARBON (%)	판매가 Price(원)
B-66/HMF	1.98	2	148	180	2.1	12.8	1~2.5	200	99	150,000
B-70/H2MF	2.13	2	166	196	2.2	14.1	1.5~3	350	99	170,000
B-68/H3R	2.03	2	153	196	2.2	13.9	2~4	450	99	160,000

10만원대 보급형 슬로우 지깅 전용대다. B-66/HMF는 내만 선상 루어낚시의 모든 어종을 노릴 수 있도록 헤비(H) 파워에 미디엄 패스트 (MF) 액션을 가지고 있다. B-68H3R은 400g 이상의 슬로우 지그를 활용한 딥(Deep) 지깅을 할 수 있는 슈퍼헤비(H3) 파워의 레귤러 액션(RG)을 가지고 있으며, B-70/H2MF는 지깅 입문자에게 단 하나의 아이템으로 올라운드를 커버할 수 있는 라이트 헤비(H2) 파워에 미디엄패스트(MF) 액션을 가지고 있다.

Reel Collection

카미온 | 바낙스

14kg의 드랙력을 가진 바낙스의 최신 베이트릴로 신속한 채비 회수가 가능한 7.1:1의 하이기어를 채택해 핸들 1회전당 87cm를 감아 들인다. 오랜 사용에도 우수한 회전품질이 유지되는 피니언 지지구조를 채용하고 있으며 길이 조절이 가능한 파워핸들이 기본으로 장착되어 있다. 더블핸들 타입으로 변경 시 가물치낚시나 기타 캐스팅 게임에 사용할 수 있다. 편리하고 경제적인 줄감기를 위한 하권라인으로 2호 합사를 200m까지 감을 수 있다. 308B는 우핸들, 308BL은 좌핸들로 2종 출시. 무게 300g, 8볼 베어링, 드랙력 14kg, 가격은 둘 다 28만원으로 동일하다.

레전드 | 바낙스

초정밀 머신컷 가공으로 내구성을 극대화한 베이트릴로 무유격 원웨이 클러치가 장착되어 있다. 파워 핸들과(핸들 자동 고정)을 채용해 챔질 순간 대응력이 뛰어나며 음향 분리 장치를 탑재해 릴링이 부드럽고 소음이 나지 않는다. 밑걸림 시 순간 대응이 가능한 스풀 잠금 장치가 있으며 고강도 초정밀성을 추구한 머신컷 알루미늄 프레임을 사용해 내구성이 뛰어나다. 대구경 카본 드랙 워셔 10매를 사용해 12kg의 드랙력을 가지고 있으며, 원심 브레이크를 탑재해 돌돔 원투낚시에도 사용할 수 있다. 레전드 30, 40, 50 3종을 출시했으며 모두 12kg 드랙력에 7볼 베어링이다. 가격은 30-24만원, 40-26만원, 50-28만원.

GT 익스트림 | 바낙스

고강도 알루미늄 보디에 내염수 최고급 7볼 베어링을 사용한 스피닝릴로 지깅, 캐스팅 게임에 사용할 수 있다. 파지감이 뛰어난 EVA 핸들 노브와 파워 핸들 록스크류, 고성능의 알루미늄 스풀을 채용해 대형어와의 파이팅에서도 좋은 내구성을 보여준다. 제품은 총 5종으로 2000, 3000, 4000, 5000, 6000이 출시되었으며 지깅에는 5호 원줄을 200m 이상 감을 수 있는 5000, 6000이 적합하다. 기어비는 2000과 3000이 4.8:1, 나머지는 4.7:1이며 드랙력은 2000부터 5000까지는 25kg, 6000이 30kg이다. 가격은 2000-17만원, 3000-17만5천원, 4000-18만원, 5000-18만5천원, 6000-19만5천원.

어큐레이트 | JS컴퍼니

미국에서 제조한 최고의 내구성과 드랙력을 자랑하는 바다용 릴로 BX-400XN, BN-500XN 2종은 Patented TwinDrag™ 시스템 특허를 받은 제품으로 7개의 '클래스 5 ABEC 스테인리스 스틸 베어링'을 채용하고 있다. 그리스 어큐드래그 시스템, 스테인레스 스틸 기어로 강한 내구성과 파워를 보여준다. FURY FX-400XN, FX-500XN 2종은 4개의 '클래스 5 ABEC 스테인리스 스틸 베어링', 그리스 어큐드래그 시스템(특수 그리스가 첨가된 드랙), 스테인리스 스틸 기어, 더블 안티-리버스 드랙그 시스템을 채용하고 있다. 모두 보스 릴 가방이 포함되어 있으며 1년간 품질을 보증한다. 가격은 BX-400XN 65만원, BN-500XN 70만원, FX-400XN 50만원, FX-500XN 52만원.

오쿠마 세드로스 CJ-150P | 거상코리아

라이트 지깅과 슬로우 지깅에 사용할 수 있는 베이트릴이다. 압출성형 알루미늄 프레임, 단조 알루미늄 투톤 아노다이즈드 사이드 플레이트를 채용해 내구성과 디자인을 동시에 만족시켰다. 4BB+1RB 베어링 드라이브 시스템, 멀티디스크 카본 드랙 와셔, 머신컷 핸들을 채용했으며 정밀 가공한 황동 기어로 릴링의 안정감이 뛰어나다. 6핀 속도 조절 시스템과 전 모델 레벨와인더를 채용했다. 기어비는 5.1:1로 1회전당 55.9cm가 감긴다. 권사량은 합사 2호 150m이며 가격은 27만3900원.

오쿠마 안드로이드 5II, 5NII | 거상코리아

지깅 전용으로 제작된 베이트릴로 트윈드랙을 채용해 6.3:1 하이기어와 3.8:1 로우기어를 선택해서 사용할 수 있다. 합사를 원줄로 사용할 것을 감안해 프레임의 크기와 스풀의 크기를 좁게 만들어 라인이 자연스럽게 풀리고 감길 수 있게 했다. 오일링된 카본 드랙을 채용해 라인의 최대 강도까지 무리 없이 드랙의 성능을 발휘할 수 있으며, 파워설정 기능이 있어서 어종의 크기에 맞춰 조절해서 사용할 수 있다. 모든 프레임과 부품을 알루미늄으로 제작해 내구성과 내식성이 아주 뛰어나다. 안드로스 5II과 5NII 2종 출시. 5II은 무게 430g, 권사량 나일론 기준 6호 310m, 드랙력 10.8kg으로 가격 36만원이며, 5NII은 무게 420g, 권사량 나일론 기준 5호 228m, 드랙력 10.8kg으로 가격 38만원.

오쿠마 세드로스 솔트워터 릴 | 거상코리아

전 모델에 하이스피드 기어를 적용하고 바다용으로 특수 설계한 지깅 전용 릴이다. 부식에 강한 스테인리스 볼베어링과 머신컷 황동 피니언 기어 사용으로 내구성이 뛰어나며 일본산 펠트 드랙 워셔를 사용해 정교한 드랙을 자랑한다. 핸들, 노브, 스풀을 모두 머신컷 가공한 알루미늄으로 제작했으며 로터의 밸런스가 정확해 라인 트러블이 일어나지 않는다. CJ-40S, CJ-55S, CJ-65S, CJ-80S 4종을 출시했다. 베어링수는 모두 4HPB+1RB이다. 가격은 CJ-40S 17만500원, CJ-55S 19만2500원, CJ-65S 21만4500원, CJ-80S 21만4500원.

Accessory

티엠코 사이트마스터 | JS컴퍼니

일본 티엠코사의 사이트마스터 피싱전용 편광선글래스로 편광렌즈의 명품으로 불리는 일본 TALEX(탈렉스)의 제품을 사용한다. 멀티코팅 방식으로 최고의 편광률을 자랑하며, 마스터유리 렌즈 사용으로 폴리카보네이트 렌즈에 비해 이미지 왜곡률이 낮다. 마스터유리 렌즈는 경도가 좋아 상처에 강하며, 대구경 렌즈를 적용하여 시야각이 우수하다. 각 관절 부위에는 티타늄 소재를 적용하여 변형을 최소화했다. 한국인의 얼굴형에 잘 어울리는 아시안핏 디자인. 가격 미정.

어큐레이트 피라냐 플라이어 7″ | JS컴퍼니

전투기에 사용되는 알루미늄으로 만들어져 120g의 무게로 가볍고 견고하며 모노필라멘트 라인, 합사, 와이어 등 거의 모든 라인을 절단할 수 있는 커팅 기능까지 제공한다. 가격 14만원.

파워 노브 킷 | JS컴퍼니

릴 핸들에 부착하는 파워 노브로 알루미늄으로 가공해 가볍고 강한 내구성을 가지고 있다. 레드, 골드, 블루 세 가지 컬러가 있다. 가격 1개 5만1천원.

샤우트 지깅 글러브 | 거상코리아

지깅을 할 때 손을 보호할 용도로 착용하는 장갑이다. 그립과의 마찰이나 물고기의 가시와 지느러미에 손을 다칠 염려가 없으며 채비를 할 때도 바늘로부터 손을 보호한다. 파이팅 할 때 손목의 움직임을 방해하지 않는 손목이 짧은 타입으로 손바닥 부위는 박피형으로 얇아서 로드로부터 전해오는 감각을 잘 전달한다. 쇼크리더를 묶을 때 미끄러지지 않도록 손바닥부의 마찰력이 좋다. 가격 6만5천원.

랜딩 네트 | JS컴퍼니

선상 지깅 중에 물고기를 랜딩할 때 필요한 뜰채이다. 자유자재로 길이 변경이 가능한 핸들을 채용했으며, 그립부와 네트부를 분리, 결합할 수 있다. 물에 뜨게 설계했으며, 파지감이 우수한 손잡이를 가지고 있다. 그물은 PVC코팅을 해 엉키지 않는다. 그립은 45.7cm에서 91.4cm로 조절 가능하며 그물 깊이는 40.6cm, 그물 둘레는 43.2cm×48.3cm이다. 가격 14만원.

스팅거 어시스트 훅 | 슈어캐치코리아

하이카본의 강력한 바늘에 합사를 매듭하고 수축튜브로 마감처리한 어시스트 훅이다. 사이즈는 1호부터 6/0호까지 출시되었다. 01호~3/0호는 200lb, 4/0호~6/0호는 300lb 테스트를 통과했다. 바늘 길이는 19~30mm이며 가격은 1봉에 3천원. 1봉 3개입.

쇼에이 가프 | 거상코리아

시중에 판매되고 있는 모든 뜰채에 결합할 수 있는 가프로 분리해서 휴대할 수 있으며 필요 시 간편하게 결합해서 사용할 수 있다. 가프 끝이 날카로워 표피가 두꺼운 대형어에도 사용할 수 있다. 가격 5만 600원.

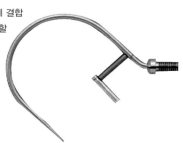

하이퍼 볼베어링 도래 | 슈어캐치코리아

하이퍼 볼베어링 도래는 용접된 스테인리스 스틸링이 연결된 고강도 볼베어링 스위벨로서 지깅, 트롤링, 심해낚시 및 기타 헤비 태클을 연결할 때 사용한다. 소형 사이즈인 UBB02K는 부드러운 회전력을 가진 볼베어링 스위벨로서 스피너베이트, 하드베이트 등의 블레이드를 연결할 때 사용한다. 가격 1봉 3천원, UBB02K 1봉 2천원.

#03 #04 #05 #06

BB스위블 (UBB02K)

챌리온 플라이어 CP-30&CP-04 | 거상코리아

지깅 채비를 할 때 필수품인 플라이어로 스플릿 링 오픈, 합사 및 나일론줄 커팅, 바늘빼기, 클립 집게 등의 용도로 사용할 수 있다. CP-30은 6.5인치 초경량 알루미늄 플라이어이며, CP-04는 4.5인치 소형 플라이어이다. 두 제품 모두 알루미늄 합금 보디로 제작해 바다에서 사용해도 부식이 되지 않으며, 염분이 끼어도 쉽게 세척할 수 있다. 전용케이스를 제공하며 분실 방지 스프링 로프가 부착되어 있다.

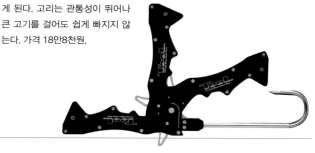

프리미엄 울트라 링 | 슈어캐치코리아

스테인리스 스틸로 제작한 프리미엄 울트라링은 평탁가공을 해서 강도가 좋고, 도금처리가 되어 있어서 탄력이 우수하고 내식성이 강하다. 내경 2.5mm부터 8mm까지 총 9종을 출시했다. 가격은 2500원이며 1봉지당 사이즈에 따라 30~10개가 들어 있다.

2.5 3 3.5 4 4.5 5 6 7 8

쇼에이 LG-140 | 거상코리아

대물 농어, 부시리 등을 랜딩할 때 사용하는 가프로 한 손으로 재빠르게 랜딩을 할 수 있도록 한 손에 쏙 들어오는 타입이다. 후크가 접혀서 간편하게 휴대할 수 있으며 펼 때는 원터치 형식으로 레버를 개방하면 고리가 나오게 된다. 고리는 관통성이 뛰어나 큰 고기를 걸어도 쉽게 빠지지 않는다. 가격 18만8천원.

하이퍼 인슈어런스 스냅 도래 | 슈어캐치코리아

용접 스테인리스 스틸링과 스테인리스 스틸 스냅이 조립된 고강도 볼베어링 스위벨로서 지깅, 트롤링, 심해낚시 및 기타 헤비 태클을 사용하는 낚시에서 루어나 지그의 교환을 빠르게 하고 싶을 때 사용한다. 볼베어링이 부드럽게 회전하기 때문에 낚싯줄이 꼬이지 않는다. 가격 1봉 3천원.

#00 #02 #04 #06

챌리온 텅스텐 가위 | 거상코리아

가위날을 텅스텐으로 제작하고 몸체는 스테인리스로 제작한 낚시용 가위로 합사를 포함해 모든 라인을 쉽게 자를 수 있다. 길이가 10.5cm라 휴대가 간편하고 손잡이에 미끄럼방지 처리를 해서 떨어트려 잃어버릴 염려가 없다. 가격 1만2천원.

샤우트 스플릿 링 | 거상코리아

빅피시를 상대하는 지깅에서 지그와 바늘, 라인을 연결하는 용도로 사용한다. 납작하게 누른 평타 가공을 해서 더 강한 내구성을 가지고 있다. 내경 3mm부터 7mm까지 출시. 1봉 3600원.

도히토미 링 크로스락 스냅 | 거상코리아

부드러운 회전 성능을 가진 볼베어링과 스냅이 결합된 제품으로 용접 링을 사용해 라인에 손상을 주지 않으며, 라인과의 트러블이 생기지 않은 고강도 크로스락 스냅을 사용했다. 0호부터 5호까지 출시. 0호는 18.3kg, 5호는 63.4kg의 강도를 가지고 있다. 가격은 1봉 9600원이며 8~10개가 들어 있다.

쇼에이 노트 어시스트 | 거상코리아

현장에서 복잡한 FG노트 등을 묶을 때 간편하게 묶을 수 있도록 도와주는 도구로 구명조끼나 가방에 고정해 PE라인을 잡아주는 역할을 한다. 조밀한 매듭을 할 수 있으며, 긴 매듭도 빠르게 할 수 있는 것이 장점이다. 가격 4만4750원.

챌리온 엘리게이터 | 거상코리아

큰 물고기나 이빨이 있는 물고기를 집어 올리는 용도로 사용한다. 140g으로 초경량이며 집게는 스테인리스 스틸로 제작했고, 외부 보디는 알루미늄과 고무 패치를 혼용해 제작했다. 분실방지용 스프링 로프는 최장 1m까지 늘어나 고기를 집을 때 따로 분리하지 않아도 된다. 레버를 당기면 집게가 벌어지고 레버를 놓으면 집게가 닫히므로 쉽게 사용할 수 있다. 가격 5만원.

스텔스 카약&스코티 카약 | JS컴퍼니

스텔스 카약은 피싱 카약으로 한 단계 더 진보한 스포티한 타입의 모델들이다. 에볼루션 시리즈 495, 465, 430/프로피샤 475, 525/수파라이트 BFS, 수파라이트 X, 수파라이트 2010 등 다양한 종류를 출시하고 있다. 가격은 1200~2000유로(150만원~250만원)로 미국과 유럽에서는 고성능, 경량, 합리적인 가격으로 많은 인기를 누리고 있다.

에볼루션 495

수파라이트 X

낚시춘추 무크지 5

JIGGING
부시리·참돔·대구·록피시 지깅낚시

지은이 낚시춘추 편집부
펴낸이 정규도
펴낸곳 황금시간

초판 1쇄 인쇄 2014년 6월 4일
초판 2쇄 발행 2021년 11월 1일

편집 허만갑 김진현
디자인 이상준 김광규 김현숙

공급처 (주)다락원 (02)736-2031

주소 경기도 파주시 문발로 211
전화 (02)736-2031(대)
팩스 (031)8035-6907
출판등록 제406-2007-00002호

Copyright ⓒ 2021, 황금시간

값 12,000원
ISBN 978-89-92533-64-5 13690

http://www.fishingseasons.co.kr

• 다락원 홈페이지를 통해 인터넷 주문을 하시면 자세한 정보와 함께 다양한
  혜택을 받으실 수 있습니다.